U0367086

上海工艺美术职业学院资助出版

电子游戏
行为对亲密关系的影响研究

丁梦 著

上海交通大学出版社
SHANGHAI JIAO TONG UNIVERSITY PRESS

内容提要

本书从人际互动的角度关注电子游戏行为对亲密关系的影响,对亲密关系中的人际互动模式进行了梳理和总结;从传播学和心理学的交叉视角出发,以使用与满足理论、归因理论和依恋理论等为理论基础,将游戏行为分为三个维度:起因维度(游戏动机)、知觉维度(行为感知)和认知维度(行为归因),构建电子游戏行为对亲密关系的影响模型;将亲密关系影响路径分为玩家自身路径和伴侣路径,分别探讨了游戏行为对玩家及其伴侣亲密关系质量的影响。

本书构建的影响模型有助于人们更好地理解电子游戏对现实人际关系的影响,适合游戏玩家、人际关系研究者、心理健康关注者以及教育工作者使用。

图书在版编目(CIP)数据

电子游戏行为对亲密关系的影响研究 / 丁梦著.
上海:上海交通大学出版社,2024.8 -- ISBN 978-7-313-31202-0

Ⅰ. C912.11

中国国家版本馆 CIP 数据核字第 2024D0M983 号

电子游戏行为对亲密关系的影响研究

DIANZI YOUXI XINGWEI DUI QINMI GUANXI DE YINGXIANG YANJIU

著　者:丁　梦

出版发行:上海交通大学出版社　　　　　地　址:上海市番禺路 951 号

邮政编码:200030　　　　　　　　　　　电　话:021-64071208

印　制:上海文浩包装科技有限公司　　　经　销:全国新华书店

开　本:710 mm×1000 mm　1/16　　　印　张:14.5

字　数:241 千字

版　次:2024 年 8 月第 1 版　　　　　　印　次:2024 年 8 月第 1 次印刷

书　号:ISBN 978-7-313-31202-0

定　价:98.00 元

当代社会中，电子游戏已经成为人们日常生活中不可或缺的一部分。从简单的俄罗斯方块到复杂的大型多人在线角色扮演游戏（MMORPG），游戏在我们的生活中扮演着各种各样的角色。电子游戏不仅仅是消遣娱乐的工具，更成了社交、学习和情感表达的平台。这个数字化时代，电子游戏已经不再是单纯的娱乐活动，它们也渗透到了亲密关系的方方面面。

然而，这也不可避免地引发了一系列讨论与疑虑。电子游戏对健康、心理和社交关系有何影响？这些问题在学术界、家庭和社会中引起了广泛的关注和讨论。而本书正是试图探索这些问题的答案之一。

首先，本书梳理了电子游戏的发展以及亲密关系的变化。作为数字技术发展而产生的一种文化娱乐活动，电子游戏早已跳出亚文化圈，成为青年群体的主流文化，在日常文化中也扮演着越来越重要的角色。同时，基于庞大的受众数量，电子游戏已经从单纯的娱乐媒体发展为重要交互媒介。可以说，电子游戏对婚恋关系的影响，本质上是媒介对人际关系的影响。

其次，本书从传播学和心理学的交叉视角出发，探讨多学科理论在电子游戏对亲密关系影响过程中的启示。电子游戏独特的媒介功能满足了玩家的心理需求，继而影响了玩家的游戏行为，而这些行为则会对亲密关系中的人际交往过程产生相应的影响。

最后，本书以人际互动的角度关注电子游戏行为对亲密关系的影响，对亲密关系中的人际互动模式进行了梳理和总结。构建了电子游戏行为对亲密关系的影响模型，并通过翔实的数据分析对影响模型进行了论证。

通过对这些方面的探讨，希望读者能够更深入地理解电子游戏在浪漫关系中的作用和影响。

第一章
游戏的发展与亲密关系的变化

第一节　游戏与亲密关系的嬗变

20 世纪中期,电子计算机技术随着第三次科技革命的爆发而诞生,计算机技术改变了人们的游戏方式,电子游戏应运而生(游戏学,2019：P46)。电子游戏(electronic games)又称视频游戏(video games)或者电玩游戏(简称电玩),是指所有依托于电子设备平台而运行的交互游戏。得益于移动科技的发展,2020 年全球游戏用户达 26.9 亿人。预计 2023 年,全球游戏用户数量将达到 30 亿人,届时地球上 39%的人类都是游戏用户[①]。每天都有新的玩家诞生,非玩家群体正逐渐成为少数群体。

1987 年,中国发出第一封电子邮件[②]。1994 年,中国正式成为拥有全功能 Internet 的国家[③]。同年,中国电子游戏产业开始萌芽。2008 年 6 月 30 日,中国网民数量首次跃居世界第一[④]。经过十几年的快速增长,2019 年中国游戏市场实际销售收入 2 308.8 亿元[⑤],2020 年中国游戏市场实际销售收入 2 786.87

---

① 《四成人类玩游戏：2023 年全球玩家将达 30 亿、游戏收入破 2 000 亿美元》,游戏大观,2020 年 7 月 6 日,http://www.gamelook.com.cn/2020/07/390041。
② 《1986 年～1993 年互联网大事记》,中国互联网信息中心网站,2009 年 5 月 26 日,http://www.cnnic.net.cn/hlwfzyj/hlwdsj/201206/t20120612_27414.htm。
③ 《1994 年～1996 年互联网大事记》,中国互联网信息中心网站,2009 年 5 月 26 日,http://www.cnnic.net.cn/hlwfzyj/hlwdsj/201206/t20120612_27415.htm。
④ 《2008 年中国互联网发展大事记》,中国互联网信息中心网站,2009 年 6 月 4 日,http://www.cnnic.net.cn/hlwfzyj/hlwdsj/201206/t20120612_27423.htm。
⑤ 《2019 年中国游戏产业报告》,游戏产业网,2019 年 12 月 20 日,http://www.cgigc.com.cn/gamedata/21649.html。

亿元①,游戏用户规模逾 6.6 亿人,同比增长 3.7%,预计到 2024 年将增至 7.72 亿人②。其中,中国移动游戏用户规模达 6.54 亿人,同比增长 4.84%。中国电子竞技游戏用户规模达 4.88 亿人,同比增长 9.65%③。与此同时,2018 年中国电影总票房为 609.8 亿元,2019 年中国电影总票房为 642.7 亿元④,远远低于游戏市场销售收入。相较于传统的娱乐媒介,电子游戏与受众的接触面更为深广。

电子游戏在我国青少年中拥有极高的普及率。18～24 岁的游戏用户在所有游戏用户中占比 25.3%。而 18～24 岁人群中超过 97% 以及 25～35 岁人群中超过 90% 的人是游戏用户⑤。身为网络"原住民"的 Z 世代已成为占比最高的游戏用户群体⑥。

受疫情的影响,作为宅经济的代表,电子游戏成为人们社交隔离期间的聚集平台。玩家通过游戏与朋友和爱人保持交流,或者通过游戏结交新朋友。当玩游戏成为一种成熟的社交方式时,电子游戏已经成为新的社交媒介。

随着电子游戏用户群体的扩大,电子游戏影响婚恋关系的事件时有发生。2014 年,昆山法院千灯法庭受理一件离婚诉讼案,90 后女子因丈夫长期沉迷网游不听劝告,甚至抛妻弃子离家出走,最终向法院起诉离婚。2021 年年初,石家庄一对年轻夫妻确诊新冠,两人的生活轨迹随之曝光。人们发现妻子带孩看病,每天为了生活奔波,而丈夫 8 天内 6 天去了网咖,并且一去就是一整天。丈夫的行程轨迹让全网炸锅,并引发了公众对丧偶式婚姻的关注。

相较于游戏用户占比较低的中老年群体,青年群体对此类情况早已司空见惯,时常通过社交网络倾诉和沟通。在知乎社区搜索关键词"男友"和"游戏"会出现各类求助帖,例如:"多少妹子因为男朋友爱玩游戏而分手""找个不打游戏的男朋友有多难""男朋友明明很爱你,但是超爱打游戏,而且打游戏的时候会忽略你,怎么办""男朋友每天下班不是玩游戏就是看游戏解说视频。感觉从他身上看不到未来的光芒。该分手吗""男朋友在游戏里带妹,该不该管""男朋友哭

① 《2020 年中国游戏产业报告》,游戏产业网,2020 年 12 月 18 日,http://www.cgigc.com.cn/gamedata/22132.html。
② 《中国移动游戏》,Niko Partners,2021 年 6 月,https://nikopartners.com/china-mobile-games/。
③ 《2020 年中国游戏产业报告》,游戏产业网,2020 年 12 月 18 日,http://www.cgigc.com.cn/gamedata/22132.html。
④ 《2019 年中国电影市场运行状况及 2020 发展趋势研究报告》,艾媒报告,2020 年 1 月 6 日,https://report.iimedia.cn/repo13-0/38975.html。
⑤ 《中国玩家报告》,Niko Partners,2020 年 9 月,https://nikopartners.com/china-gamers-report/。
⑥ Z 世代:也称互联网世代,95 后和 00 后。

穷却又发现他一直在给游戏充钱,我该怎么理解这个行为呢""男朋友跟我打游戏总是嫌我菜嫌我坑,我觉得跟他打游戏应该是很开心的,但是打完游戏总是因为输生气,我怎么办",等等。而搜索"女朋友玩游戏"也出现了大量的提问,如:"女朋友总打游戏咋办""有一个爱玩游戏的女朋友是怎样的体验"。

在"多少妹子因为男朋友爱玩游戏而分手?"①这个话题中,许多网友倾诉自己的恋情受到了游戏的困扰:

> "他每天可以抽出 3～5 小时来打游戏,却抽不出几秒钟来问我有没有吃饭,抽不出几分钟的时间给我打个电话……以前的很多事我都记不太清了,但印象最深的是,我在夜里为爱流泪,他在潇洒和朋友开黑。"
>
> "他说不能丢下队友不管,我说那你能丢下我? 他说,你乖,先回家,明天见。当时确实心灰意冷,因为距离我们上次见面已经是两周,我很想他……于是我放狠话,今天不见,以后也别见,你选我还是游戏,他不再回。"
>
> "出轨了不可怕,连游戏都不是对手才悲哀,可能在这段感情里我并不是被需要的,嚎啕大哭的夜过去了,也该想想去留的问题了。"

在其他网络社区中类似的求助与倾诉也层出不穷。在面对"游戏影响恋爱"的话题时,甚至有不少网友调侃道:"谈恋爱影响打游戏""为什么要谈恋爱,打游戏他不香吗"。"游戏和恋人谁更重要"已经成为青年恋人们经常面对的问题。

与此同时,电子游戏用户在人口结构中的占比也越来越高,特别是女性玩家的数量在逐年增加。研究机构 Niko Partners 报告,2020 年中国女性玩家占比已达 48%②。可见游戏用户早已成为 Z 世代的基本属性,青年男女一起进行游戏的场景也已司空见惯。因游戏结缘或是通过游戏约会的青年情侣也越来越多。国内最大的游戏论坛 NGA 中许多玩家发帖:"我们男人也需要爱呀!! 我们也希望女友多陪陪自己打打游戏,跟女友一起玩时是最开心的""想找个能一起玩游戏的女朋友去哪里找啊""求安利适合和女朋友一块玩的游戏"。"适合情侣一起玩的游戏"甚至成为一些游戏的推广标签,更有网友自发收集和分类适合

① 《多少妹子因为男朋友爱玩游戏而分手?》,知乎,2014 年 9 月 5 日,https://www.zhihu.com/question/25150799/answer/157962603。
② 《中国玩家报告》,Niko Partners,2020 年 9 月,https://nikopartners.com/china-gamers-report/。

情侣玩的游戏。嗅觉敏锐的游戏厂商也在各类游戏中推出吸引游戏男女的活动和商品,例如《王者荣耀》推出嫦娥后羿情侣限定皮肤,《崩坏三》的"巧克力味告白"情人节活动,《和平精英》的热气球告白活动,有些甚至还能在游戏中举行婚礼。这些社会现象反映出电子游戏对婚恋关系存在一定的影响。

与此同时,低生育率和老龄化已经成为社会热点议题。根据国家统计局数据,2016 年全年出生人口为 1 786 万人,2017 年为 1 723 万人,2018 年为 1 523 万人,2019 年为 1 465 万人,而 2020 年新生儿更是降低为 1 003.5 万人①。中华人民共和国民政部数据显示,2019 年全年依法办理结婚登记比 2018 年下降 8.5%,结婚率比 2018 年降低 0.7 个千分点。离婚率比 2018 年增长 0.2 个千分点,比 2015 年增长 0.6 个千分点②。2021 年 5 月 11 日,第七次全国人口普查结果的公布再次引发了社会大讨论③。即便报告显示 2020 年我国人口持续保持增长,仍无法扭转全民人口焦虑之势。我国人口老龄化、低出生率以及低结婚率已经成为全社会高度关注的问题。越来越低的结婚率和越来越高的离婚率已然折射出我国青年婚恋观的时代变化。在上述社会背景下,探讨当代青年婚恋关系是迫切且必要的。

第二节　未被揭示的研究领域

学术界对电子游戏的兴趣可以追溯到 20 世纪 80 年代初。诸如 Hemnes (1982)对电子游戏业应用版权的思考,Sedlak 等(1982)通过学习障碍人士的娱乐节目探索社会融合的发展,McCowan(1981)关于太空入侵者手腕(一种因玩游戏造成手腕韧带拉伤的疾病)的病例研究。然而早期的游戏研究昙花一现,并未引起人们广泛的关注。因为电子游戏通常被认为是儿童媒介并且微不足道。但是近年来,电子游戏研究数量逐年增加,相关研究在主题和学科上更是呈现多样化的趋势。

---

① 《2020 年全国姓名报告》,公安部户政管理研究中心,2021 年 2 月 8 日,https://baijiahao.baidu. com/s?id=1691125013793214506 & wfr=spider & for=pc。

② 《2019 年民政事业发展统计公报》,中华人民共和国民政部,2020 年 9 月 8 日,http://images3. mca.gov.cn/www2017/file/202009/1601261242921.pdf。

③ 《第七次全国人口普查主要数据情况》,国家统计局,2021 年 5 月 11 日,http://www.stats.gov. cn/tjsj/zxfb/202105/t20210510_1817176.html。

在美国科学引文（Web of Science）数据库中的"Web of Science 核心合集"（含 SCIE、SSCI、A&HCI、CPCI 数据库），以"video game*"作为主题词，共检索到 18 961 篇文献。发现 2015 年至 2020 年所发表的文献占了历年所有文献的近60%。同时，相关研究涵盖了计算机科学、传播学、心理学、体育科学、神经科学、商业经济学、艺术人文等众多学科（见图 1-1）。这些学科几乎涵盖了一所大学的主要科目。这种学科结构和研究数量的转变，部分原因在于成长于电子游戏时代的青年学者开始进入学术界。研究者以不同的学科视角探索电子游戏研究。不同领域的研究者都带来了一套不同的方法论和理论观点，以回答有关电子游戏的问题。这种跨学科现象的背后，凸显了人们对电子游戏的研究兴趣，以及不同学科和方法论视角之间的巨大合作潜力。

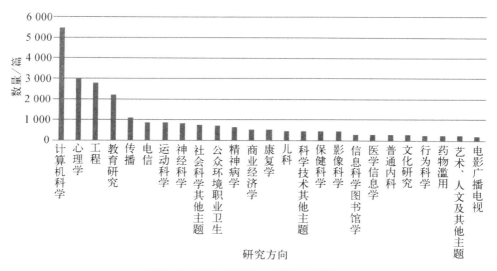

图 1-1　Web of Science 研究方向前 25

（资料来源：2021 年 5 月 16 日，在 Web of Science 核心合集中以 video game* 作为主题词搜索文献，获得相关研究的研究方向分布）

在知网中以"电子游戏"作为主题词检索中文文献，获得 5 209 条结果，其中学术期刊 2 199 条，学位论文 913 条，会议 119 条，报纸 512 条等。相关研究涵盖了体育、中等教育、计算机软件及计算机应用等 30 个学科（见图 1-2）。将文献来源设置为 SCI、EI、北大核心、CSSCI、CSCD 后，发现我国电子游戏相关研究从 1992 年开始至今共发表文献 574 篇。由此可见，我国电子游戏相关研究数量与国外研究数量有很大的差距。

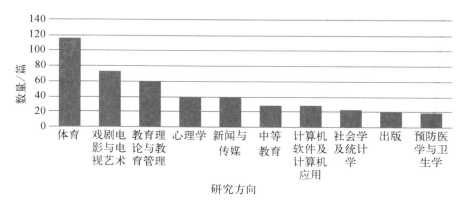

图 1-2　知网研究方向前 10

（资料来源：2021 年 5 月 16 日，在知网 SCI、EI、北大核心、CSSCI、CSCD 库中，以"电子游戏"作为主题词搜索中文文献，获得相关研究的学科分布）

最初，电子游戏研究并不关注社会和文化因素，主要聚焦于技术和医学领域。例如电子游戏对癫痫患者的影响，电子游戏对睾丸酮的影响，电子游戏在远程医疗中的作用。之后，研究人员在关注电子游戏引发受众生理变化的同时，逐渐开始关注电子游戏引发的心理变化，其主要研究对象为心智发育未成熟的儿童和青少年，例如虚拟世界对儿童心理健康的影响。电子游戏的负面效应研究主要集中在游戏成瘾、暴力和攻击行为等。一方面，这些负面效应的研究贯穿整个电子游戏研究史，研究数量也逐年增加；另一方面，更多的研究者开始关注电子游戏的其他效应，例如电子游戏在教育和艺术领域中的积极作用。

在传播学领域，早期的研究人员主要聚焦于媒介内容对受众的影响，例如电子游戏暴力画面对青少年攻击行为的影响。研究主题也以游戏成瘾、暴力和攻击行为为主。随着 3D 技术的发展，游戏市场涌现了大量的优秀作品，电子游戏从原来的二维世界变得更为立体和丰满，游戏情境也更为生动。研究人员开始关注媒介情境，例如电子游戏虚拟世界中的受众特点，受众对虚拟世界的感知，虚拟世界的空间语境。之后，网络科技的发展强化了电子游戏的社交属性，研究人员对电子游戏媒介的交互功能产生了浓厚的兴趣，例如电子游戏的互动性结构，数字游戏社区的建设和运作方式。

然而，以"电子游戏"和"婚恋关系"作为主题词在知网中检索时，发现文献数量为 0。以"电子游戏"和"恋爱"作为主题词检索，仅发现 10 篇文献，其中包括 7

篇学位论文和 3 篇期刊论文。进一步检索发现核心期刊论文仅有 2 篇:《乙女类电子游戏对女性玩家理想恋爱观的影响》和《蓬勃发展中的电子游戏辅助治疗研究》。真正与婚恋关系相关的研究仅 1 篇,且该论文主要探讨游戏中的虚拟恋爱对象对女性玩家恋爱观的影响。

在 Web of Science 核心合集中,以"TS＝(love* OR marriage* OR romantic relationship*) AND TS＝(video game*)"为检索策略,共检索到 92 篇相关文献。经过仔细阅读和筛选,发现仅有 13 篇文献与婚恋关系相关。其中 2 篇关于电子游戏暴力内容与青少年恋爱中的暴力行为之间的关系,5 篇探讨浪漫游戏中受众与虚拟恋爱对象之间的关系,1 篇探讨游戏内容中的爱情伦理,仅有 5 篇探讨电子游戏对受众现实婚恋关系的影响。这 5 篇文献中,4 篇文献的研究对象为已婚夫妻,1 篇的研究对象年龄为 18～68 岁且大部分已婚。

经过文献检索发现关于电子游戏对婚恋关系影响的研究在国内存在空白,国外研究也十分有限。即便将文献范围扩大至电子游戏对人际关系的影响,大部分研究仍然集中在电子游戏相关的病理性研究上,例如暴力、成瘾等。但对大众尤其是青年群体而言,电子游戏的这类极端影响远不及对其日常生活、文化的影响,所以展开相关研究是有必要的。

第三节　游戏与亲密关系的探索价值

社会化是人的基本属性,其核心部分正是人类对亲密关系的需求。广义上亲密关系包含了亲情、友情和爱情,狭义上则特指爱情关系,研究人员常用亲密关系指代婚恋关系。在本书中,亲密关系指的是婚恋关系。天然的社会化属性驱动着人们寻求与他人建立亲密关系。合适的亲密关系可以满足人们的归属需求,如果人们的归属需求得不到满足,就会引发各类负面情况(Baumeister 和 Leary,1995)。亲密关系会影响人们的身心健康,更是获得幸福的重要因素(Holt-Lunstad 等,2008)。研究证明,相较于单身的人,在亲密关系中的人更幸福、健康、长寿(Koball 等,2010),而缺乏亲密关系的人则更容易面临各类健康风险(Cohen,2004)。一项大规模纵向研究发现,相对于正常人,缺乏亲密关系的人死亡率高出 2～3 倍(Berkman 和 Glass,2000)。此外,失去曾经的亲密关系对人也一样有害。一项研究发现,与处在婚姻中的老年人相比,丧偶的老年人在失去伴侣的最初几个月内更有可能死亡（Elwert 和 Christakis，2008）。所以探讨如何构建健康的亲密关系对个人和社会都有巨大的意义。

与此同时，新媒体技术的出现放大了媒介在社会中的作用，媒体技术、文化和社会之间的关系变得越来越复杂，媒介变得无处不在且至关重要。作为数字技术发展而产生的一种文化娱乐活动，电子游戏早已跳出亚文化圈，成为青年群体的主流文化，在日常文化中也扮演着越来越重要的角色。同时，基于庞大的受众数量，电子游戏已经从单纯的娱乐媒体发展为重要的交互媒介。它为青年们提供了一定程度的精神满足以及更加多样的社交方式，电子游戏对青年婚恋关系的影响也逐渐显现。此外，我国人口老龄化、低生育率以及低结婚率引发了社会焦虑。因此，在当前中国社会的语境下，有关青年婚恋关系的社会问题值得引起研究者的重视。电子游戏对青年婚恋关系的影响是认识我国当代青年婚恋观的一个窗口，可以为理解未来社会人口变革和政策变化提供不一样的视角，是具有社会价值的议题。

与现实生活中电子游戏的蓬勃发展形成鲜明对比，学界对电子游戏与亲密关系的研究具有相当的局限性。作为当代新媒体的典范，电子游戏聚合了多种媒介特征，是多学科交叉研究的最佳样本。同时，电子游戏对青年亲密关系影响的问题折射出数字技术对人际关系和情感的影响，所以针对这个领域进行具体的实证研究，是具有学术意义的。

电子游戏对婚恋关系的影响，本质上是媒介对人际关系的影响。当一部分青年在网络中控诉自己被电子游戏夺去了另一半的同时，另一部分正通过电子游戏追求属于自己的浪漫，那么电子游戏是如何影响亲密关系的？

第二章
传播学视角中的电子游戏行为

第一节　电子游戏术语解读

在分析电子游戏行为之前,我们需要先明确"电子游戏"这个术语。电子游戏的称谓很多,与其定义一样并没有统一的术语。常见的中文称谓有"电子游戏""网络游戏""视频游戏""数字游戏""电脑游戏"等。英文称谓有"video game""computer game""digital entertainments""electronic game""digital game"等。这些术语严格意义上都不能被理解为同义词,例如,"电脑游戏(computer game)"有时被理解为个人计算机上的游戏;"电子游戏(electronic game)"有时指电玩;"video game"在西方也时常指代主机游戏,如 X-Box360 或 Playstation4 上的游戏;"网络游戏"多指以互联网为传输媒介的多人在线游戏。造成多种称谓混用现象的主要原因是电子媒介技术的快速发展。

从电子游戏媒介技术发展历程可见,电子游戏从实验室计算机到街机,家用游戏机,家用计算机,再到智能手机以及互联网技术的成熟,跨越了多种媒介,游戏形式也发生了巨大变化。为了应对称谓的混乱,2003 年"数字游戏研究协会"(DiGRA,Digital Game Research Association)正式将其命名为"digital game"(数字游戏)。游戏学家 Jesper Juul 认为,相对于其他传统游戏的术语,"digital game"更能表征其跨媒介的特性和历史发展性等优势。但出于使用习惯,西方仍主要使用"video game"。"video game"(视频游戏)将游戏界定为"通过电子视频图像进行表现的娱乐方式"。但随着电子技术的发展,未来数字化的游戏必将超越图像范畴。"数字游戏"作为一个专有名词,正逐步获得认可。

在中国使用最广泛的是"电子游戏"这个术语。20 世纪 80 年代,我国电子技术逐渐萌芽,而数字游戏正是在这一时期引入国内,"电子游戏"的称谓也应运而生。此外,时至今日同一款游戏多平台发布早已司空见惯,而 5G 技术的到来促使许多领域开始酝酿新的变革,可以预见不久的将来跨平台的云游戏服务将再次改变电子游戏的媒介形态。但无论电子游戏通过哪种媒介发布,它都拥有一个共同的载体——电子计算机。例如,2018 年发售的《怪物猎人:世界》,同时发售了 PS4、XBOXONE 和 PC(Steam)3 个平台的版本,截至 2019 年 3 月《怪物猎人:世界》在 3 个平台共销售 1 200 万套,创下新的销售纪录①。尽管平台不同,但游戏剧情、画面、音效、关卡都基本一致。这也从另一个侧面说明了电子游戏在本质上的同一性。因此,本书仍将继续使用"电子游戏"这一术语。

第二节　跨学科视角中的电子游戏行为

在过去的 20 年里,研究人员使用了各种方法进行游戏使用的相关研究。迄今为止,专注于建立人们体验电子游戏的有效行为指标的研究已经形成了适度的规模,但仍并未形成统一的研究分析框架。相关术语和概念也较为混杂,例如,玩家类型、风格、体验、参与度、用法、动机、偏好和行为等。尽管这些术语有所差异,但它们包含的研究内容具有明显的重叠和相关性,且都用于相同的研究目的。总的来说,大多数描述游戏行为的研究可以分为两类:以游戏动机为导向的研究和以游戏体验为导向的研究。

一、动机导向

在过去的 20 年里,许多研究已经开始研究玩家在游戏中的行为。不同的动机通常会导致不同的行为,因此游戏动机可能直接暗示游戏的某些游戏行为。例如,喜欢体验游戏情节的玩家可能会花很多时间关注游戏中的故事情节,可能更喜欢单独玩游戏,并会在游戏之外花很多时间思考游戏中的角色,而专注于游戏能力的玩家可能会花很多时间在论坛上仔细阅读游戏攻略,以便提高他们的游戏效率,获得更好的游戏结果。不过,人们通常关注的是玩家为什么玩某些游

---

① 《创下新纪录怪物猎人:世界已卖出 1200 万套》,3DMGAME,2019 年 5 月 10 日,https://www.3dmgame.com/news/201905/3761572.html。

戏，而不是如何玩。这反映了一个事实，即该领域的大部分研究都是为游戏开发者而做的，相对于具体的游戏行为而言，显然他们对如何让游戏更具吸引力或更吸引玩家更感兴趣。游戏设计者往往希望通过掌握用户的游戏动机，设计出能够让用户投入更多时间的电子游戏。

　　早期的电子游戏动机研究是围绕街机展开的。Selnow(1984)发表了第一项电子游戏使用和满足研究。在这项研究中，他调查了244名10~24岁的青少年，以了解电子游戏提供的需求和满足。由于20世纪80年代早期电子游戏多以街机游戏的形式存在，因此该研究仅限于街机游戏的使用模式。Selnow基于Greenberg(1974)的电视使用和满足度量，增加了一些电子游戏特定的维度，经过探索性因素分析得出了5个促使人们玩街机游戏的因素：游戏比人类同伴更可取(game play is preferable to human companions)，游戏可以教导人们(game play teaches about people)，游戏提供陪伴(game play provides companionship)，游戏提供活动/行动(game play provides activity/action)，游戏提供孤独/逃避(game play provides solitude/escape)。1986年，Wigand、Borstelmann和Boster将研究重点集中于青少年使用街机的动机，基于早期文献，他们发现青少年使用街机的主要原因是兴奋、满足感和减少紧张感。Myers(1990)发表了一项研究，区分出游戏的四个动机因素：幻想、好奇(新奇)、挑战和互动。Phillips及其同事(1995)的一项调查发现了4个使用家用游戏机的动机："打发时间""避免做其他事情""让自己高兴"和"只是为了享受"。此外，Griffiths(1991，1993)对电子游戏成瘾者的研究发现了其他动机因素，包括唤醒、社会奖励、技能测试、替代和减压。Vorderer、Hartmann和Klimmt(2003)认为竞争是促使用户玩电子游戏的主要因素。

　　在电子游戏的研究中，一个著名的玩家分类法是由Bartle提出的玩家4类型(Bartle，1996)："成就型玩家"(achiever)、"探索型玩家"(explorer)、"社交型玩家"(socializer)和"杀手型玩家"(killer)。Bartle的分类法始于英国一家商业MUD站点上由"巫师"(资深玩家)发起的讨论，这场激烈的讨论从1989年11月一直持续到1990年5月，讨论主要围绕着"玩家到底想从MUD中得到什么?"这个问题。Bartle发现大家辩论的观点其实可以划分为4个子类别："在游戏中获得成就"(achievement within the game context)、"在游戏中进行探索"(exploration of the game)、"与他人交往"(socialising with others)和"强迫他人"(imposition upon others)，对上述类别进行抽象概括后得出了4种玩家类型。成就型玩家把积累游戏得分和提高游戏水平作为他们的主要目标,他们也会在游戏中探索、社交和杀戮,但这些都只是为了获得更多的游戏积分。探索型玩家乐于揭露游戏中隐藏的东西,他们尝试探索各种深奥的游戏内容、地图,寻找有趣的特征(如寻找游戏 BUG),并试图弄清楚这些事情的运作方式。社交型玩家的乐趣源自和其他玩家一起游戏,游戏只是为他们提供了一个社交场所,玩家之间的人际关系才是他们最重视的,与其他玩家进行交流、玩笑、娱乐、相互倾听、彼此认同,即便只是观察他人玩游戏,对他们来说也是一种乐趣。杀手型玩家通过惩罚他人而获得乐趣,很多时候他们攻击其他玩家并非为了获得游戏内的奖励,杀死其他游戏角色就是目的,因为这样的行为能刺激"杀手们"的肾上腺素并获得更多乐趣。当然,基于当前的游戏情绪或游戏风格,玩家通常会在 4 个类型之间切换。Bartle 根据研究观察玩家的经验发现,玩家往往有一个主要的游戏风格,切换(有意或无意)到其他风格只是作为提高他们的主要兴趣的手段。Bartle 的模型虽然被广泛引用,但它不是基于数据统计发展起来的,同一类型中包含的游戏动机可能并不准确。例如,Bartle 认为探索型玩家喜欢精神交流,喜欢看别人玩游戏,这两种动机可能并不高度相关。然而,不可否认 Bartle 的分类法的确为探索在线游戏中玩家的动机提供了一个起点(Williams、Yee 和 Caplan,2008)。

2006 年,Sherry 及其同事基于 Greenberg(1974)开发的电视使用动机特征(消磨时间,忘记,作为消遣的一种手段,学习事物,了解自己,唤醒,为了放松,为了友谊,作为一种习惯),并通过对焦点访谈的数据分析,得出了使用电子游戏的6 个主要动机维度:唤醒(arousal)、挑战(challenge)、竞争(competition)、转移注意力(diversion)、幻想(fantasy)和社交互动(social interaction)。唤醒指的是用户通过电子游戏的快速动作和高质量的图形来刺激情绪。挑战指的是用户通过玩电子游戏来提升自己的技能或个人成就。竞争指的是通过玩电子游戏向其他人证明谁拥有最好的技能,谁的反应或思考速度最快,以达到显示支配地位的作用。转移注意力指的是通过玩电子游戏躲避压力或责任。幻想指的是通过电子游戏进行一些平时生活中无法做的事情,例如驾驶飞船。社交互动指的是许多人参与电子游戏的主要原因,即通过电子游戏与朋友互动,或了解他人。

Yee(2006a)基于 Bartle 的玩家类型学以及早期针对 MMORPG 玩家进行的开放式定性研究,列出了 40 个与玩家动机相关的问题。历时 3 年,通过网站在线调研 3 万名 MMORPG 用户。经过探索性因素分析揭示了用户游戏动机的 5 因素模型：成就（achievement）、关系（relationship）、沉浸（immersion）、逃避现实（escapism）和操纵（manipulation）。成就指的是玩家通过实现游戏中的目标，或收集游戏世界中象征权力的事物，以寻求在虚拟环境中变得强大的愿望。关系指的是玩家与其他玩家进行人际互动的期望，以及他们建立支持性人际关系的意愿。而渴望获得沉浸的玩家则喜欢通过游戏进入幻想的虚拟世界，也喜欢成为不同的虚拟化身。逃避现实指的是游戏玩家通过进入游戏世界逃避现实中需要面对的问题。操纵指的是喜欢通过控制其他玩家以获取满足感的玩家。这 5 因素中成就、关系和操作对应了 Bartle 的 3 种类型，剩下的沉浸和逃避现实则未被 Bartle 类型学所包含，而 Bartle 建议的探索型玩家并不在内。

　　Yee（2006b）使用了来自开放式回答的定性数据来扩展现有的动机项目清单，共生成 10 个动机因子，并通过二阶因子分析产生了 3 个因子。即 3 个二阶因子概括了 10 个一阶因子。3 个二阶因子结构分别是成就（achievement）、社交（social）和沉浸（immersion）。成就因子与以下因素有关：① 进步；② 分析游戏机制；③ 竞争。社交因子与以下因素相关：① 聊天和随意互动；② 发展支持关系；③ 团队合作。沉浸因子与以下因素相关：① 发现探索；② 角色扮演；③ 虚拟化身定制；④ 逃避现实。10 因素模型涵盖了 Bartle 类型学中列出的所有动机。此外，因子分析显示，Bartle 的探索型玩家类型由发现探索和分析游戏机制两个不相关的动机构成。10 因素模型还涵盖了 Sherry（2006）的电子游戏玩家 6 种总体动机类型中的 5 种。同时，二阶因子结构也显示了潜在动机是如何组合在一起的。特别的是，因子分析显示 3 个主要成分之间的相关性较弱，表明 MMORPG 中的游戏动机并不像 Bartle 所说的那样相互抑制，如果 1 个玩家在成就部分得分高并不意味着他在社交部分得分低。

　　Tychsen、Hitchens 和 Brolund（2008）将研究范围从 MMORPG（大型多人在线角色扮演游戏）扩大至 RPG（角色扮演游戏，包含单人和多人模式）。基于 Yee 的动机因素量表上增加了 2 个关于领导力的项目以及关于个人游戏和角色独特性的附加问题，最终量表共包含 50 个项目。经过因子分析得到 12 个驱动因素，进一步分析概括最终获得 5 个驱动因素：社交与角色扮演（social & role-play）、规则导向（mechanical play）、自我导向（self-oriented play）、战略导向（tactical play）、探索与沉浸（discovery & immersion）。

　　Kahn 等（2015）同样尝试扩大研究范围，他们分别对一款 MOBA（多人在线战术竞技游戏,multiplayer online battle)类游戏和一款 MMO(大型多人在线游戏,massively multiplayer online game)类游戏的受众进行调研,发现了 6 种玩家类型:社交者(socializer)、完美主义者(completionist)、竞争者(competitor)、逃避现实主义者(escapist)、剧情驱动型(story-driven)和自作聪明的人(smarty-pants)。

另一个众所周知的游戏使用概念是玩家动机模型(the gamer motivation model),是由 Yee 和 Ducheneaut(2016)基于他们之前研究(如 Yee,2006a,2006b)中确定的因素和大量文献回顾设计的。他们开发了一份问卷,要求参与者对电子游戏各个方面的重要性进行评分。基于因子分析以及 20 多万参与者的数据聚类,经过几次回顾和调整,他们最终提出了 12 种不同的动机,这些动机组合成 6 个不同的主要动机组:行动(action)、社交(social)、掌控(mastery)、成就(achievement)、沉浸(immersion)和创造(creativity)。图 2-1 显示了 12 种动机以及与之相关的 2～4 个具体动机。

动作 "Boom!"	社交 "一起玩吧"	掌控 "让我想想"	成就 "这些还不够"	沉浸 "想当初……"	创造 "要是我……"
破坏 枪械、爆破 混乱、骚乱	竞争 决斗、比赛 高排名	挑战 高难度 练习、挑战	完成 获取所有藏品 完成所有任务	幻想 扮演其他人 去其他地方	设计 自我表达 定制化
刺激 快节奏、动作 惊险、刺激	社群 加入社团 聊天、交互	策略 预判 决策力	力量 强大的角色 强大的装备	故事 精心设计的情节 有趣的角色	发现 探索 实验

图 2-1 玩家动机模型

(资料来源:Yee 和 Ducheneaut,2016)

二、体验导向

以游戏体验为导向的研究主要探讨玩家在游戏中的生理和心理感受。虽然已有多项研究调查了游戏体验,但迄今为止,这一研究领域还没有 1 个被普遍接受的研究框架。Kallio、Mayra 和 Kaipainen(2011)在 3 年内进行了大量连续的研究,将不同的定性和定量元素结合起来。他们认为,由于游戏和玩家都嵌入了真实世界，玩家的体验和行为受到许多不同变量的影响，其中最主要的是社交变量。此外，他们认为其他研究者的一些发现可能被错误地解释了。例如，有些玩家报告他们因为社交原因参与游戏，但事实上他们更喜欢单独玩，社交因素对他们来说只是事后与朋友分享自己在游戏中的经历，而不是在虚拟环境中与其他玩家互动。Kallio 等开发了一个由 3 个部分组成的模型：强度(intensity)、社交(sociability)、实际玩的游戏(games actually played)。游戏强度是从 3 个角度来描述游戏行为：游戏时间的长短、游戏的规律性和集中度。社交行为根据发生的空间加以区分：共享的物理空间、共享的虚拟空间以及游戏情境之外的空间(例如与他人分享游戏的想法、理解、技巧、观点、成功和其他经验)。实际玩的游戏则由 3 个独立的指标组成：单个游戏和使用的设备、游戏类型、易访问性(即参与游戏的难易程度，包括可访问性、可用性、熟悉度等方面，以及游戏的成本)。与其他研究不同的是，他们首次明确区分现实社交关系和虚拟社交关系。最后，Kallio、Mayra 和 Kaipainen(2011)指出了玩家类型稳定性的重要问题。在他们的研究中，他们发现玩家会根据自己流动的心理状态和情境实践调整游戏方式，他们称之为流体变化(fluid change)。电子游戏的"主流用户"不是由那些只玩消磨时间的休闲游戏玩家构成的，也不是由他们的对立面，即忠诚的游戏爱好者构成的。正是不同的人在游戏中不断地放松、社交和娱乐，形成了电子游戏文化的主体。

Wang 等(2011)的一项早期研究分析了 MMORPG 游戏中的数据，发现玩家游戏行为(如制作游戏中的虚拟物品和游戏中与群体相关的活动)因其在游戏中的体验不同而有所不同。Mora-Cantallops 和 Sicilia(2018)在 MOBA 类游戏中进行了同样的观察，他们发现，玩家的体验会随着他们在游戏中的排名而产生变化。除了社交经验外，McGloin、Hull 和 Christensen(2016)也考虑了同一游戏中的不同设置。他们的研究结果显示，玩家的体验因游戏结果而产生变化。例如，玩家会在成功的情况下表现积极，在失败的情况下表现消极。总的来说，他们发现玩家在合作环境中似乎比在竞争环境中体验到更多的乐趣。这与之前认为竞争是重要游戏动机的研究结果有所不同。这项研究结果有助于解释当下 MOBA 类游戏广受欢迎的问题。

Ryan、Rigby 和 Przybylski(2006)将自我决定理论(self-determination theory，SDT)应用于游戏领域，开发了玩家需求满足体验量表测量工具。他们认为，游戏用户的行为与其他行为一样都受到 3 种诉求驱动：自主、能力和关系。自我决定理论（SDT）主要关注社会环境提供经验选择的潜能，以满足人们对能力感（挑战感和有效感）、自主性（意愿和意志感）以及关联性（与他人的联系）的普遍需求。同时，在这 3 种基本需求之外，他们还认为直觉控制和存在感/沉浸感能有效评估玩家的游戏体验。有一系列研究证实了这种方法在理解人们的游戏动机和他们在游戏中的体验效用性（Johnson 和 Gardner，2010；Przybylski、Ryan 和 Rigby，2009；Przybylski 等，2009；Ryan、Rigby 和 Przybylski，2006）。

Ijsselsteijn 等（2007，2013）开发了游戏体验问卷（Game Experience Questionnaire，GEQ）用于测量电子游戏中的用户体验。它是基于对玩家体验的理论假设以及专家焦点小组开发的，旨在捕捉不同游戏中的不同体验。最终问卷由 3 个模块组成：核心模块、社交存在模块、赛后模块。通过 3 个模块共 67 项测量了 7 个不同方面的游戏体验：积极影响（positive affect）、消极影响（negative affect）、挫折（frustration）、流动（flow）、挑战（challenge）、沉浸（immersion）和能力（competence）。

Fluegen、Doyle 和 Veith（2018）对长期参与《魔兽世界》的年轻人进行了 6 次深入访谈，以探讨游戏的一般体验和意义。他们发现，玩家的游戏行为决定了他们对游戏的看法，即游戏对他们意味着什么，以及它是如何影响他们的。另一个有趣的发现是，玩家的游戏行为似乎与他们的生活状况有关，特别是与他们正常生活中缺乏的关键心理需求有关。例如，一个在生活中感到无聊和受限的人，会在游戏中进行各种探索和试验，甚至试图滥用游戏机制，以便为其游戏中的挑战找到最佳解决方案。Oswald、Prorock 和 Murphy（2014）也进行了类似的观察，他们进行了一项探索性的定性研究。他们要求 173 名参与者（平均年龄 23 岁）描述他们最近游戏经历的价值体验，最后分析确定了 6 个大类 57 个主题的价值体验：情绪反应（emotional responses）、游戏性（game play）、社交（social）、游戏结果（outcomes of play）、目标（goals）和个人品质（personal qualities）。他们发现玩家的反应以及个人目标具有复杂性和多样性，并且社交互动对玩家体验比游戏内容本身更重要。

三、其他导向

在电子游戏使用研究中，游戏使用时间吸引了绝大部分研究者的目光。Cruea 和 Park（2012）基于第三人称认知解释游戏使用中的性别差异，研究发现女性对其他女性游戏时间的感知影响了其对自我游戏时间的认知。Cole 和 Griffiths(2007)研究了影响 MMORPG 玩家的游戏量的因素。912 名主要来自美国和英国的用户报告平均每周玩 22.85 小时。研究数据表明,用户每周玩的时间范围很广,其中一部分样本报告了相当高的游戏水平。他们发现,那些对游戏的社交方面感兴趣的玩家与其他类型的玩家相比,他们的游戏时间更长。进一步支持这一发现的是,游戏中的时间与朋友的数量之间存在正相关。与 Cole 和 Griffiths 的研究结果类似,Johnson 和同事们(2016)也发现社交因素在游戏时间中的重要作用,即玩家花在游戏上的时间越多,与其他人一起玩的时间越长。Williams、Yee 和 Caplan(2008)研究了《无尽的任务 2》玩家游戏时间的预测因子,发现用户平均每周游戏时间为 25.86 小时。成就、社交和沉浸 3 个游戏动机部分预测了游戏时间。其中,社交和成就动机与更多的游戏时间有关,而沉浸动机与较少的游戏时间相关。与 Williams、Yee 和 Caplan 的研究结果相反,Teng(2010)招募了各种在线游戏类型的玩家,发现游戏时间越长,沉浸满意度越高。这可能是因为那些受沉浸感驱使的玩家并不总是能体验到这种需求的满足,因此只有当这种需求得到满足时,他们才会表现出游戏时间的增加。

很多研究人员认为游戏时间是衡量电子游戏影响的重要标准。然而有研究发现很多时候游戏时间的影响被夸大了,游戏时间许多时候只是其他问题的表象。例如,在一家心理健康研究所,对一小部分以男性为主的患者样本进行的研究表明,人格因素,包括压力来源和对他人的兴趣,与过度游戏有关(Couto 和 Cruz,2014)。Rehbein 和 Baier(2013)将重点放在更广泛的背景因素上,发现单亲家庭、低水平学校幸福感以及较弱社会融合感的青少年更可能出现病态游戏模式。King 和 Delfabbro(2016)认为过度游戏更可能出现在那些高估游戏奖励、有不灵活的规则和偏见、过度相信通过游戏能获得自尊以及将游戏作为社会接受手段的青少年中。Shen 和 Williams(2011)探索了各种预测因素(游戏和非游戏相关的)对一系列心理和社会结果的影响。总的来说,他们发现花在游戏上的时间对这些结果的影响很小。相反,游戏的影响更多地取决于人们的目的、个性和使用环境。例如,那些出于获得成就感动机的人表现出游戏的积极影响,而那些出于获得沉浸感动机的人则表现出更大的孤独感。值得注意的是,他们的研究发现游戏时间对各种结果测量的影响远远小于各种人口统计学和人格变量的影响。同时,Blake 和 Klimmt(2012)在对电脑游戏使用情况的研究总结中指出,大多数调查只考虑玩家在游戏上花费的平均时间,而不考虑这些时间是如何使用的(Lee 和 Rose,2007;Cruea 和 Park,2012)。但是,需要看到很多研究将游戏行为等同于游戏使用量,研究人员经常忽视游戏的社交环境,游戏的差异以及多种游戏风格并存的情况。

除了游戏使用时间的研究之外,Worth 和 Book(2014)测试了一份包含 38 个项目的调查问卷,这些项目是基于对《魔兽世界》游戏活动的描述、论坛上关于玩家行为的讨论以及 Bartle 和 Yee 的模型。主成分分析和随后的平行分析揭示了 6 个组成部分:玩家对抗玩家(player-versus-player,PVP)、社交玩家对游戏环境(social player-versus-environment)、工作(working)(包括赚取游戏内金币或声誉,或使用游戏中的工艺系统制造物品)、帮助(helping)、沉浸(immersion)和核心内容(core content)(包括升级、参与任务和困难的群体活动)。总的来说,PVP 和帮助两个因素的方差中有 23% 可以用人格特质来解释,而其他因素的方差为 12%~16%。Worth 和 Book 的结论是,人格特质和游戏行为之间的相关性与他们对现实世界行为的预期是一致的,未来的研究应该致力于开发一个更精确的游戏行为问卷。

最新的一项游戏使用相关的研究是由 Flueggen(2020)展开的,他通过定性与定量研究数据设计的游戏使用框架问卷(game usage framework,GUF)。经过数据分析最终确定游戏使用框架的 8 因素:试验(experimenting)、朋友(friends)、消极情绪(negative emotions)、积极情绪(positive emotions)、优先级(priority)、严肃性(seriousness)、社交(social)和故事(story)。Flueggen 认为试验是游戏不可或缺的一部分,它描述的是旨在尝试和测试游戏中事物的行为,包括了探索行为。朋友指的是与游戏外的联系人一起玩,即现实生活中的朋友,并在玩游戏时明确关注共享的体验。与 Kallio 等一样(2011),Flueggen 也明确区分现实社交关系和虚拟社交关系。消极情绪指玩家在游戏中生气或感到压力。积极情绪指的是玩家在游戏中体验到的愉快感觉,比如玩得开心,玩家将开心作为一种主动意图,而不单单是以游戏结果作为衡量标准。优先级描述了游戏的频率和持续时间,以及游戏对玩家的重要性。严肃性描述了与玩家对待游戏的严肃程度相关的各个方面,比如他们是否关心赢得胜利或者取得进步。社交指的是与非朋友的玩家互动,并专门为与他人互动而玩。故事描述了玩家参与游戏故事的程度。研究发现在游戏中参与社交互动的玩家似乎能够补偿他们生活关系中的挫折感,并增加幸福感。

第三节 使用与满足理论

显然,电子游戏玩家的游戏行为背后存在着相关的使用动机。而使用与满足理论正是基于受众的角度,分析受众的媒介使用动机以及媒介满足的需求,以考察媒介给受众带来的心理和行为上的效用。所以使用与满足理论为游戏行为的研究提供了相应的理论基础。

学者们对使用与满足理论(uses and gratifications theory)的起源并没有达成一致的看法。大众传播学者今天所说的使用与满足理论被普遍认为是媒介效果研究的一部分(McQuail,1994)。早在传播研究的历史上,就有人提出了一种方法来研究满足感,这种满足感能够吸引和保持受众对各种媒体的使用以及满足其各类社会和心理需求(Cantril,1941)。许多早期的媒介效果研究试图发现大众传媒的受众动机和选择模式。例如,探讨儿童对漫画的兴趣(Strang,1943),研究报纸阅读的功能(Berelson,1949)。一些大众传播学者认为道德恐慌(moral panic)和佩恩基金研究(Payne Fund Studies)是使用与满足理论的鼻祖。该基金会领导了很多著名的研究,例如 Thurstone 尝试理解看电影是如何影响美国年轻人的(Lowery 和 DeFleur,1995)。一些学者认为佩恩基金研究主要是以效果为导向的宣传研究,而使用与满足理论侧重于研究个人对媒体的使用。另一些学者认为施拉姆(Schramm,1954)提出的选择或然率公式(fraction of slesction)(即个人选择媒体的可能性取决于回报期待和费力程度的比值)是理论的起点。也有学者认为使用与满足理论源自心理学中的需求与动机理论(Maslow,1981)。大多数学者认为,早期的使用与满足研究并没有在理论上达成统一(McQuail,1994)。

使用与满足理论的发展经历了几个阶段。20 世纪 50 年代和 60 年代,研究人员确定并检验了许多社会和心理变量,这些变量被认为是不同的满足消费模式的前提(Wimmer 和 Dominick,2013)。例如 Schramm(1965)得出结论,儿童使用电视的方式受个人心理能力以及与父母和同龄人的关系的影响;Katz 和 Foulkes(1962)概念化的大众媒体使用的逃避动机;Mendelsohn(1964)确定了广播收听的几个普遍功能:陪伴、消磨一天、改变心情、对抗孤独或无聊、提供有用的新闻和信息、允许在事件中进行替代性参与以及帮助社会互动。到 20 世纪

70年代,使用与满足理论的研究人员对受众动机进行了仔细的研究,并对人们利用媒体满足社会和心理需求的类型进行了研究。例如,Blumler(1979)确定了媒介满足的3个主要社会根源:规范性影响、社会分布的生活变化以及个体对社会状况的主观反应。Palmgreen和Rayburn(1979)研究了观众对公共电视的接触情况,并得出结论,即使用与满足很好地补充了其他决定因素,如媒介可用性、工作时间安排和社会约束,以便更精确地界定心理动机与媒介满足之间的关系。在20世纪80年代,研究的焦点已经从机械论的角度(媒体对接受者的直接影响)转移到强调个人使用和选择的心理学角度(Rubin,1994)。研究人员重新评估了积极受众的概念。一些研究人员重申,尽管使用和效果都试图解释大众传播的结果或后果,但他们是通过认识到受众主动性和活动的潜力来解释的(Rubin,1994)。Levy和Windahl(1984)试图阐明一个理论上更完整的受众活动(audience activity)概念,并测试一个将活动和使用与满足联系起来的受众取向模型。Rubin(1984)认为受众活动不是一个绝对的概念,而是一个可变的概念。然而,Windahl(1981)认为积极性的概念将观众描绘成超理性和非常有选择性的,这种趋势会招致批评。他认为受众活动涵盖了传播过程的一系列可能方向,这一范围在传播序列的各个阶段有所不同(Levy和Windahl,1984),即不同的个体在不同的交流环境和交流过程中的不同时间往往表现出不同类型和数量的活动。

使用与满足理论的核心观点是:受众是主动的,他们的媒体使用是有目的的。它从受众的角度审视媒体使用行为,承认是受众控制了自己的媒体使用决策。Katz、Blumler和Gurevitch(1973)明确了使用和满足理论的5个基本假设:

(1) 受众是主动的,他们的媒体行为具有目的性。

(2) 在大众传播过程中,受众在将需求满足与特定的媒介联系起来时,具有很大的主动性。

(3) 在受众需求满足的过程中,媒体与其他需求满足方式相互竞争。

(4) 大众媒体的使用行为可以从受众自己的描述中得出,即人们有足够的自我意识,能够在特定情况下报告自己的兴趣和动机。

(5) 媒体内容的价值判断应该由受众主导。

Lin(1999)在该领域学者工作的基础上,提出了一个模型来说明使用与满足理论的基本组成、结构和功能(见图2-2),并对模型中的每个概念做出了相应的解释:

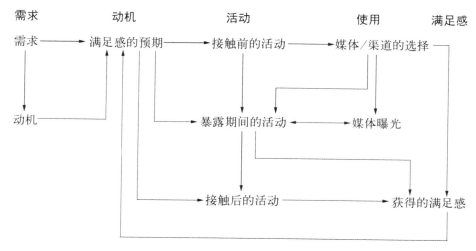

图 2-2　使用和满足范式

(资料来源：Lin，1999)

需要(needs)。马斯洛(Maslow，1981)将需要分为两种基本的心理需要：缺失性需要(deficiency needs)和非缺失性需要(non-deficiency needs)。缺失性需要源于内心的不满，比如对爱和安全的需求，主要依靠他人来满足需要。非缺失性需要被认为是自我实现的需要，它可以由独立于他人的资源来满足，并有助于提高一个人的自我发展。而媒介使用需要是一种自我实现的需要，具有社会根源，包括社会学特征(年龄、性别、种族、收入等社会因素)、社会角色(职业、朋友、兄弟姐妹、父母等)以及社会条件(地理性移动、工作日程)。总体而言，5 种不同的自我实现需要被认为与媒体使用和满足有关：① 认知需要，如理解的需要；② 强化审美或情感体验的情感需求；③ 增强信心、可信度或稳定性的综合性需求；④ 与加强与朋友、家庭和世界的联系有关的需求；⑤ 与逃逸或压力释放有关的需求。

目的(motives)。这个概念反映了需要进一步减少或满足的需要类型所产生的欲望。由于具有不同社会背景个人的动机各不相同，因此可以涵盖以下部分或全部：

(1) 娱乐(entertainment)——寻求乐趣、消遣或刺激；

(2) 监视(surveillance)——对世界上发生的事情保持了解；

(3) 信息(information)——学习有趣和有用的东西；

(4) 转移注意力(diversion)——把注意力转移到媒介现实；

（5）逃避（escape）——忘记眼前的问题；

（6）社会交往（social interaction）——与他人做些什么或对他人说些什么；

（7）准社会互动（parasocial interaction）——与媒体人士"顶嘴"；

（8）认同（identity）——寻找认同的人或意识形态；

（9）消磨时间（pass time）——解闷消磨时间；

（10）陪伴（companionship）——减少孤独感。

动机（motivations）。这个概念描述了一种感知到的激励或奖励的类型，这种激励或奖励可以促使个人采取行动并参与媒体使用。媒介使用动机的两个维度是：① 认知维度，即人们期望或寻求从媒介使用获得思想的满足；② 情感维度，即人们期望或寻求从媒介使用获得情感的满足。

活动（activity）。这是一种认知、情感和行为过程，涉及激发和执行一个人的媒体使用活动。这一过程包括 3 个阶段：暴露前的活动（pre-exposure activity）、暴露中的活动（during-exposure activity）和暴露后的活动（post-exposure activity）。暴露前的活动解释了个人准备媒体使用活动的过程。受众对内容的偏好和与媒体的亲和力有助于决定这一特定活动阶段的过程和结果。暴露中的活动反映了受众对媒体内容和媒体本身的参与程度。在实际的媒体使用过程中，参与通常被定义为并发（concurrency）活动的存在。暴露后的活动描述了对媒体曝光体验的短期和长期影响。这些活动可能与观众在曝光后的满足感密切相关。

使用（use）。该要素涉及特定媒体的选择行为以及媒体暴露的持续时间。而媒体选择也是推动媒体暴露程度和受众参与暴露活动的动力。

满足（gratifications）。这一部分是指从曝光中获得的满足感的类型和程度（包括短期和长期的认知和情感方面），这些满足感满足了启动整个媒体使用过程的原始需求。个人对从媒体使用经验中获得满足感的满意程度反过来会影响或加强未来的媒体使用动机或满足期望。

此外，新媒体技术的发展也推进了使用与满足理论的发展和应用。新媒体技术的发展为人们提供了越来越多的媒体选择，动机和满意度成为受众分析的重要组成部分，研究人员开始重新关注使用与满足理论的应用。新媒体的交互功能吸引了大量研究人员的关注。因为交互性极大地强化了使用与满足理论的核心概念：用户主动性，即交互过程中参与者在相互话语中控制和交换角色的程度（Williams、Rice 和 Rogers，1988）。Ha 和 James（1998）列举了互动的 5 个方向：游戏性、选择性、连通性、信息收集和相互交流。他们认为，对于自我放纵者和网络冲浪者,互动的游戏性和选择维度满足了自我交流和娱乐需求。对于面向任务的用户,连通性维度满足了信息需求。对于表现力强的用户来说,信息收集和相互交流的维度使他们能够主动与其他具有共同在线兴趣的人进行交流。他们将信息收集和交互交流等维度评估为更高层次的交互,游戏性、选择性和连通性被认为是较低层次的互动。甘春梅、梁栩彬和李婷婷(2018)基于54篇国外文献的内容分析发现社交网络用户行为受5个大类需求影响(见图2-3):认知需求、情感需求、压力释放需求、个人整合需求和社会整合需求。认知需求指的是受众通过媒介获得信息的动机。情感需求指的是受众寻求通过媒介获得情感支持。压力释放需求指的是受众通过媒介消磨时间、放松和逃避压力等。个人整合需求指的是个人的自我形象、自尊等涉及个人认可的动机。社交整合需求指的是受众通过媒介进行社交活动的动机。

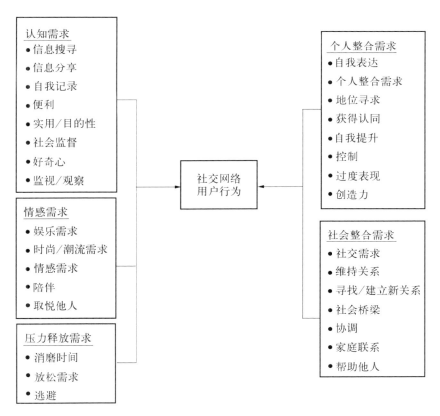

图 2-3　社交网络用户行为影响因素框架

(资料来源:甘春梅、梁栩彬和李婷婷,2018)

与此同时,数字技术催化了媒介融合,使得媒介信息跨平台传播成为大趋势,这更突显了受众的主体地位。Williams 等(1988)认为新媒体有"去分类"的特点,他们将"去分类"定义为个人对媒体的控制,即媒体用户从宽泛的菜单中进行选择的能力。Chamberlain(1994)认为,我们已经进入了一个去分类的时代,在这个时代中,个人媒体用户能够通过更新的技术,从大量选择的媒体中进行选择,而在以前这些媒体只能作为大众媒体与其他人共享。与传统的大众媒体不同,新媒体为用户提供了更多的选择性,激发了用户的主动性。李华君和张婉宁(2018)的一项研究发现受众更倾向于使用非官方的新闻媒介,同时这种使用行为会影响用户使用动机的满足度以及对新闻媒介的满意度。

使用与满足理论在电子游戏研究领域的应用主要用于探讨游戏动机。例如 Sherry(2006)及其同事基于 Greenberg(1974)电视使用动机特征开发的电子游戏的6 个主要动机:唤醒、挑战、竞争、转移注意力、幻想和社交互动。钟智锦(2010)研究发现玩家有 3 种游戏动机:追求个人成就、享受社交生活和沉浸并逃避现实。这些动机与游戏时长和用户的游戏黏着度正相关,其中沉浸动机的影响最大。

第四节 媒介功能与使用动机分析

从功能的角度理解,传播可以分为两种类型:实用性传播和娱乐性传播,即工具性和消遣性(张国良,传播学原理,2014:P50)。这种传播的二功能说,前者强调的是媒介的实用功能,目的是应对环境,后者强调媒介的娱乐功能,目的是充实情绪。与以传播信息功能为主的传统媒介不同,电子游戏是以消遣性为主、工具性为辅的电子媒介,受众参与的最主要目的是娱乐消遣。电子游戏的大部分工具性功能,在设计之初就是为其娱乐性服务的。游戏设计师通过设计各种功能满足用户需求,以增加游戏的受欢迎程度。鉴于受众以及游戏规则的区别,不同的游戏在设计阶段对各项工具性功能的侧重也存在差异。同时,电子游戏的媒介功能与其媒介技术的发展息息相关。我认为电子游戏具有 5 项工具性功能:生理和认知功能、交互功能、叙事功能、信息传播功能和信息存储功能。这 5 项工具性功能与消遣性功能共同构成了电子游戏的功能结构(见图 2-4)。

生理和认知功能包括生理和认知两大类。生理包括身体和情绪两方面。身体指的是玩电子游戏对身体本身造成的影响,例如长时间游戏可能引发腱鞘炎,

图 2 - 4　电子游戏的功能结构

而玩运动游戏可能达到强身健体的效果。与电视诞生之初一样,电子游戏诞生的早期引发了人们对其负面效应的担忧。早期关于电子游戏的报道中有几个证明其直接影响身体健康的说法,例如吃豆人肘(Skow,1982)和任天堂炎(Adler等,1989),即过量游戏导致的腱鞘炎。情绪指的是对玩家情绪、心理健康的影响,电子游戏的技术特征,如显示尺寸、视角、保真度和同步性,以及图形和视觉内容相关的特征,已被证明会对游戏用户产生心理影响(Skalski 和 Whitbred,2010)。例如玩游戏可以放松心情、引发积极或消极的情绪。认知功能包括感觉、知觉、注意、记忆、思维、想象等心理过程。已有大量研究证明了电子游戏对视觉、空间感、记忆、专注力等认知功能存在影响。例如,部分研究认为电子游戏时间占用了学习和阅读时间,会对儿童的阅读理解能力造成破坏(Ennemoser 和 Schneider,2007;Vandewater 等,2005)。然而有更多的研究证实了电子游戏有助于开发用户的认知功能。Green 和 Bavelier 在他们的一系列研究中发现动作游戏对用户视觉选择性注意的多种测量有积极影响(Green 和 Bavelier,2003;2006a;2006b;2007)。Green 和 Bavelier(2003)将经常玩动作游戏和第一人称电子游戏的成年玩家与非玩家进行了比较。他们发现,玩家在所有任务上都优于非玩家。例如,游戏玩家能更准确地记住周围视觉中短暂呈现的物体的位置,他们处理视觉信息的速度也更快。在注意力方面,有研究发现与未接受游戏训练的儿童相比,经过了 5 天的注意力训练的儿童在执行注意力和智力方面表现出了更大的提高(Rueda 等,2005)。其他针对成人的研究也报告了类似的研究结果(Nouchi 等,2013)。

相对于传统的静态媒体(如绘画、雕塑)与动态媒体(如舞蹈、音乐),互动媒体最吸引人的是其内含的因果关系,受众最关注的不是它本身的变化,而是它是如何变化的(Crawford,1984)。Crawford 认为最高级和最完整的表示形式是交互,游戏提供的互动元素正是它们具备强大吸引力的关键因素。而互动功能包括玩家与计算机的互动、玩家与游戏的互动、玩家与玩家的互动。首先,玩家与计算机的互动即逻辑系统(玩家)与人工系统(计算机)结合的过程,这种互动是将系统拟人化,以实现用户与硬件之间的双向互动。其次,玩家与游戏的互动即受众与媒介的互动。这类互动是构建在游戏内容与形式上的,例如玩家可以通过控制游戏角色或输入不同的命令进行操控,而游戏会根据玩家的输入以图形或声音等形式进行反馈。不同的游戏具有不同的互动方式。最后,玩家与玩家的互动即人际互动,这是一种以计算机为中介的传播(ccomputer-mediated communication,CMC)。玩家与玩家的互动形式有竞争也有合作。竞争是绝大部分游戏的天然属性,是促使用户玩电子游戏的主要因素(Vorderer、Hartmann 和 Klimmt,2003)。即便是传统的游戏,例如象棋,也是以 2 名玩家相互博弈的互动形式进行的。同时,人与人之间竞争的乐趣远大于人与计算机之间竞争。除了竞争,合作模式也是吸引玩家的重要因素。例如当下最受欢迎的 MOBA 类游戏,它通常由玩家组成几人小队,以小队为单位展开竞争,玩家可以在游戏中同时体验到合作与竞争的乐趣。有研究发现玩家在合作环境中似乎比在竞争环境中体验到更多的乐趣(McGloin、Hull 和 Christensen,2016)。玩家与玩家的互动功能很大程度上增强了电子游戏的娱乐功能。

叙事功能包括故事、画面和音乐三方面。故事指的是包含情节的叙事内容,游戏设计者为了创造一个生动的游戏内容,通常会为整体游戏和游戏角色设计背景故事。随着技术的发展以及游戏结构的复杂化,电子游戏的叙事结构已经从传统以层级顺序排列的线性结构(Falstein,2005;Meadows,2002;Miller,2004)(见图 2 - 5)转变为非线性结构(Ip,2011)(见图 2 - 6)。非线性结构的主要优势是具有更大的自由度,可以给玩家造成他们可以对游戏故事进程施加更大程度控制的印象。事实上,这种结构就是更精细的交互式场景剪辑。它通过增加用户影响游戏中事件节奏的机会,并为其提供改变某些事件触发顺序的能力,对互动叙事结构做出调整。在设计叙事结构的同时,设计者也会为不同的故事场景或情节设计不同的画面和音乐,以烘托游戏氛围。生动的叙事方式可以为玩家创造更强的代入感。

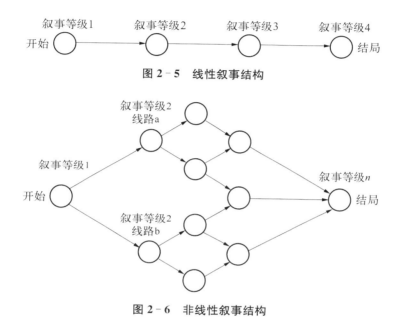

图 2-5 线性叙事结构

图 2-6 非线性叙事结构

信息传播功能包括人际信息传播和内容信息传播。人际信息传播指的是玩家与玩家之间的信息沟通,即玩家之间可以通过电子游戏这一媒介以文字、图片或语音的方式传递信息。内容信息传播指的是电子游戏本身携带的内容所传递的信息。例如国产古风游戏《剑侠情缘叁》吸引了大批青少年玩家 COS 游戏角色,游戏中的背景故事、古建筑、传统服装和道具等元素无形中向玩家传播了我国的传统文化;玩"FIFA"系列游戏的玩家可以通过游戏了解足球的规则、不同的球队和球星的信息。

信息存储功能包括游戏信息存储和玩家信息存储。游戏信息指的是游戏厂商预先设计好的游戏软件,它通常存储在网络服务器与各类硬件设备中,例如手机内存或电脑硬盘中。玩家信息指的是每个玩家特有的游戏进程,与游戏信息一样它也通常存储在网络服务器与各类硬件设备中。玩家可以通过读取存储的信息继续游戏进程。这种功能使得玩家可以基于游戏规则随时暂停或开始游戏,进而摆脱时空束缚。很多时候玩家存储游戏信息等于保存了一段独特的游戏经历，与许多实物纪念品一样，它也可以被珍藏或被缅怀，带给玩家更为丰富的情感体验。

电子游戏独特而丰富的媒介功能吸引了具有各类动机的受众参与游戏。经过文献梳理，我们将前人研究中发现的游戏动机统计归类成表（见表 2-1）。前人研究共涉及 15 类动机：故事、刺激、社交、竞争、逃避、挑战、创造、成就、好奇、幻想、学习、放松、享受、消遣和沉浸。其中社交动机被提及最多，16 项研究中 14 项研究都发现了社交动机，其次是挑战、逃避和成就则被 8 项研究所发现（见图 2-7）。这些动机需求都通过电子游戏的媒介功能得到了满足。

表 2-1　游戏动机文献汇总

文　献	游　戏　动　机														
	故事	刺激	社交	竞争	逃避	挑战	创造	成就	好奇	幻想	学习	放松	享受	消遣	沉浸
Selnow(1984)		√	√		√						√				
Wigand et al.(1986)		√						√				√			
Myers(1990)			√			√			√	√					
Griffiths(1991，1993)		√	√		√	√						√			
Phillips et al.(1995)					√								√	√	
Bartle(1996)			√	√				√	√						
Rigby et al.(2006)			√			√		√	√						√
Sherry et al.(2006)		√	√	√		√				√					
Yee(2006a，2006b)	√		√					√							√
Jansz & Tanis(2007)			√			√			√				√		
Tychsen et al.(2008)	√		√			√		√	√						√
钟智锦(2010)			√		√			√							
Lee at al.(2012)	√		√	√		√				√			√	√	
Kahn et al.(2015)	√		√	√				√							
Yee & Ducheneaut(2016)	√	√	√	√	√	√		√					√		√

注：√代表相关文献涉及的动机类型。

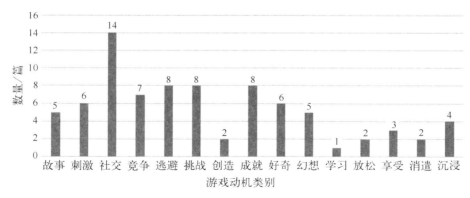

图 2-7　游戏动机类别数量统计

　　作为电子游戏的最主要功能,消遣性功能几乎是所有动机最主要的满足途径。即便是学习的动机,用户也是渴望通过娱乐方式进行学习。不同的动机之间可能存在不同的娱乐方式,例如渴望追求刺激、竞争的玩家也许会选择射击、赛车或动作类游戏;而渴望满足自己好奇、幻想或创造需求的玩家更有可能选择开放世界、探索类的游戏;仅仅为了满足打发时间或放松的需求,玩家更有可能选择相对简单,对动脑或操作要求低的游戏。

　　信息存储和传播的功能是电子游戏最基本的功能,是满足各类动机的技术保障。但不同的需求对信息存储和传播的功能的要求也不同。例如社交动机对信息传播功能中的人际信息传播功能有更高的要求,确保高效和丰富的信息传播途径。

　　叙事功能主要满足故事动机,也会在特定情况下部分支持其他动机。电子游戏通过情节、画面和音乐展现故事内容。而游戏中故事情节的生动性会在一定程度上加强感官刺激,创造沉浸氛围。合理的故事设计可以为玩家在游戏中获得成就或完成挑战时附加一种使命感,从而引发积极情绪,增强满足感。例如《魔兽世界》这款风靡全球近 20 年的 MMOPRPG 游戏就具有相当庞大的游戏背景故事,据此编纂的《魔兽世界编年史》共 3 卷,近 600 页,据此改编的电影《魔兽》于 2016 年上映便引发魔兽玩家的观影潮。

　　互动功能是电子游戏区别于其他新媒介的重要功能,游戏是通过互动进行的。毋庸置疑,互动功能能够满足玩家的社交需求,而竞争动机中的人机竞争和人际竞争也都需要通过互动实现,互动和叙事的融合极大地满足了玩家的故事需求。

生理和认知功能与游戏类型相关。它们通常是满足各类游戏动机时的附加功能,例如满足刺激或竞争需求的游戏通常需要玩家具备强大的反应能力,当玩家游戏时有游戏的这种功能却可能会发挥一定作用。当然,也有部分玩家为了掌握或学习某些技能而进行特定的游戏。例如军队会通过射击类游戏训练士兵的视觉能力,觉得健身房枯燥的玩家可能选择在家玩健身游戏,FPS的职业选手会通过特定的射击训练游戏训练反应速度。游戏的生理和认知功能为这类需求提供了十分有效的满足途径。

然而在15类动机中,一些研究中的动机概念存在部分重叠。不同的研究者会对相同的动机进行不同的解读。例如Sherry(2006)对挑战的理解包括了成就的概念。Yee(2006a)对沉浸的理解中包括了幻想。Tychsen等(2008)将沉浸于好奇归为一类。在这些研究中,只有Sherry(2006)是基于使用与满足理论,并借鉴了Greenberg(1974)开发的电视使用动机特征研究得出电子游戏的6个主要动机:唤醒、挑战、竞争、转移注意力、幻想和社交互动。所以本书将基于Sherry的6类游戏动机作为分析框架展开后续研究。

第三章
不同依恋类型与归因模式
构建的亲密关系

第一节 重新审视"亲密关系"的概念

人类有一种基本需求,需要被接受、欣赏和关心,并对他人回报这种态度和行为——即爱和被爱(Baumeister 和 Leary,1995)。作为社会化的动物,人类的社会属性中核心的部分正是对亲密关系的需求。在人的一生中,人们总是会被某些人吸引,喜欢或相爱,恋爱或结婚,当关系终结时,人们又会感到痛苦。亲密关系满足了人们对归属和关爱的基本需求,也蕴含着对他人强烈的情感依恋。这种关系允许人们形成具有强烈情感依恋的社交网络(Derlega,2013)。

亲密关系究竟是什么?这是一个复杂的问题。不同的个体对其有不同的理解(Prager 和 Roberts,2004)。无论是学者还是普通人往往有一个共识,即亲密关系与普通人际关系之间至少在 6 个方面有一定的差距:了解、关心、相互依赖、一致性、信任和承诺。亲密关系并非需要完全包含这 6 个方面,这些要素也完全可以单独出现在亲密关系中。不同的个体之间会产生不同的亲密关系类型。但一般而言,最令人满意的亲密关系往往会包含上述所有 6 个特征(Fletcher、Simpson 和 Thomas,2000)。

亲密关系是一个应用广泛而灵活的术语,广义上可以指代亲情、友情和爱情等许多不同类型的人际关系,它们涉及身体和情感亲密,在整个人类体验中发挥着核心作用。但狭义上亲密关系通常指代两性关系,即婚恋关系(在英文中常称为浪漫关系)。与大部分研究一样,本书也使用亲密关系这一术语指代婚恋关系。

现代亲密关系的科学研究源自 2 300 多年前亚里士多德的人际关系理论。亚里士多德认为,从本质上讲,人类是社会人(Perlman,2007)。人际关系的构建基于以下 3 种观念:效用(utility)、愉悦(pleasure)和美德(virtue)。人们被提供效用的关系所吸引,因为它们提供了帮助和归属感。在以愉悦为基础的关系中,当双方发生互动时,人们会被愉悦的感觉所吸引。然而,如果其中一个合作伙伴提供的利益得不到回报,那么基于效用和愉悦的关系就会被认为是短暂的。基于美德的关系则是建立在对他人的美德品格的吸引力之上(Miller、Perlman 和 Brehm,2007)。亚里士多德认为,基于美德的关系将是最持久的,也是唯一一类每个伙伴都喜欢的关系。直到 19 世纪 80 年代后期,亚里士多德使用的哲学分析仍然主导着对亲密关系的分析(Vangelisti 和 Perlman,2018)。19 世纪后期,现代心理学和社会学开始将亲密关系纳入他们的研究领域,发展出新的理论基础,自此亲密关系的研究迈入了科学研究领域。随着研究的深入,亲密关系研究逐渐从社会心理学扩展到人类学、神经科学、临床和家庭心理学、发展心理学、性行为科学、进化心理学、人格心理学、传播学等(Fletcher 和 Kerr,2010)。每一种研究视角都为亲密关系研究带来了新的见解和思想。本书将基于两个与亲密关系密切相关的理论展开后续研究:依恋理论和归因理论。

第二节 依恋类型对亲密关系
质量的潜在影响

一、依恋理论

依恋理论最初是作为一种婴儿发展理论建立起来的。发展心理学家Bowlby(1969)发现婴儿会对其主要的照顾者(常为母亲)表现出不同模式的依赖,根据与主要照顾者的互动可以分为 3 种不同类型:安全型、焦虑型和回避型(Bartholomew 和 Horowitz,1991;Fraley,2002;Main、Kaplan 和 Cassidy,1985)。具有安全型依恋(secure)特征的人很容易与他人发展出轻松和信任的人际关系。焦虑-矛盾型依恋(anxious-ambivalent)的人在与他人交往时容易过分紧张和依赖。回避型依恋(avoidant)的人容易怀疑和迁怒他人,不容易形成信任和亲密的人际关系。婴儿依恋理论(Bowlby,1977)假设依恋系统具有进化起源的,不同的依恋模式是源于生物的适应性和维持生命的基本诉求。该系统以特定的情感、认知和行为模式为特征,被认为是早期人格的前身。尽管依恋理论最初旨在解释婴儿与其照顾者之间的情感纽带,但 Bowlby(1977)认为依恋关系在成年人的情感生活中也扮演着重要角色,进而将依恋作为人从摇篮到坟墓经历的重要组成部分。

20 世纪 70 年代末和 80 年代初期,一些研究人员开始使用 Bowlby 的思想作为理解成人孤独与爱的本质和病因的框架。一些研究人员注意到,许多孤独的成年人报告其童年与父母的关系存在问题,并且与浪漫伴侣的关系存在疏远或过度纠缠的问题,这些研究表明依恋历史影响着成人孤独的频率和形式(Rubenstein 和 Shaver,1982;Shaver 和 Hazan,1987)。

依恋理论在成人关系中的应用,要到 20 世纪 80 年代末。Hazan 和 Shaver(1987)发现成人在处理亲密关系时也会出现类似的反应。他们在对《洛杉矶新闻报》读者做调查时发现,约 60% 的人是安全型,约 40% 的人认为自己是不安全的。进一步调查读者的童年经历和对亲情、爱情的态度时,发现研究结果与他们的依恋类型相一致。随着这项研究结果的公示,依恋理论才真正引起了人际关系学者的注意,并迅速成为人际关系学科最热的研究领域之一(Cassdiy 和 Shaver,1999)。同时,依恋理论在成人恋爱关系中的应用引发了该研究领域的一场革命,并成为研究浪漫关系(romantic relationships)的主要框架之一。

Hazan 和 Shaver(1987)将浪漫的爱情关系概念化为一种依恋过程,这一过程遵循婴儿与母亲依恋形成的相同步骤和顺序并导致了相同的依恋类型。他们认为:① 婴儿与照顾者的关系与成人亲密关系的情绪和行为动态受相同的生物系统支配;② 在照顾婴儿的关系中观察到的个体差异种类与在亲密关系中观察到的个体差异相似;③ 成人依恋行为的个体差异是人们根据依恋历史对自己及其亲密关系形成的期望和信念的反映,这些工作模式相对稳定,因此可能是早期(母婴)护理经验的反映;④ 浪漫的爱情,正如人们普遍认为的那样,涉及依恋、照顾和性的相互作用。因此,依恋本质上是一种人际关系过程,决定了关系在一生中的发展。那些在成年后焦虑地依恋一个浪漫伴侣的人会表现出更多的依赖和嫉妒行为,而那些回避依恋的人通常对浪漫爱情持悲观态度(Hazan 和 Shaver,1987)。

之后,很快有学者提出成人依恋类型应该分为 4 类而非 3 类。Bartholomew(1990)认为回避型依恋应该分为 2 类。一种是人们期望与人交往,但担心被欺骗和伤害。另一种则是因为人们更为独立自主,我行我素,不愿与人发生紧密的依恋关系。Bartholomew 认为成人有 4 种依恋类型(见图 3 - 1):安全型(secure)、痴迷型(preoccupied)、恐惧型(fearful)和疏离型(dismissing)。1990 年后,4 种依恋类型的分类得到了广泛的认可。

图 3 - 1　4 种成人依恋类型(Bartholomew,1990)

随着浪漫依恋理论的引入,研究人员开发了几种评估浪漫依恋不安全感的方法。Fraley 等(2000)开发了亲密关系体验量表(ECR),该量表已成为衡量成人浪漫依恋的主要测量标准。Fraley 等(2000)通过 2 个维度衡量和区分 4 种依恋类型(见图 3 - 2):焦虑和回避。焦虑维度是指一个人的自我价值感和被他人接受(与拒绝)的感觉。回避维度是指一个人对与他人的亲密和相互依赖的舒适(或不舒适)程度。有安全感的人的焦虑和回避程度都很低。他们觉得自己受到他人的重视和爱戴,也认为依恋对象是值得信赖并有积极响应的。有安全感的人对亲密感到舒适,并愿意在需要时依赖他人。痴迷型的人焦虑程度高,但回避程度低。他们对亲密感到舒适,但担心被拒绝和不被爱。痴迷型个体的幸福感在很大程度上依赖于他人对其的接受度,他们更容易在情感连接上表现出极度的紧张和依赖性。恐惧型的人的焦虑和回避程度都很高。尽管他们渴望社会交往,但他们对他人的不信任和对拒绝的期望导致对亲密关系的不适和对亲密关系的回避。最后,疏离型的人焦虑程度较低,但回避程度较高。他们感到自信,倾向于认为自己不会受到负面情绪的影响;然而,他们认为依恋对象是不可靠和漠不关心的。疏离型个体试图通过否认依恋需求、与他人保持距离和限制情绪表达等方式来在可能的拒绝面前保持积极的自我形象(Bartholomew 和 Horowitz,1991;Fraley、Davis 和 Shaver,1998;Hazan 和 Shaver,1987;Mikulincer,1998a;Mikulincer、Orbach 和 Iavnieli,1998)。

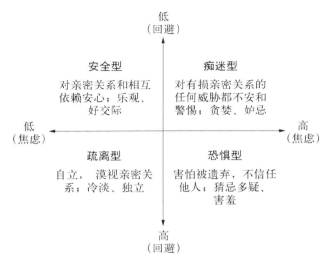

图 3－2　依恋的双维度

此外,依恋类型一旦形成是稳定而又持续的,并且会一直影响之后的人际关系(Scharfe 和 Cole,2006)。但它也可能在人际交往的经验中习得,并发生改变,尽管这种改变需要非常强烈的人际关系冲击。例如一次失败的恋爱经历也许会让安全型的人失去安全感(Birnie 和 Lydon,2011)。也有研究发现,有三分之一的人可能在两年中改变自己的依恋类型(Davila 和 Cobb,2004)。但通常在稳定的人际关系中,人们的依恋类型往往也是稳定的(Fraley,2002)。总之,个人的亲密经历在很大程度上决定了他们对亲密关系的看法。

二、依恋类型对亲密关系的影响

自从 Hazan 和 Shaver(1987)的研究发现成人在处理亲密关系时也受到依恋类型的影响后,依恋类型真正受到了人际关系研究者的关注,并成为研究成人亲密关系的主要框架之一。成人依恋理论假设,成人进入人际关系时有着一套个人经历过的独特记忆、信念和期望,这些记忆、信念和期望塑造了他们对人际关系的想法、感受以及他们在人际关系中的行为。尽管有许多心理结构与成年期的关系功能有关(如性别角色图式、社会交换脚本等),但依恋理论关注的是以依恋相关需求的调节和满足为中心的心理表征,即在有价值的关系中保持亲密和安全感。依恋理论家将这些认知和情感表征称为依恋的内部工作模式,它至少部分地植根于一个人早期与看护者和其他重要依恋人物之间的关系质量

(Bowlby，1977)。同时，这些模型被认为主要在意识之外运作，在与依恋相关的情境中引导感知、情感和行为(Collins 和 Allard，2001)。

首先，依恋类型对亲密关系质量存在影响。许多研究表明，与不安全的成年人相比，安全的成年人对亲密关系的期望更乐观(Baldwin 等，1993；Brennan 和 Bosson，1998；Carnelley 和 Janoff-Bulman，1992；Feeney 和 Noller，1990；Hazan 和 Shaver，1987；Mikulincer，1995；Pietromonaco 和 Carnelley，1994)。而自我和他人依恋模式的差异也被认为在形成人际功能和关系结果的个体差异方面起着重要作用。与这一假设一致，大量研究表明，有安全感的成年人比没有安全感的成年人体验到更满意、更有效的人际关系(Feeney，1999)。此外，在不安全的风格中，存在明显的适应不良模式。例如，痴迷型的成年人往往会经历情绪极端、嫉妒和冲突，而回避程度高的成年人则报告较低的亲密度和承诺，他们的亲密关系往往不太稳定。

其次，依恋类型也会影响人们对伴侣的行为的感知和归因。为了回应依恋类型对关系质量的影响，研究人员开始将注意力转向解释这些关系结果差异的具体机制。其中一种特别重要的机制就是依恋类型对社会感知过程的影响。依恋的工作模型是高度可访问的认知情感结构，一旦激活，就会参与塑造个人如何解释他们的社会经验(Collins 和 Allard，2001；Collins 等，2004)。因为有安全感的成年人有积极的自我形象和对他人的乐观期望，他们可能会以相对有利的方式解释他们的关系经历。因此，安全的依恋模式可能代表一种认知力量或资源，它允许个人保持他们的伴侣和他们自己的正面形象。相比之下，不安全的依恋模式可能代表一种认知脆弱性，使个人倾向于更消极地看待他们的关系经历。而且，如果缺乏安全感的人倾向于以悲观的方式解释事件，他们更容易遭受情绪困扰，并选择导致不良关系结果的行为策略。因此，缺乏安全感的人的行为方式可能会在不知不觉中支持和促进了他们对亲密关系的负面看法。

有许多研究证明了不安全依恋与悲观归因之间存在联系。Collins(1996)的一项质性研究发现，没有安全感的成年人比有安全感的成年人更有可能推断出他们的伴侣故意拒绝亲密关系，并且他们的关系也更容易处于危险之中。同时，没安全感的人也更有可能将负面事件归咎于他们的伴侣，并将他们的伴侣的行为归因于稳定的、普遍的和内部的原因。在一项针对已婚夫妇的研究中，Gallo 和 Smith(2001)发现丈夫的焦虑和回避与更多的负面归因相关，这些归因在一定程度上调节了焦虑和感知到的关系冲突之间的联系。妻子的焦虑与负面归因有关。这表明与依恋相关的焦虑，而不是回避，预测了对伴侣违规行为的消极归因。同时这些消极归因与消极的关系功能有关（Whisman 和 Allan，1996）并部分介导焦虑和不良关系质量之间的联系（Sumer 和 Cozzarelli，2004）。Mikulincer（1998b）研究发现安全型的成年人仅在出现明确的敌意线索时才将敌意归因于他们的伴侣，而不安全型的成年人（焦虑-矛盾和回避型）则会更直接地推断出伴侣的敌意，无论线索是明确的还是模棱两可的。Collins 及其同事（2006）进行了两项研究探讨恋爱关系中依恋模式与社会认知之间的联系。他们发现焦虑程度高的个体通过支持威胁关系的归因、经历情绪困扰和支持可能导致冲突的行为意图来回应伴侣的违规行为。焦虑和情绪困扰之间的关联是由归因和依恋相关的需求介导的。焦虑的个体认可对其伴侣的消极归因，但对伴侣的积极行为不太认同。

第三节　归因模式对亲密关系质量的潜在影响

一、归因理论

归因（attribution）是心理学中使用的一个术语，它涉及个人如何将日常经验的原因视为外部或内部原因。解释这一过程的模型称为归因理论。在社会心理学中，归因一词至少有两个含义：第一，通常被称为因果归因（causal attribution），指对行为的解释（即对发生原因的回答）；第二，通常被称为性格归因（dispositional attribution），指从行为中推断出的个性特征。事实上，并没有统一的归因理论，不同的学者提供了不同的归因理论作为解释和归因的理论基础。这两种归因现象具有不同的心理特征，并在两条不同的历史研究路线中进行演变。两者都起源于奥地利哲学家和心理学家弗里茨·海德（Fritz Heider）1958 年的《人际关系心理学》，他认为归因是形成对世界的主观解释的核心过程，但这两条线强调了这种基本洞察力的不同方面。人们理解和控制世界的最根本手段就是通过了解动机并预判未来的行为，这样做在很大程度上是为了理解和控制周围的世界。Heider 特别关注行为的因果轨迹，他主要关注一个人何时更有可能将另一个人的行为原因判断为内部（如一个人的性格或特征）或外部（即环境因素）（Heider，2013）。当进行内部归因时，特定行为的原因被分配给个人的特征，例如能力、个性、情绪、努力、态度或性格。当进行外部归因时，给定行为的原因被分配到行为被看到的情况,例如任务、其他人或运气(产生行为是因为周围环境或社会局势)。这两种类型会导致对个人参与行为的截然不同的看法。

自 Heider 提出归因概念以来,还出现了 3 种主要的理论派系。大部分归因研究仅依赖于这些派系中的一种,但总的来说,它们共同构成了归因学术的主要特征。第一种,Jones 和 Davis(1965)年提出对应推论理论,指出当人们的行为是自由选择的、出乎意料的,并且会产生少量的理想效果时,人们就会对一个人做出推论(Kassin、Fein 和 Markus,2019)。它描述了人们如何试图从行为证据中找出个人的个人特征。人们根据 3 个因素做出推断:选择的程度、行为的预期以及某人行为的影响。该理论认为,可以解释任何行为的 1 种方式是作为某些特征集的产物。

第二种是协变模型(covariation model)。为了理解将原因归因于结果的潜在结构,Kelley(1967)提出了 1 个规范模型,后来被称为 ANOVA(方差分析)。协变模型指出,事件归因于它们共同变化或共同发生的原因,原因归因于观察到事件或结果时存在的因素,而当事件或结果不存在时则不存在原因。因此,该理论假设人们以理性、合乎逻辑的方式进行因果归因,并且他们将行为的原因分配给与该行为最密切相关的因素(Kelley,1967)。Kelley 的归因协变模型主要着眼于 3 种类型的信息,从中可以对个人行为做出归因决策。第一是共识信息,或有关处于相同情况和相同刺激下的其他人如何表现的信息。第二是独特的信息,或者个人如何对不同的刺激做出反应。第三是一致性信息,即在类似的刺激但不同的情况下可以观察到个人行为的频率。从这 3 个肯定的来源,观察者对个人的行为做出内部或外部的归因决定。

第三种归因理论是由 Weiner 提出的三度归因理论(three-dimensional model)。在描述与教育环境相关的归因的性质时,Weiner(1979)提出了归因的三维类型学。3 个维度中的第 1 个,因果关系的轨迹。在 Heider 提出的归因理论的基础上,Weiner、Russell 和 Lerman(2018,1979)发现因果维度的轨迹与测试反馈后的情感反应密切相关。他们发现将自己的成功归因于外部因素的人会表现出感激、惊讶和感恩,而强调内部因素的人则表现出自豪、自信和满足。此外,失败的学生在责备自己时会感到内疚、后悔和漫无目的,而在外化失败时会感到愤怒、惊讶和敌意。正如运气是外部因素而能力是内部因素一样,运气也比能力波动更大,这表明在描述归因时应该考虑第 2 个维度:原因的稳定性。

Weiner 及其同事在一项研究（Weiner、Nierenberg 和 Goldstein，1976）中让认为自己在某项任务上做得很好的受试者报告他们对未来表现的期望，并估计他们成功的原因。研究发现，尽管预期的正增长与原因所在的位置无关，但预期的增长与因果因素的感知稳定性有关。当受试者将他们的成功归因于能力或任务性质等因素时，他们对成功的期望会增加，而将成功归因于运气或努力的受试者则报告较少的积极预期。Weiner 提出的第 3 个维度是可控性。尽管 Weiner 决定将可控性维度建立在纯粹的逻辑基础上，但大量不同领域的研究表明可控性极大地影响了对结果的反应。例如，相关研究表明动机缺陷（Weiner，1979）与身体健康状况恶化（Rodin 和 Langer，1977）、严重事故后应对不力（Bulman 和 Wortman，1977）以及压力引起的疾病（Glass，1977）有关。整体而言，稳定性影响个人对未来的预期；控制与个人对使命的坚持有关；因果关系影响对任务结果的情绪反应。

二、归因模式对亲密关系的影响

20 世纪 70 年代以来，研究亲密关系的学者开始意识到对亲密关系的全面描述还必须解决关系互动中伴随的情感和认知因素（Glick 和 Gross，1975；Gurman、Knudson 和 Kniskern，1978；Jacobson 和 Moore，1981；Knudson、Gurman 和 Kniskem，1978）。而这一新兴领域中研究最彻底的主题正是伴侣对亲密关系中发生的事件的归因（Bradbury 和 Fincham，1990）。归因理论提供了必要的框架来理解个人如何解释其环境中的事件发生的原因（Heider，1958）。

在亲密关系中，人们做出的归因类型在很大程度上取决于他们对关系的满意程度。这些归因会对亲密关系产生深远的影响。Heider（1958）的观察表明，人际关系的情感基调对发生的归因存在因果影响。另一项研究发现对婚姻中的问题做出负面归因的伴侣对冲突的反应比做出积极归因的伴侣更具破坏性（Bradbury 和 Fincham，1992）。然而，更多的研究人员则认为是持续的归因模式对亲密关系满意度产生相应的影响（Arias 和 Beach，1987；Baucom，1987；Berley 和 Jacobson，1984；Bradbury 和 Fincham，1987；Doherty，1981；Fincham，2004；Hotaling，1980；Thompson 和 Snyder，1986）。大量的实验和纵向研究证明了归因对关系质量的判断会产生因果影响（Fletchei 等，1987；Fincham 和 Bradbury，1987）。面对归因和亲密关系质量之间的因果争议，Bradbury 和 Fincham（1990）进行了大量文献调研，并得出结论认为，正如

Heider(1958)观察到的那样,后期归因至少部分是早期关系满意度的函数。他们研究发现与婚姻美满的伴侣相比,婚姻痛苦的伴侣做出的因果和责任归因可能会增加负面事件的影响,减少正面事件的影响。他们最终归纳出两种归因模式:痛苦的伴侣更容易将伴侣的积极行为归因为外部的、易变的和特殊的,而将伴侣消极的行为归因为内部的、稳定的和普遍的;而幸福的伴侣则完全相反。

与此同时,消极的归因模式更有可能引发冲突。冲突通常不在于对方做了什么或没有做什么,而在于人们对他人为什么做了这些事情的看法。继承模型(entailment model)表明冲突是一系列事件的连锁反应,从最初的因果判断,再到责任判断,最后到责备或冲突的发生(Fincham 和 Bradbury,1987,1988;Bradbury 和 Fincham,1990,1992)。所以最初的因果归因(即内部、外部、稳定或不稳定)和责任决策都是决定冲突结果的关键因素。此外,将问题归咎于合作伙伴也与解决问题的低成功率有关,例如支持和同意水平较低,冲突期间的批评和退缩水平较高(Bradbury 和 Fincham,1992;Bradbury 等,1996;Pearce 和 Halford,2008)。部分研究已证明,消极关系归因与抑郁症状(Gordon 等,2005)、反社会人格特征(Maccoon 和 Newman,2006)和敌意(Wingrove 和 Bond,1998)有相关性。Marshall、Jones 和 Feinberg(2011)认为消极的关系归因可能是一种将精神病理学和人格特征与导致亲密伴侣暴力的冲突联系起来的机制。他们的研究发现男性和女性的消极关系归因,以及他们的抑郁和敌意,都与夫妻冲突的增加有关。由此可见,个体的认知方式在其亲密关系中发挥着非常重要的作用。

第四节　人际互动视角下的
亲密关系运行模式

在亲密关系中,双方的情感是在二元互动中建立和巩固的,玩家的游戏行为对其亲密关系造成的影响也必然是通过二元互动形成的。所以为了理解亲密关系中电子游戏行为对双方情感的影响模式,需要先理解亲密关系中的人际互动过程。Reis 和 Shaver(1988)提出了亲密关系的人际互动模型(见图 3-3)。该模型旨在描述关系双方相互作用的过程:亲密互动发生在两个人之间,他们影响彼此的感觉和行为,并随着时间的推移循环往复。其中 A 作为披露者或表达者，B作为回应者，但在许多情况下，这两个参与者可以自由地交换角色。这个过程可以从几个点中的任何一个开始，为了便于理解，我们从参与者 A 的动机、需求、目标和担忧开始分析。

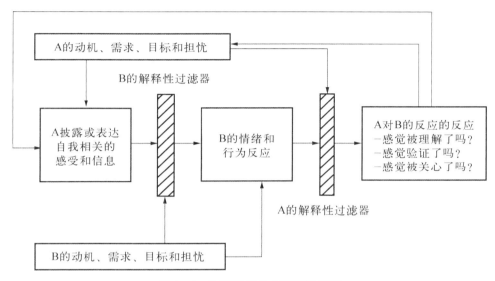

图 3-3　亲密关系的人际互动模型

第一，在亲密关系的人际互动模型中，亲密行为的出现是由 A 的动机、需求、目标和担忧所决定的。人们寻求亲密互动可能是因为渴望爱情，希望分享感情，也可能是因为感到孤独或感受到伴侣的吸引力。总之，人们渴望亲近伴侣的动机几乎是无穷无尽的。而与接近伴侣相反，人们也可能因为害怕被抛弃、害怕暴露、害怕失去控制等因素而产生互动行为。

第二，无论是语言的还是非语言的，有意的还是无意的，亲密互动的过程都是从披露自我的某个方面开始。A 的自我披露为 B 提供了一个机会，B 可以决定是否采取行动来验证和表明对 A 的内在自我的关心。这种内在自我是一种情感核心，在整个生命周期中持续存在，其复杂性和深度会不断增加。这种情感核心涉及那些对个体最重要的情感体验，它也让人们体验到自我（和他人）情感的独特性。一旦我们接触到他人的情感生活，我们就接触到了他的人性，这一过程成为进一步理解和欣赏他人的基础(Emde，1983)。

第三，回应者 B 在受到其自我动机影响的同时，还受到其自身性格和环境诱导的解释倾向的影响，即"解释性过滤器"。大量社会心理学研究表明，期望和环境模式深刻地影响着对互动伙伴行为的解释(Markus 和 Zajonc，1985)。例如，根据 B 的倾向，A 的身体触摸可以被理解为自发的或受操纵的、深情的或性别歧视的。哭泣可以被认为是可爱的或伤感的，愤怒可以被认为是合理的或不成熟的。即 A 臆想的行为，可能被 B 感知为另一种行为，双方看到的是不同的东西。至于 B 的反应，重要的是其对 A 行为表达的理解，即行为认知。

第四，在亲密关系的人际互动模型中，B 对 A 的表达的反应与 A 的最初披露在确定互动是否会变得亲密时一样重要。适当的反应增强了联系感，而不适当的反应或故意的无反应则使互动者保持距离。许多研究都记录了回应者的反应在自我表露中的作用。例如，Miller、Berg 和 Archer(1983)发现，自我表露的数量是传播者和接收者倾向的函数。Davis(1982)指出，响应性在促进沟通和人际吸引方面起着重要作用，她将响应性定义为接收者对传播者评论匹配和相关的语言和非语言信心。无反应的接收者被认为不感兴趣或不理解(Dayis 和 Perkowitz，1979)。如果接收者的目的是让传播者感到被理解、被重视和紧密联系，那么接收者传达无条件的接受和热情的问候对亲密关系是至关重要的。

第五，虽然 B 的反应具有可以客观描述的特征，但最重要的是 A 对 B 行为的解释和反应。如果 A 认为 B 不支持自己或过分干涉，或者因为 A 的个人因素使得 B 的良好意图没有得到很好的实现，那么亲密的互动就不太可能发生。为了让 A 体验到亲密的互动，他必须在 B 的反应中记录 3 种品质：理解、验证和关心。令人满意的互动很可能会持续下去，而令人失望的互动很可能中断或影响亲密关系。

第六，Reis 指出，要注意亲密互动的实质不必局限于语言或非言语的交流。互动双方通过建立、加强和保持亲密关系以满足彼此的需求。一段关系中的情感和归因源于一种习惯模式，通过这种模式，伴侣对彼此的需求和欲望做出反应，并将它们与自己的需求和欲望结合起来。当这些模式被认为是理解、认同和关心时，亲密感就会增强。此外，特别是在令人满意的长期亲密关系中，人们可能非常了解他们的伴侣，在没有明确的自我相关沟通的情况下，他们会自发地产生一种肯定和深情的反应。亲密的互动通常(但并非完全)发生在持续的亲密关系中。总之，亲密关系是一个动态的过程，其运作在两个人之间的沟通和反应模式中可以得到最好的观察。

第五节　电子游戏在亲密关系中的角色

一、电子游戏对亲密关系的影响

电子游戏对人的消极影响既是社会热点，也是电子游戏研究领域的热点。关于电子游戏对人际关系的影响，一些研究报告证明了过度使用网络游戏带来的负面影响。例如，有学者认为暴力游戏会破坏玩家的亲社会行为（Sheese 和 Graziano，2005）。而暴力游戏的曝光频率与玩家的攻击倾向显著相关（Anderson 等，2004；Bartholow、Sestir 和 Davis，2005；Gentile 等，2004），会让人变得冷漠和疏离（Bushman 和 Anderson，2009），并且会削弱玩家的同理心（Anderson 等，2010）。同时，游戏玩家因过分沉迷网络游戏而过分注重线上友谊，忽视线下社会关系，情况严重者甚至可能影响游戏者的心理健康（Bartholow 和 Davis，2005）。

尽管不少研究证明了电子游戏会对玩家的人际关系产生消极的影响，但近年一些研究却有不同的发现。很多网络游戏的研究都指出网络游戏中的互动能够促进玩家之间友谊的建立。王璇和李磊（2019）以社交网络游戏《王者荣耀》为实验工具，选取青岛地区大学生作为研究对象，通过控制亲社会倾向测量、贪婪程度、攻击特质等 5 个变量进行实验，探讨了电子游戏对亲社会行为的影响。该研究发现游戏行为有助于大学生在网络社区中加强互助和合作的意识，减弱社交障碍的影响，稳固现实人际关系。Kowert 等（2014）对游戏玩家的情感敏感程度和友谊质量进行评估，发现在线游戏可以促使高情感敏感性的人克服传统的社交困难，建立新的友谊并巩固既有的友谊质量。

尽管许多研究表明电子游戏的使用会对人际关系造成影响，但很少有研究关注其对恋爱关系的影响。目前该领域的国内外研究十分有限，并且在这些研究中有相当一部分是作为游戏成瘾的延伸研究。例如，过度游戏与婚恋关系中的身体和关系侵略性增加有关（Coyne 等，2012）。Hertlein 和 Hawkins（2012）调查了电子游戏对婚恋关系的影响，发现这一研究领域存在空白。他们最初计划对网络游戏和婚恋关系的相关文献做解释学研究，却发现 1998 年至 2010 年间只有 2 项研究符合他们的标准，所以他们扩大了文献搜索范围，将一般的网络游戏内部特征包括在内，审查了与网络游戏和人际关系相关的 18 篇文献，得出结论认为过度游戏可能会对婚恋关系造成负面影响。Lo、Wang 和 Fang(2005)的研究报告,与轻度和非玩家相比,重度在线游戏用户的婚恋关系质量更低。Chory 和 Banfield(2009)探讨了电子游戏与电视依赖之间的关系以及恋爱伴侣,朋友和家庭成员对关系维护策略的使用。研究结果表明,较高水平的媒体依赖性预测所有维护策略的使用率较低,电子游戏依赖性比电视依赖性更强。他们认为媒体依赖可能会导致人际关系的恶化,例如关系维护度的下降,关系不公平感的增加,并最终导致关系破裂。Lianekhammy 和 Venne(2015)对 50 名在线游戏玩家妻子的博客文章进行了分析,试图描述和解释由于丈夫过度玩电子游戏而引起的冲突、情感变化和应对机制的问题。研究发现过度游戏会造成家庭冲突(财务冲突、工作冲突、对家务缺乏责任感、对孩子缺乏责任感)和关系冲突(对家人的关注度过低)。"游戏寡妇"在面对游戏成瘾的另一半时会采取 4 种应对策略:① 在网络社区发泄,寻求安慰;② 接受/给予其他"游戏寡妇"的建议;③ 离婚或准备结束关系;④ 尝试和伴侣一起玩游戏。

除了游戏成瘾外,电子游戏对婚恋关系影响研究的另一个特点是研究的游戏类别较为单一。由于游戏成瘾的研究很大程度上是基于关于大型多人在线角色扮演游戏(MMPORG)的心理学研究(Kuss 和 Griffiths,2014),所以大部分研究都是围绕着 MMORPG 展开的。MMORPG 类别的游戏通常要求参与者花费大量时间在线上数字世界中,因此被认为是令人上瘾的罪魁祸首(Van Rooij 等,2010)。多项研究发现玩 MMPORG 游戏与已婚夫妇之间的冲突有关(Ahlstrom 等,2012;Northrup,2008;Northrup 和 Shumway,2014;Lianekhammy 和 Venne,2015)。

此外,游戏中线上虚拟人际关系的发展会对线下恋爱关系造成压力。因为一个人可以同时拥有许多朋友,而社会规范迫使人们只能拥有一个亲密伴侣,并忠于对方。当其他个人关系变得更强大时,人们会开始感到紧张(Li、Jackson 和 Trees,2008)。在线电子游戏关系可能会取代线下的社交关系,从而增加恋爱关系中的嫉妒感(Muise 等,2009;Sublette 和 Mullan,2010;Hertlein 和 Hawkins,2012)。

二、电子游戏行为对亲密关系的影响

游戏对社会的影响广泛而深入,同时承担着重要的社会功能,包括娱乐功能、教育功能、跨文化传播功能等(游戏学,2019:P130)。但娱乐功能始终是其最主要的社会功能。人们玩游戏最根本的目的就是获得愉快的感受。玩家追求愉快游戏体验，本质上是在追求一种心理体验。心理学家 Csikszentmihalyi（1990）提出了心流理论（flow theory）以解释什么是最愉快的心理体验。Csikszentmihalyi 发现艺术家忽略了饥饿、睡眠、疲劳和分心，完全专注于他们的绘画创作。他通过观察艺术家在创作过程中的行为，开创了对心流体验的研究。从那时起，研究人员在多个领域对心流进行了研究，最显著的是在运动领域，而心流理论在电子游戏研究领域的运用也十分广泛（Catley 和 Duda，1997；Crust 和 Swann，2013；Jackson 等，1998；Jackson 和 Marsh，1996；Jackson 等，2001；Stavrou 等，2007；Swann 等，2012）。心流是指人在注意力高度集中的状态下所产生的一种特殊心理状态，它会让人产生一种特殊的满足与愉悦。当人们进入专注状态时，时间感和情感问题似乎都消失了，会获得一种令人振奋的超越感（Csikszentmihalyi 和 Csikszentmihaly，1990）。Nacke（2009）在一项研究使用了一种诱发心流状态的游戏成分，测量了玩家颧大肌、眼轮匝肌和皱眉肌的面部肌电活动（前两块肌肉与积极情绪相关，最后一块则与消极情绪相关）。他发现，与无聊的游戏相比，产生心流的游戏成分在颧大肌和眼轮匝肌的活动上造成了显著的差异。这表明心流状态是相对积极的，这是一个愉快的游戏体验的重要因素（Farnsworth，2018）。当玩家进入心流状态时，会获得很强的沉浸感，表现为对游戏的注意力增加，对外部刺激的注意力受到抑制（Cairns、Cox 和 Nordin，2014）。所以玩家在游戏中保持高专注度时有可能出现忽视伴侣的情况，引发冲突并对关系造成负面影响。

　　玩家参与电子游戏的驱动因素不尽相同，但所有需求的满足都有可能导致一种情况，即游戏时长和频率的增加。因为良好的游戏体验会减弱玩家的时间感（Csikszentmihalyi 和 Csikszentmihaly，1990），并促使玩家增加游戏时间和频率。有研究表明在现代生活中忙碌是导致婚姻关系不令人满意的重要因素（Cornelius，2003；Kabeer，2002，2007；Schneider、Ainbinder 和 Csikszentmihalyi，2004）。时间位移假说（time displacement hypothesis）表明，个人在休闲活动中大量的时间投入会导致其在共同休闲活动中较少的时间投入，从而导致负面的关系结果（Coyne 等，2012；Kraut 等，1998）。有大量研究揭示了伴侣共同的休闲时光在维持和滋养婚恋关系中的重要性（Berg 等，2001；Orthner，1975）。在夫妻/情侣共同休闲活动上投入的时间长短，尤其是这些活动的满意度是影响婚恋关系质量的有力指标（Ahlstrom 等，2012；Crawford 等，2002）。定期一起度过有意义的时间对于维持健康的关系至关重要(Gager 和 Sanchez，2003；Zuo，1992)。由于电子游戏的活动通常是个人活动，因此高频率的游戏活动会挤压原有的共同休闲活动时间而成为婚恋关系中的压力源。先前的研究(Northrup 和 Shumway，2014)也证实了玩家在游戏上花费的时间与非玩家伴侣所希望的共享时间之间存在明显的矛盾。最近的一项研究也发现，尽管电子游戏的使用本身与消极的婚恋关系结果无关，但双方在一起的活动时间与较低的关系质量，较高的关系攻击性和较高的身体攻击性有关(Bradford 等，2019)。同时，一些研究表明是共同休闲活动的满足感，而不仅仅是在休闲中一起度过的时间，显著地提高了关系满意度(Berg 等，2001；Crawford 等，2002；Johnson 等，2006)。由此可见，游戏时间在整体休闲活动中的占比会对玩家亲密关系的质量造成负面影响，而共同游戏时间和质量可能对亲密关系质量存在积极影响。

互动性是新媒体区别于传统媒体的重要特征，而互动性对电子游戏的意义远胜过其他媒介。Markus Friedl(2006)提出的游戏互动性理论认为游戏的互动性分为 3 种：用户与计算机的互动、用户与用户的互动、用户与电子游戏的互动。其中最引人注目的就是玩家与玩家的互动。Baumeister 和 Leary(1995)认为，属于一个社会群体是人们的基本需求。而满足个人的社交需求正是许多玩家玩电子游戏的驱动因素。网络技术的出现，增强了电子游戏的社交属性，为玩家提供了庞大的虚拟平台进行人际交往(关萍萍，2010)。例如，在 MMORPG游戏中的公会(Cole 和 Griffiths，2007)。与现实群体一样，网络游戏中的社交团体也有自己的社会形态和制度，玩家如果不履行"义务"会受到相应的惩罚，例如失去公会和队友的尊重，或被要求离开公会。研究表明，在网络环境中受到排斥的消极情绪效应可能与现实世界中的情绪一样强烈(Williams 和 Clippinger，2002)。但玩家在虚拟世界中的责任与现实责任可能存在冲突，例如当伴侣来电，玩家却无法立刻接听电话，因为假如他们中止游戏就会影响游戏进度，对队友造成影响。因此，遵守电子游戏中的社会形态和制度可能会带来很高的回报，并为玩家提供额外的激励，但它们也可能限制玩家时间承诺的灵活性，并导致与其他现实责任的冲突。同时，Yee(2006)研究玩家的游戏动机，发现与其他玩家进行社会化交往、建立关系是玩家进行游戏的重要驱动因素。林盈廷(2011)调查发现，游戏玩家会通过添加陌生好友，进行社交互动，以扩大自己的朋友圈，这些社交行为有可能引发伴侣的不满。Hertlein 和 Hawkins(2012)发现，当非玩家伴侣发现玩家将在线游戏伙伴视为优先事项时就会产生负面情绪，并且会对玩家与他们的线上伙伴发展的在线关系产生嫉妒的情绪（Hertlein 和 Hawkins，2012）。此外，玩家不仅可以在游戏中发展线上友谊，也可以在人际互动中发展出网络恋情（Parks 和 Floyd，1996），甚至对部分重度游戏玩家而言，虚拟世界对于他们而言才是一个真爱世界（陈怡安，2003），有的玩家会在网络游戏中举行"婚礼"（陈佳靖，2003）。相对于友谊，网络恋情的发展对现实亲密关系的冲击更为致命。所以可能对亲密关系产生影响的互动行为有 3 类：与同性朋友共同游戏，与异性朋友共同游戏以及伴侣双方共同游戏。

第四章

电子游戏对亲密关系影响的研究设计

第一节 现有研究的不足及研究假设的提出

目前,有关电子游戏动机的研究已非常丰富,主要将游戏时间作为唯一的游戏行为衡量标准,但明显缺乏针对电子游戏行为展开更为系统的调研。所以本书从电子游戏功能出发,对相关文献进行分析,得出 3 类 5 种可能对亲密关系产生影响的电子游戏行为:游戏专注度、休闲时间占比以及社交行为(与伴侣共同游戏、与同性朋友共同游戏、与异性朋友共同游戏)。

同时,现有文献和理论均无法解释电子游戏使用动机和游戏行为之间的关系。使用与满足理论的确为电子游戏动机研究提供了相应的理论基础,但该理论也存在一定的缺陷,即无法具体地解释动机和行为之间的关系,所以无法直接从使用与满足理论推断出电子游戏使用动机对电子游戏行为的影响。而绝大部分研究均以游戏量(即游戏时间)作为衡量游戏行为的指标,发现所有动机都与游戏量显著相关。例如,Selnow(1984)发现这 5 个玩街机游戏的因素均与游戏量有显著的相关性。Myer(1990)发现的 4 个游戏动机:幻想、好奇、挑战和互动,均与游戏量显著相关。Sherry(2006)研究发现 6 项游戏动机的使用与满足都是游戏时间的有力预测因素,其中转移注意力、社交互动和唤醒是玩家游戏时间的有力预测因素。与此同时,不同的动机之间也存在细微的差异。Yee(2006)的研究发现逃避现实最能预测游戏时长。Cole 和 Griffiths(2007)的研究结果表明,对游戏的社交方面感兴趣的玩家会花更长的时间玩游戏。Westwood 及其同事发现休闲游戏玩家玩的时间相对最少(Westwood 和 Griffiths,2010)。此外,也有其他不同的研究结果,Williams、Yee 和 Caplan(2008)的研究证实,社交和成就动机与更多的游戏有关,而沉浸动机与较少的游戏相关。与这一发现相同,另一项研究也发现沉浸感的动机与较少的游戏有关(Johnson、Gardner 和 Sweetser,2016)。尽管绝大部分研究仅将游戏时间作为衡量游戏行为的唯一标准,并且他们的发现均证实了各类使用动机与游戏时间存在显著正相关,但仍然可以对游戏动机与其他游戏行为之间的关系做出相应的推测。例如具有社交互动动机的玩家应该更容易出现社交行为,鉴此,提出以下研究假设:

H1a:所有游戏动机均与游戏时间在休闲时间中的占比正相关。
H1b:社交动机与偕伴侣共同游戏频率正相关。
H1c:社交动机与偕同性朋友共同游戏频率正相关。
H1d:社交动机与偕异性朋友共同游戏频率正相关。

在上一节中,本书通过文献综述归纳出 3 类 5 种可能对亲密关系产生影响的游戏行为。基于文献综述结果,提出以下研究假设:

H2a:游戏专注度会对双方亲密关系质量产生消极影响。
H2b:游戏时间在休闲时间中的占比会对双方亲密关系质量产生消极影响。
H2c:与伴侣共同游戏频率会对双方亲密关系质量产生积极影响。
H2d:与同性朋友共同游戏频率会对双方亲密关系质量产生消极影响。
H2e:与异性朋友共同游戏频率会对双方亲密关系质量产生消极影响。

与游戏行为一样,游戏行为认知方面也缺少相关的研究数据。同时,由亲密关系的人际互动模型可知,亲密关系是一种二元互动的人际关系,所以游戏行为对亲密关系造成的影响也是二元的。伴侣通过对玩家游戏行为的认知而做出相应的反应行为,玩家亦会对伴侣的反应行为进行认知加工。所以在研究游戏行为归因对亲密关系质量的影响之前,需要先分析伴侣和玩家对彼此行为的认知,鉴此提出以下研究假设:

H3a:伴侣对玩家游戏行为的积极归因与关系质量正相关。
H3b:伴侣对玩家游戏行为的消极归因与关系质量负相关。
H4a:玩家对伴侣反应行为的积极归因与关系质量正相关。

H4b：玩家对伴侣反应行为的消极归因与关系质量负相关。

大量的研究已经证明个体的依恋类型对亲密关系质量有着重要影响，依恋风格也会影响个体的认知风格。研究提供的证据表明，与安全型个体相比，不安全型个体倾向于对伴侣的违规行为做出更悲观的归因。同时，研究表明不同依恋类型的个体会产生不同的人际关系结果，而这些结果会对亲密关系质量产生相应的影响，但依恋类型是如何在玩家与伴侣的互动关系中发挥作用的问题并没有得到探讨，鉴此提出以下研究假设：

H5a：玩家的依恋类型调节了玩家对伴侣反应行为的感知和归因对互动结果的影响。

H5b：伴侣的依恋类型调节了伴侣对玩家游戏行为感知和归因对互动结果的影响。

依恋类型也可能对游戏动机和游戏行为产生影响。一些关注问题性或病理性游戏量的研究表明，人格因素、压力来源和对他人的兴趣，与过度游戏有关（Couto 和 Cruz，2014）。Rehbein 和 Baier（2013）将研究重点放在更广泛的背景因素上，发现单亲家庭的 15 岁玩家中，低水平的学校幸福感和较弱的社会融合更可能出现病态的游戏模式。Kowert 和 Oldmeadow（2015）将研究重点放在社交技能和依恋上时，发现玩家的社交环境可能是参与电子游戏的重要动机。特别是那些通过玩电子游戏来满足依恋需求的玩家，他们认为电子游戏的社交功能产生的动机吸引力在很大程度上不仅仅来自乐趣，而是来自提供关键的依恋功能，比如亲密感。最新的一项研究发现安全依恋与电子游戏使用中增加的共情关注和更高水平的亲社会人际互动有关。而有依恋焦虑或回避倾向的儿童参与的亲社会电子游戏行为明显减少。该研究表明电子游戏有可能满足基本的依恋和亲社会需求，从而促进亲密关系（Shoshani、Braverman 和 Meirow，2021）。尽管直接探讨依恋类型对游戏动机和游戏行为影响的研究十分有限，但从已有的研究结果可以推测，依恋类型可能对玩家的游戏动机和游戏行为存在一定的影响，鉴此提出以下研究假设：

H6：玩家的依恋类型调节了游戏动机对游戏行为的影响。

亲密关系的人际互动模型描述了关系中由一方行为引发的二元互动，但并不能解释这种互动模式是如何影响最终亲密关系质量的。我们认为每一轮的二元互动均会产生相应的互动结果，而这些结果可能是积极的也可能是消极的。最终双方的互动行为会通过这些互动结果影响到亲密关系的质量，例如玩家的游戏行为引发了争吵有可能对关系质量产生负面影响，鉴此提出以下研究假设：

H7a：消极互动结果与亲密关系质量负相关。

H7b：积极互动结果与亲密关系质量正相关。

H7c：互动结果会中介行为感知和行为归因对亲密关系质量的影响。

此外，亲密关系的人际互动模型认为行为的发生始于动机、需求、目标和担忧，却忽视了经验的作用。对亲密关系产生影响的行为可能是一次剧烈而特殊的行为，也可能是无数次看似普通的行为所积累的。假设每一对恋人都是希望彼此的关系能向积极的方向发展，无论结果如何，为了提高关系质量或降低行为的消极影响，人们通常会使用相应的传播策略。而这种策略可以从自身积累的人际互动经验中获得，也可以从他人的经验中获得。所以我们认为玩家在亲密关系中会使用一定且有针对性的传播策略，而这些传播策略会影响每次的互动结果和最终的关系质量，鉴此提出以下研究假设：

H8：伴侣对玩家人际传播策略的感知会调节伴侣对玩家游戏行为感知和归因对互动结果的影响。

最后，亲密关系的人际互动模型描述了亲密关系中的二元互动过程，但并不能直接用来解释游戏行为对亲密关系的影响，所以仍需建立一个可以解释玩家游戏行为对亲密关系质量的影响模型。

第二节　电子游戏行为对亲密关系的影响模型构建

一、电子游戏行为的三个维度

Reis 和 Shaver(1988)的亲密关系的人际互动模型通过将亲密关系描述为

人际交往过程的产物,其中动机、信息披露以及对信息的解释是关键组成部分。基于亲密关系的人际互动模型,构建电子游戏行为对亲密关系的影响模型如图4-1,其中将游戏行为分为三个维度(起因、知觉和认知)和两个路径(自身路径,玩家路径)。

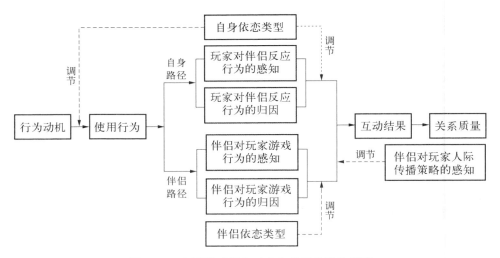

图4-1 电子游戏行为对亲密关系的影响模型

第一,起因维度指的是玩家的游戏动机。使用与满足理论认为受众会基于自己的目的主动选择适宜的媒体,确定自己的媒体使用策略,所以玩家的游戏动机必然影响其游戏行为。例如,Vorderer及其同事发现游戏用户的竞争动机能显著预测玩家对竞争性电脑游戏的选择(Vorderer、Hartmann 和 Klimmt,2003)。可见,游戏动机是游戏行为发生的原因,对游戏行为具有指导意义。

第二,知觉维度指的是伴侣对玩家的游戏行为感知。在信息接收者对传播者的信息做出解释和回应之前,接收者首先需要感知到传播者的信息。假如接收者无法感知到传播者的信息,那么就不会产生人际交互过程。同时,从信息的发出到信息的感知之间并不一定存在百分之百的传播效率。例如,当一方表达出愤怒的情绪时,另一方仅认为对方只是稍微有些负面情绪。信息传递的准确度取决于传播者是否能准确表达信息以及接收者是否能完整接收到信息。人们对他人的知觉并非消极被动的过程。在亲密关系的人际交往中,伴侣会根据自己的期望来行动,并根据自己构建的知觉做出相应的回应行为。如果对方的行为并不符合自己的期望,那么他们会鼓励对方做出或避免一些行为,从而达到改变对方行为的目的。所以玩家游戏行为是通过伴侣对其行为的感知而对关系质量造成影响的。

第三,认知维度指的是伴侣对玩家游戏行为的归因。大量研究表明,社会认知的许多方面都受到自上而下、理论驱动的过程指导,在这些过程中,人们现有的目标、模式和期望塑造了他们看待新信息的方式(Taylor,1998)。Reis 和 Shaver(1988)在亲密关系的人际互动模型中将双方对对方行为的理解过程称为"解释性过滤器",其实就是归因过程。在人际交往中,人们为了有效地适应和控制关系,往往会有意识地对对方的行为做出一定的解释。归因是一种非常主观的认知行为,人们会根据自己的需求强调某些因素而忽视其他因素。不同的个人对相同行为的解释意义可能相差甚远。人们可以在解释过程中可以强调个体内部的影响因素(例如个性、能力等),也可以强调外部的影响因素(例如环境、关系特点),例如获得优异成绩的学生倾向于将成功归因于自己的努力,而未获得好成绩的学生则更倾向于否定自己的责任,将原因归于外部因素,如评分不公(Forsyth 和 Schlenker,1977)。

二、影响亲密关系质量的双路径

游戏行为通过两个路径影响关系质量:自身路径(玩家)和伴侣路径。首先,自身路径通过玩家对伴侣的反应行为感知和反应行为归因影响最终关系质量。其中,伴侣的反应是发展亲密关系的一个关键组成部分(Berg,1987;Berg 和 Archer,1982)。当伙伴的行为(例如,披露、情感表达)涉及与他们互动的人的交流、需求、愿望或行动时,他们会做出回应(Miller 和 Berg,1984)。Reis 和 Shaver 认为传播者对接收者反应行为的解释对于亲密关系的发展比传播者的披露或接收者的实际回应更重要。尽管伴侣可能会真诚地尝试对玩家的行为做出回应,但玩家可能不会认为伴侣的行为是对他或她的需求的回应。这种推理表明,接收者的实际交流(即伴侣的反应行为)与互动中的亲密质量相关度在很大程度上取决于传播者对伴侣反应行为的感知和对感受的理解。其次,伴侣路径通过伴侣对玩家游戏行为的感知和游戏行为归因影响最终关系质量。与伴侣的反应行为一样,由于行为的发生和被感知可能存在偏差,所以玩家的游戏行为需要通过伴侣对游戏行为的感知才能对伴侣产生影响。

如图 4-1 所示,在电子游戏行为对亲密关系的影响模型中,玩家的游戏动机是模型的起点也是游戏行为发生的原因,游戏行为会引发伴侣的反应行为,并通过自身路径和伴侣路径产生相应的人际互动结果,最终对亲密关系质量产生影响。同时,伴侣对玩家人际传播策略的感知会在伴侣路径中发挥调节作用,而关系双方的依恋类型则会在彼此的影响路径中发挥调节作用。为了问答研究问题,验证研究假设和研究模型,本书对整体研究方案进行了设计,通过科学的研究方法展开研究,具体研究设计和方法将在下一章节展开。

第三节　研　究　设　计

本书的总体目标是调查电子游戏对亲密关系的影响。通过文献综述分析了可能影响亲密关系的电子游戏行为,并基于理论构建了电子游戏行为与亲密关系二元互动影响模型。为了检验研究假设并验证研究模型,本书有两个具体的目标:第一,为了构建一个全面的研究框架需要确定研究模型中每一部分的具体内容,计划采用探索性序贯设计(Creswell,2017),先进行定性研究,然后在定量研究中进一步探索、概况和量化观察结果为设计正式问卷提供重要信息。第二,分析和确定电子游戏与亲密关系质量之间的关系,通过定量研究获得研究数据,分析游戏行为和亲密关系质量之间的相关性,考虑这些相关性的潜在调节者和中介者,以及分析这些变量随时间变化的相关性。

一、研究方法

混合方法研究(mixed methods research)是近年来发展非常迅速的研究方法。混合研究以实用主义为宗旨,将定量和定性研究技术、方法、手段或语言结合到一个研究中,最大化地实现研究目的。实用主义有助于为研究问题找到最佳有效的研究方法(Hoshmand,2003)。相对于单一的定性或定量研究方法,混合研究试图使用多种方法回答研究问题。Johnson 和 Turner(2003)指出,混合研究的根本原则是了解定量和定性研究的优势和劣势,并取长补短,灵活应用各类研究方法,以实现最优解。混合研究的支持者认为,只要能尊重定性和定量研究的相关假设,并能合理协调不同的研究方法,解决研究问题,那么在同一研究中混合使用定性和定量研究方法是可行的(Brewer 和 Hunter,1989;Onwuegbuzie 和 Johnson,2006;Reichardt 和 Cook,1979;Reichardt 和 Rallis,1994;Teddlie 和 Tashakkori,2009)。

Johnson 和 Onwuegbuzie(2004)提出了 2 种主要类型的混合研究设计：混合模型设计(在研究过程的各个阶段内或跨各个阶段混合定性和定量方法)和混合方法设计(在整体研究中包括定量阶段和定性阶段)。6 种混合模型设计(见图 4-2,模型设计 2 至 7)被称为跨阶段混合模型设计,因为混合发生在研究过程的各个阶段。阶段内混合模型设计的一个例子是使用一份问卷,其中包括综合评分量表(定量数据收集)和一个或多个开放式问题(定性数据收集)。

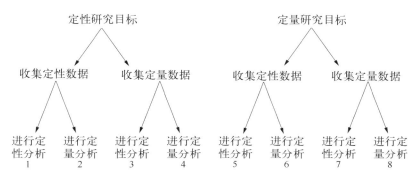

图 4-2 单一方法和混合模型设计

(注：外边缘的设计 1 和 8 是单方法设计,混合模型设计为 2、3、4、5、6 和 7。)

9 种混合方法设计(见图 4-3)建立在一个二维函数的基础上：① 时间顺序;② 范式强调。即研究者为了构建一个混合方法设计必须做出两个主要的决定：① 不同范式是同时进行还是依顺序进行;② 两个范式是平等地位还是存在

时间决策

	同时发生	先后发生
平等地位	QUAL+QUAN	QUAL → QUAN
		QUAN → QUAL
支配地位	QUAL+quan	QUAL → quan
		qual → QUAN
		QUAN → qual
	QUAN+qual	quan → QUAL

范式决策

图 4-3 混合方法设计矩阵

(注："qual"代表定性,"quan"代表定量,"＋"代表同时进行,"→"代表进行顺序,大写字母代表高优先级或权重,小写字母代表低优先级或权重。)

一个主导范式。与混合模型设计相比,混合方法设计类似于在一个整体研究中进行定量的小型研究和定性的小型研究。然而,作为一种混合方法设计,研究结果必须在某个点上进行混合或整合。

本书从实际需求出发,使用混合模型设计(4)和混合方法设计(qual→QUAN)。第一阶段,使用定性研究方法探索、发现并归纳玩家的游戏行为归因、伴侣反应行为、伴侣反应行为归因、交互结果以及玩家人际传播策略的一般见解,并通过个案深入了解研究对象的真实状态。第二阶段,对定性研究的结果进行定量分析,并通过探索性因子分析获得构建正式问卷的信息。第三阶段,根据前两个阶段的研究结果调整并完成最终问卷设计,通过标准化数据收集方法获得充足的随机样本并进行统计分析,以解释研究问题,检验研究模型,验证研究假设。

二、数据收集方法

1. 半结构化访谈法

半结构化访谈(semi-structured interview)是定性研究中常见的数据收集方法(DiCicco-Bloom 和 Crabtree,2006)。半结构化访谈是一种多功能和机动的方法,访谈者能够根据参与者的回答即兴提出后续问题,并为参与者的个人语言表达留出空间(Polit 和 Beck,2010)。相对于所有问题的措辞和顺序必须完全相同的标准化访谈,半结构化访谈的有效性和可靠性并不取决于在每个问题中重复使用的相同词语,而是取决于意义的对等(Denzin,1989)。Barriball 和 While(1994)认为在半结构化访谈在探索性研究中,可以成为确保数据可靠性的宝贵工具,因为它:① 允许受访者对有趣和相关的问题进行阐述;② 能够为研究人员提供探索敏感问题的机会;③ 能引出有价值和完整的信息;④ 研究人员能够探索和澄清受访者陈述中的不一致之处;⑤ 可以帮助被访者回忆涉及记忆的问题和信息。

本书访谈的主旨是在倾听玩家及其伴侣对自己或伴侣游戏行为和互动的描述基础上,深入分析电子游戏如何影响亲密关系。在研究开始之前,定性研究者需要对研究目标有一个深入的了解(Poli 和 Beck,2010)。笔者拥有 10 年以上的游戏经验,并通过前期文献阅读对游戏对亲密关系的影响积累了一定的知识,为访谈结构设计创造了一定的基础。同时,本书的访谈面临以下 3 个挑战:① 这是一项探索性研究,参考资料有限;② 研究问题涉及亲密关系的情感状况,访谈话题较为敏感私密,受访者可能不愿讲述自己亲密关系中面临的问题;③ 受到大众对电子游戏负面看法的影响,受访者可能会提供符合社会期望的答案。然而,半结构化访谈非常适合用于探索受访者对复杂的、敏感问题的看法和意见,并能够最大限度地增加受访者和研究人员之间的互动机会,打破研究人员和受访者之间的障碍,建立一种融洽的关系,并降低获得社会期望答案的风险(Patton,1990)。因此,半结构化访谈是本书收集研究数据的有效方法。

根据 Kallio 等(2016)提出的半结构化访谈提纲设计的 5 个步骤,可以制定访谈提纲。第一,根据研究需求评估和确定半结构化访谈作为数据收集方法的适当性。第二,综合笔者生活经验和文献知识,确定访谈目的,即获取亲密关系双方对电子游戏行为的归因、伴侣反应行为及归因、玩家传播策略和互动结果的数据。第三,制订初步半结构化访谈的提纲,提纲由两个层次的问题组成:主要问题和后续问题。在保证问题涵盖主要研究内容的同时鼓励参与者自由地谈论他们的看法和经验。第四,对访谈结构进行内部测试。研究人员扮演参与者的角色,接受另一位研究人员的采访,深入了解接受采访的感受,对访谈问题进行更改和调整。第五,为数据收集编制一份完整、清晰的半结构化访谈提纲(见表 4-1)。

表 4-1　半结构化访谈提纲

主 要 问 题	后 续 问 题
你是否在亲密关系中?	当前关系维持了多久?
	之前是否经历过婚恋关系?
你与伴侣是否玩电子游戏?	你(伴侣)通常玩哪些游戏?
	你(伴侣)的游戏时间在休闲时间中的占比?
	你(伴侣)玩游戏的专注度如何?
	你(伴侣)通常有哪些游戏社交行为?
你认为是哪些原因造成了他的游戏行为特征?	哪些内因影响了他的游戏行为?
	哪些外因影响了他的游戏行为?

续　表

主　要　问　题	后　续　问　题
对于你的游戏行为,你的伴侣通常会有哪些反应行为?	他有哪些积极行为?
	他有哪些积极行为?
	你认为是哪些原因造成了他的这些反应行为?
你觉得双方的电子游戏行为对你们的关系造成了哪些影响?	电子游戏对你们的亲密关系产生了哪些积极影响?
	电子游戏对你们的亲密关系产生了哪些消极影响?
你们通常会采用哪些应对策略?	你通常会采用哪些应对策略?
	他通常会采用哪些应对策略?
	这些应对策略的效果如何?

2. 问卷调查法

问卷调查法(questionnaire)是定量研究中最常用的数据收集方法。问卷作为一种自陈式数据收集工具,可以帮助研究人员有效获得研究对象的多种信息。问卷调查法是研究者收集定量、定性和混合型数据的有效方法,其内容和结构由研究者的研究目标所决定。

本书根据研究模型的双路径设计了两份问卷:玩家问卷和伴侣问卷。其中包含五个共同部分:引言、个人信息测量、依恋类型测量、亲密关系满意度测量和互动结果测量。玩家问卷还包括:游戏动机测量、游戏行为测量、伴侣反应行为感知测量和伴侣反应行为归因测量。伴侣问卷另外包括:玩家游戏行为感知测量、玩家游戏行为归因测量和玩家传播策略感知测量。问卷使用5级李克特量表(Likert scale)测量研究参与者对每个项目的赞同程度,程度从1(非常不同意)到5(非常同意),要求研究参与者根据实际情况进行打分。

三、抽样方法

本书使用非随机抽样方法中的滚雪球抽样(snowball sampling)获取研究样本。滚雪球抽样指的是通过最初的少量样本单位,依靠他们提供的线索找到其他符合研究标准的研究对象,以此类推形成滚雪球效果,并最终获得足够的样本量。滚雪球抽样法是实践中最为常见的一种抽样方法。研究中的定性与定量部分均采用滚雪球抽样法。

本书的研究对象是正在亲密关系中或经历过亲密关系，且关系中至少有一方是游戏玩家的群体，由于该群体较为特殊，因而采用了非随机抽样的方法，并且在抽样过程中，尽可能地兼顾了样本的广泛性和代表性。研究者先通过自己的同学、朋友和家人获取第一层样本，再由他们推荐介绍获得第二层样本，以此类推。

定性研究部分的采样，研究者于 2019 年 4 月开始在朋友圈、玩家社群和大学生社群招募访谈对象。每次结束访谈后，研究者会询问受访者是否能帮忙推荐适合的访谈对象，假如对方正在恋爱关系中，则会询问是否能够对其伴侣进行访谈。研究者通过这种方式逐渐扩大访谈样本收集量，并收集数据以进行探索性因子分析。研究者于 2021 年 8 月 2 日到开始发放测试问卷，8 月 25 日完成问卷收集，于 2021 年 8 月 30 日开始发放正式问卷，9 月 10 日完成问卷收集。同时，为了保证测试问卷和正式问卷样本的差异性，研究者分别通过不同的人际关系网络发放和扩散问卷，最终样本范围涵盖全国共 30 个省和直辖市以及海外地区。

最终，笔者对 34 个研究对象进行了半结构化访谈，并收集获得 214 份探索性因子分析问卷，213 份测试问卷，445 份正式问卷。

四、研究工具

第一，本书使用 NVivo12 软件分析定性研究数据。NVivo 是由 QSR International 生产的定性数据分析（QDA）计算机软件包。NVivo 用来帮助定性研究人员组织、分析和发现非结构化或定性数据的见解，例如访谈、开放式调查回复、期刊文章、社交媒体和网络内容，对这些数据进行深入分析。

第二，本书的定量研究部分使用 SPSS21 进行数据分析。SPSS Statistics 是一个用于交互式或批处理统计分析的软件，它是一种广泛用于社会科学统计分析的程序。

五、开发和构建正式问卷

1. 定性研究

1）研究方法

访谈采用 Arksey 和 Knight（1999）提出的"渐进式聚焦法"，根据访谈对象的基本情况从其容易接受或感兴趣的领域切入，逐渐拉近距离并深入访谈。例如,采访游戏频率较高的研究对象时,先从游戏相关话题入手;采访游戏频率较低的研究对象时,尝试从个人生活、恋爱经历入手开始访谈。在访谈开始前,研究人员会告知受访者访谈将被录音并征求对方同意,并在访谈结束后当天将录音转为文字存档。同时,为避免访谈对象有保留地表述自己观点,研究人员会提前要求受访者避开伴侣单独接受访谈。

本书在招募的访谈对象需要满足两个条件:① 正在婚恋中或有婚恋经历;② 关系中至少有一方是游戏玩家。鉴于以下 3 个原因,作者采用在线聊天工具微信和QQ进行访谈并录音:① 线上访谈不受地理因素的限制,采样更为灵活便捷;② 由于婚恋话题较为私密,采用线上访谈有利于玩家的自我披露(Luders,2007);③ 通过即时通信软件访谈符合玩家的沟通习惯,谈话也更加自如。虽然即时通信软件有利于调查,但这种方法也使得我们缺失了非语言线索。然而,通过受访者的语气和反馈方式,可以部分地弥补缺失的线索。研究者会在受访者出现歧义或语气变化时,尽可能多地进行探索。

最终,获得有效访谈样本 34 个(见表 4 - 2),男性样本 17 个,女性样本 17 个。34 个研究对象中有 9 对情侣与夫妻,12 位正在亲密关系中,4 位单身但有过恋爱经历。由于时间限制,部分访谈分几次进行。每个研究对象的访谈总时长从 25~70 分钟不等,访谈文字共 36 万字。

表 4 - 2　访谈对象基本信息

编号	性别	年龄	关系状态	目前(曾经)关系时长	游戏年龄
M1 - CP1	男	21	恋爱	19 个月	15 年
F2 - CP1	女	21	恋爱		—
M3 - CP2	男	23	恋爱	7 年	17 年
F4 - CP2	女	22	恋爱		3 年
M5 - CP3	男	25	恋爱	1 年	18 年
F6 - CP3	女	24	恋爱		1 年
M7 - CP4	男	22	恋爱	2 年	11 年
F8 - CP4	女	22	恋爱		—

编号	性别	年龄	关系状态	目前（曾经）关系时长	游戏年龄
M9 - CP5	男	23	恋爱	6 个月	10 年
F10 - CP5	女	20	恋爱		9 年
M11 - CP6	男	22	恋爱	2 年	15 年
F12 - CP6	女	23	恋爱		2 年
M13 - CP7	男	25	恋爱	1 年	9 年
F14 - CP7	女	22	恋爱		8 年
M15 - CP8	男	33	已婚	6 年	23 年
F16 - CP8	女	35	已婚		14 年
M17 - CP9	男	31	已婚	6 年	17 年
F18 - CP9	女	30	已婚		4 年
F19	女	36	已婚	6 年	3 年
F20	女	20	恋爱	2 个月	2 年
F21	女	22	恋爱	1 年	—
F22	女	21	恋爱	3 年	3 年
F23	女	21	恋爱	5 个月	4 年
F24	女	21	恋爱	3 年	—
M25	男	20	恋爱	1 年	3 年
M26	男	22	恋爱	1 个月	13 年
M27	男	20	恋爱	4 个月	4 年
M28	男	21	恋爱	1 年	4 年
M29	男	18	恋爱	1 年	11 年
M30	男	30	已婚	9 年	17 年

编号	性别	年龄	关系状态	目前(曾经)关系时长	游戏年龄
F31 - S	女	19	单身	6 个月(曾经)	7 年
F32 - S	女	22	单身	5 个月(曾经)	4 年
M33 - S	男	21	单身	3 个月(曾经)	6 年
M34 - S	男	21	单身	4 个月(曾经)	4 年

说明：CP=couple，M=male，F=female，S=single。

　　具体的数据分析方法是由 Braun 和 Clarke(2006)提出的主题分析法(thematic analysis)。主题分析不同于其他试图描述定性数据模式的分析方法，例如主题分解分析、现象学分析和扎根理论。现象学分析附属于现象学认识论(Smith 等,1999;Smith,2012),该方法经验至上(Holloway 和 Todres,2003),旨在非常详细地了解人们对现实的日常体验,以便了解相关现象(McLeod,2001)。更复杂的是,扎根理论有不同的版本(Charmaz 和 Belgrave,2012)。但整体而言,扎根理论分析的目标是生成一个基于数据现象的合理且有用的理论(McLeod,2001)。然而,扎根理论似乎越来越多地以一种"精简版"的方式使用,即作为一套非常类似于主题分析的数据编码程序。Braun 和 Clarke(2006)认为,主题分析不与任何预先存在的理论框架结合,因此它可以在不同的理论框架中使用。Braun 和 Clarke(2006)提出了主题分析的 6 个步骤:熟悉数据、编码数据、开发主题、审查主题、定义和命名主题以及生成报告。

　　第一步,对 34 份访谈记录仔细阅读。在这个过程中,写了许多备忘录,其中包括对潜在代码的想法,可能值得进一步分析的有趣陈述,或者参与者描述之间的异同。在这一步中,一个特别的重点是识别和标记所有与研究目的相关的片段。

　　第二步,为每次访谈中标记的部分编码,其中一些被分配到多个代码。为了对数据进行归纳分析,防止先入为主或曲解,研究人员会尽量减少分析访谈对后续访谈看法的影响,例如,不自动重复使用以前记录的代码。总共开发了 1 042 个代码,其中传播策略 185 个代码,伴侣反应行为 183 个代码,伴侣反应行为归因 132 个代码,互动结果 276 个代码,游戏行为归因 266 个代码。在表 4 - 3 中,列出了一系列代码,以展示是如何进行编码的,并给出代码流行率的指示。流行率是一个衡量代码在分析中使用的普遍程度的指标。"非常普遍"表示代码或同义代码在几乎所有的转录本中都使用了这种编码,"普遍"表示一半以上的转录本使用这种编码,"稀有"表示不到一半的转录本使用这种编码,"非常稀有"表示不到 5 种转录本使用这种编码。

表 4 - 3　编码示范片段

代码名称	流行率	示 例 段
男生特点 (F24)	稀有	男生玩游戏还挺正常的。我觉得他玩游戏就是出于一种兴趣嘛,就和我们女生一样,就可能比较喜欢追剧、看小说
工作忙 (F16 - CP8)	普遍	游戏么,我觉得是因为我现在工作太忙了,所以我根本就没有时间去打游戏。其实我对游戏来说,我也蛮喜欢的。就是,因为现在工作的性质,就是蛮限制我的
没安全感 (M1 - CP1)	非常稀有	而且我觉得她很奇怪,我不知道她为什么一直要把姿态摆这么低,很可怜,我从来也没有虐待过她
游戏设备限制 (M11 - CP6)	非常稀有	谈了(女朋友)之后那是因为电脑坏了,所以不咋玩了。一直在玩(游戏),只是不玩电脑了而已
生气 (M9 - CP5)	普遍	举个例子嘛,就是(一起玩游戏)配合得不好,然后偶尔说了一句话,她误会了这句话就意思,以为我在骂她怎么样的,然后就是能跟你生两天的气
忽视 (F31 - S)	普遍	因为打游戏不回(我)信息或者他和别的女生玩了没告诉我
欣赏 (M7 - CP4)	普遍	关键是一开始,她没有谈朋友的时候,她一直对男生打游戏这个事没有任何的反感。而且她觉得,其实男生如果打一个游戏很好,这个是反映他的智商还是比较高的,他不是一个傻子
游戏体验差 (F12 - CP6)	稀有	我不是因为我打得不太好嘛,他打得比较好。所以有时候,我用某一个英雄,他老是对我指点点点,叫我,告诉我应该去干什么,就很烦。我说,你这样我没有体验,还不如不打

　　第三步,合并所有代码以生成初步的主题。有些代码是唯一的,有些是相似的,有些是完全相同的。删除了重复项和类似代码,例如"可靠"和"有安全感",并将类似代码集成到单个代码中。然后对产生的代码进行比较,以确定主题。合并代码的例子有"责任心"和"承诺","哄"和"应付"。

第四步,确认代码的合并和整合是否合适。然后根据内容分析代码列表,以搜索共同主题作为分类。这个过程涉及多次迭代。首先,主题是基于一些类似的代码开发的,例如,争吵、抱怨和冷战都是消极互动结果。每次迭代都会引入新的主题,向现有主题添加更多的代码,更改代码之间的关联,或者将几个主题组合成更少的更通用的主题。这个过程产生了 47 个主题,其中游戏行为归因为 10 个主题,伴侣反应行为 10 个主题,伴侣反应行为归因 7 个主题,互动结果 9 个主题,玩家传播策略 11 个主题。

第五步,对 5 大块内容中的 47 个主题进行了定义和命名。

第六步,生成的报告将在下节中具体展开。

2) 研究结果分析

游戏行为归因包含 10 个主题。"时间限制"指的是客观事物的干扰导致游戏时间减少,例如工作太忙,近期需要备考。"陪朋友玩"指的是为了维护社交关系才参与游戏。例如 F21 说:"他大学打游戏应该就是为了陪他那些好朋友们"。"性别特点"指的是玩游戏的行为是一种普遍的性别表现。例如 F31 - S 说:"我对他游戏状态的理解更倾向于因为他是男生,玩游戏是一种天性"。"游戏技术限制"指的是玩家的游戏行为受到了游戏水平的影响。例如,M33 - S 说:"她可能就是那种,嗯,之前就是很特别爱玩,但是玩不好的那种"。"游戏设备限制"指的是游戏行为受到电子设备的影响。例如玩家的电脑配置不够导致其只能玩手机游戏。"对关系的重视程度"指的是玩家的游戏行为体现了其对亲密关系的重视度。"对游戏的重视程度"指的是玩家的游戏行为体现了其对游戏的重视度。例如 F20 说:"他的每个行动都表现出了游戏重要多了,游戏真的比什么都重要"。"自制力"指的是玩家的游戏行为体现了他的自制能力。"责任心"指的是玩家对亲密关系负责的态度。例如 F19 说:"已婚的男人,他可能会更加有这种家庭责任感。就是说当妻子跟他提出不想让他过度沉迷游戏(的想法),他可能会想着他是毕竟一个家里的男性,要承担起这个家庭顶梁柱的责任,他会去照顾妻子的感受,去照顾孩子的感受"。"上进心"指的是玩家在现实生活中的进取心。

伴侣反应行为包含 10 个主题。"尝试一起玩"指的是伴侣会主动提出参与玩家的游戏。"观看对方玩游戏"指的是伴侣会围观、欣赏玩家正在进行的游戏。"自己找其他事情"指的是伴侣在玩家游戏时寻找可以单独进行的活动。例如 F24 说:"他打游戏的时候,我可能就会就选择去看剧之类的,然后这样也不会影响我们两个之间的感情"。"表示理解"指的是伴侣主动对玩家游戏行为表示理解。例如 M29 说:"她也给我提过,就不要老是在游戏里边儿因为这种事情生气啊,我觉得也有道理,后来我们都会刻意注意这些事情"。"表现出负面情绪"指的是伴侣因为玩家的游戏行为而产生消极情绪。例如生气、发怒或失落。"抱怨"指的是伴侣对玩家的游戏行为进行指责或抱怨。"关注留意玩家的游戏伙伴"指的是伴侣会特别关注与玩家共同游戏的朋友。例如有些伴侣会查看玩家每次的游戏记录,检查对方经常与谁共同游戏,是否存在异性玩伴。"制止游戏"指的是伴侣试图制止玩家的游戏行为。"冷战"指的是伴侣因为玩家参与游戏而停止交流。"吐槽游戏技术"指的是伴侣会责怪玩家的游戏技术不够出色。例如 F20 说:"他可能就是自己菜还不知道,就是那种一直不行,还不想让我说"。

伴侣反应行为归因包含 7 个主题。"性格"指的是玩家认为伴侣做出这些反应是其性格造成的。例如 M7 - CP4 说:"她也是一个比较情绪化的人,如果本来就心情不太好,或者来大姨妈,那就 GG 了。我们可能会吵得比较凶"。"希望得到我的重视"指的是玩家认为伴侣做出这些行为的原因是想获得自己的关注。"无理取闹"指的是玩家认为伴侣的行为毫无道理。"害怕关系受到威胁"通常是伴侣对玩家与异性伙伴共同游戏时产生的。例如 F32 - S 说:"他很喜欢跟我单独玩,因为他不想让我跟别人(异性)玩游戏"。"尊重我"指的是玩家认为伴侣的反应行为体现了对自己的尊重和理解。例如 M34 - S 说:"可能我的前女友们都是比较通情达理的那种,她们会理解我在打游戏时回不了她的消息"。"信任"指的是玩家认为伴侣的反应行为体现了对自己的信任。"关心"指的是玩家认为伴侣之所以做出反应行为是因为关心、在意自己。

互动结果包含 9 个主题。"增加交流机会"指的是双方因为共同游戏增加了互动。"增加共同话题"指的是电子游戏成了双方的共同话题。"更欣赏伴侣"指的是一方因为对方的游戏行为更加欣赏对方。这种情况有时是因为玩家的自制力而发现,但更多的时候则是由于玩家的游戏技术高超。例如 M1 - CP1 说:"如果我初次见面的话,知道她是个玩游戏玩得很好的女生啊,那绝对是魅力加分"。"创造了共同回忆"指的是双方共同游戏时发生的各种经历成了一种美好的回忆。例如 M29 说:"我觉得最美好还是玩《我的世界》,嗯,我让她去砍树嘛,然后她把树砍回来给我,和我一起建房子,建完房子以后她特别开心,然后她就要住进来。我两个又把屋里再布置一下,这就跟布置自己的房子一样。嗯,后来她开始自己建房子,她的房子也非常好看,然后我就去看她的房子……因为毕竟是异地嘛,这也算是个精神寄托"。"获得好的游戏体验"通常在两种情况下发现,一种是伴侣对玩家的游戏行为十分理解时,另一种则是双方共同游戏时产生的。例如 F22 说:"希望能有更好的游戏体验,就是自己玩儿的时候,可能挫败感太多的时候,然后我就会希望跟他一起玩,让他带我大杀四方,很有成就感,可以上上分之类的"。"忽视"指的是玩家因为玩游戏而忽视伴侣。例如玩家在游戏时不及时回复伴侣信息。"关系受到威胁"指的是双方的互动行为导致关系质量受到影响,甚至分手。例如 F4 - CP2 说:"他就跟我保证说以后打电话不玩游戏了,但还是屡教不改,所以后来我就想分手"。"影响游戏体验"通常发生在共同游戏时,游戏技术高的一方觉得游戏体验受到了影响。例如 M11 - CP6 说:"有一次就是噢,那天打《王者》,她打特别坑嘛。队友就说她不会玩,怎么怎么菜。然后我就没吱声。等结束之后她就跟我说,你为啥不帮我骂?我心里想,你要是路人我不得骂你"。"减少相处时间"常发生在一方玩游戏另一方不玩游戏时,由于一方在游戏中投入过多的时间导致双方相处时间减少。

玩家传播策略共有 11 个主题。"避免与异性共同游戏"通常是一种共识,大部分玩家都不会单独与其他异性共同游戏,他们都认为共同游戏是一件十分私密的事情,而部分玩家为了避免伴侣吃醋会特别注意避免发生这种情况。例如 M26 表示:"我不跟异性一起玩游戏,从来都这样。要是玩也可能是我找了我的同性好朋友,然后同性好朋友拉异性,而且我也不怎么跟异性交流那种"。"公开游戏朋友圈"这类行为也是为了避免伴侣吃醋,增加伴侣的安全感。玩家通常会主动向伴侣介绍自己的玩伴信息。"邀请一起玩"指的是玩家向伴侣表达共同游戏的期望。许多玩家认为可以共同游戏是一种十分美好的状态。"调整游戏内容"指的是玩家为了照顾伴侣的感受而更换游戏或游戏方式,例如将一款需要高度专注力的游戏换成可以随时暂停的休闲游戏。"避免共同游戏"通常是因为伴侣游戏技术较差,玩家为了不影响自己的游戏体验而采取的策略。"减少游戏时间"是为了应对游戏时间过多影响了关系质量而采取的措施。"报备"是大部分玩家都会采取的策略。为了避免发生矛盾,玩家通常会提前告知伴侣自己的游戏计划、游戏伙伴等。"时间分配"指的是玩家会改变自己的时间安排。例如 F12 - CP6 说:"他就趁我睡着了,然后他通宵打游戏。第二天早上我醒来,他还在打游戏。他就是为了错开我的休息时间,因为他觉得那样子我也不会打扰他"。"道歉/哄"指的是玩家在发生冲突后采取的措施,均由男性玩家使用。"寻求理解"指的是玩家主动与伴侣沟通、吐露心声,寻求对方的理解。"伴侣优先"通常是玩家为了安抚认为自己受到了忽视的伴侣所采取的策略。例如玩家会停止正在进行的游戏,回复伴侣的信息。

2. 探索性因子分析

1) 研究方法

为了构建问卷,首先需要使用探索性因子分析对定性研究的结果进行调查。将 5 大类别中的 47 个主题编撰成具体题项。玩家问卷由基本信息、伴侣反应行为感知、伴侣反应行为归因、传播策略和互动结果 5 个部分组成。伴侣问卷由基本信息、游戏行为归因、传播策略感知和互动结果 4 个部分组成。问卷使用 5 级李克特量表,从"非常同意"到"非常不同意"。通过滚雪球的方式收集研究数据。最终共收到 214 份有效问卷,其中包括 124 份玩家问卷和 90 份伴侣问卷。为了识别研究数据的潜在结构,减少项目数量,同时保持整体因子结构和尽可能多的总方差,对 2 类问卷结果分别进行了因子分析。

2) 探索性因子分析结果

对玩家问卷中的 37 个项目进行因子分析。因子分析结果显示,Cronbach's Alpha＝0.84,KMO＝0.799,指标统计量大于 0.70,显著性概率 $p < 0.01$,呈现的性质为"良好"标准,表示变量间具有共同因素存在,适合进行因素分析(Kaiser,1974)。旋转后因子载荷系数矩阵显示题项包含 8 个主要因子(见表 4-4)。其中 3 项伴侣反应行为被归因到互动结果,5 项存在显著交叉引导。

表 4-4　玩家问卷初次旋转成分矩阵

项　　目	成　　份							
	1	2	3	4	5	6	7	8
E7 创造了属于我们的美好回忆	0.913							
E5 增加了我们之间的互动	0.888							
E8 我们都获得了良好的游戏体验	0.882							

续 表

项 目	成 份							
	1	2	3	4	5	6	7	8
E6 增加了我们之间的共同话题	0.876							
E3 增加了我们的共处时间	0.789							
C1 他/她会尝试与我一起玩游戏	0.783							
C2 他/她会看我玩游戏	0.675							
C3 他/她会对我的游戏行为表示理解	0.629							
F8 我会改善我的时间分配		0.836						
F6 我会减少我的游戏时间		0.827						
F7 我会向他/她提前报备我的游戏行为		0.817						
F9 我会寻求他/她的理解		0.673						
F10 我会向他/她道歉或哄他/她		0.668						
F11 我会及时回应他/她的需求		0.651						
F5 我会调整我的游戏内容	0.442	0.452						
C5 他/她会表现出负面情绪			0.769					
C7 他/她会制止我玩游戏			0.761					

续　表

项　目	成　份							
	1	2	3	4	5	6	7	8
C10 他/她会对我抱怨我的游戏行为			0.739					
C8 他/她会因为我的游戏行为跟我冷战			0.607					
D2 因为他/她理解和尊重我的游戏行为			−0.557	0.521				
D3 因为他/她关心在乎我				0.846				
D1 因为他/她对我很信任				0.820				
D7 我觉得他/她在无理取闹				−0.582				
F4 我会避免与他/她一起进行游戏					0.731			
E4 导致了关系中的一方被忽视					0.687			
E2 减少了我们的共处时间	−0.483				0.666			
E1 使我们的关系受到了威胁				−0.445	0.508			
E9 影响了彼此的游戏体验					0.425			
D6 我觉得是他/她的性格造成的						0.754		
D5 因为他/她害怕我们的关系受到威胁						0.733		
D4 因为他/她希望得到我的重视						0.590		

续　表

项　目	成　份							
	1	2	3	4	5	6	7	8
F1 我会避免和异性一起玩游戏							0.635	
F2 我会对他/她公开我的游戏伙伴的信息							0.592	
C6 他/她会关注游戏伙伴中是否存在异性							0.582	
F3 我会邀请他/她一起进行游戏					−0.405		0.541	
C4 他/她在我游戏时找其他事情做								0.707
C9 他/她会吐槽我的游戏技术								0.547

提取方法：主成分。

旋转法：具有 Kaiser 标准化的正交旋转法。

a. 旋转在 8 次迭代后收敛。

说明：编号 C 为伴侣反应行为题项，编号 D 为伴侣反应行为归因题项，编号 E 为互动结果题项，编号 F 为传播策略题项。

初始分析后，删除因子载荷系数<0.5 和具有显著交叉引导的项目。此外，删除了题项过多的因子中内容相近的项目，以及题项过少的因子。对调整后的问卷再次进行旋转主成分分析（见表 4－5）。结果显示 25 个项目共包含 6 个主要因子，每个题项的因子载荷系数均>0.5，旋转后的解释总方差为 73.333%。其中 D7 题项因子载荷系数为负数，该题项将在问卷中设置为反向计分。6 个因子分别被标记为：积极互动结果、玩家传播策略、伴侣反应行为、伴侣反应行为积极归因、消极互动结果和伴侣反应行为消极归因。Cronbach's Alpha 统计因子量表为：积极互动结果＝0.949，玩家传播策略＝0.869、伴侣反应行为＝0.854、伴侣反应行为积极归因＝0.817、消极互动结果＝0.766、伴侣反应行为消极归因＝0.702。整体 Cronbach's Alpha＝0.788（>0.7）表示量表具有相当的信度（见表 4－6）。

表 4－5　调整后玩家问卷旋转成分矩阵

项　目	成　份							
	1	2	3	4	5	6	7	8
E7 创造了属于我们的美好回忆	0.926							
E5 增加了我们之间的互动	0.906							
E8 我们都获得了良好的游戏体验	0.896							
E6 增加了我们之间的共同话题	0.888							
E3 增加了我们的共处时间	0.832							
F6 我会减少我的游戏时间		0.858						
F7 我会向他/她提前报备我的游戏行为		0.838						
F8 我会改善我的时间分配		0.837						
F11 我会及时回应他/她的需求		0.670						
F10 我会向他/她道歉或哄他/她		0.655						
F9 我会寻求他/她的理解		0.647						
C5 他/她会表现出负面情绪			0.832					
C7 他/她会制止我玩游戏			0.797					
C10 他/她会对我抱怨我的游戏行为			0.779					

续　表

项　目	成　份							
	1	2	3	4	5	6	7	8
C8 他/她会因为我的游戏行为跟我冷战			0.624					
D3 因为他/她关心在乎我				0.855				
D1 因为他/她对我很信任				0.844				
D7 我觉得他/她在无理取闹（反）				−0.641				
F4 我会避免与他/她一起进行游戏					0.737			
E4 导致了关系中的一方被忽视					0.729			
E2 减少了我们的共处时间					0.677			
E1 使我们的关系受到了威胁					0.532			
D5 因为他/她害怕我们的关系受到威胁						0.772		
D6 我觉得是他/她的性格造成的						0.707		
D4 因为他/她希望得到我的重视						0.675		

提取方法：主成分。

旋转法：具有 Kaiser 标准化的正交旋转法。

a. 旋转在 7 次迭代后收敛。

说明：编号 C 为伴侣反应行为题项，编号 D 为伴侣反应行为归因题项，编号 E 为互动结果题项，编号 F 为传播策略题项。

表 4 - 6 玩家问卷因子量表克朗巴哈系数

项　目	因子 Cronbach's Alpha	整体 Cronbach's Alpha
积极互动结果	0.949	
玩家传播策略	0.869	
伴侣反应行为	0.854	
伴侣反应行为积极归因	0.817	0.788
消极互动结果	0.766	
伴侣反应行为消极归因	0.702	

对伴侣问卷中的 30 个项目进行因子分析。因子分析结果显示,Cronbach's Alpha=0.826,KMO=0.801,指标统计量大于 0.80,显著性概率 $p = 0.000 < 0.01$[①],呈现的性质为"良好"标准,表明变量间存在共同因素,适合进行因素分析(Kaiser,1974)。旋转后因子载荷系数矩阵显示题项包含 6 个主要因子(见表 4 - 7)。

表 4 - 7 伴侣问卷初次旋转成分矩阵

项　目	成　份					
	1	2	3	4	5	6
G9 他/她会寻求我的理解	0.835					
G8 他/她会改善他/她的时间分配	0.829					
G6 他/她会减少他/她的游戏时间	0.805					
G7 他/她会向我提前报备我的游戏行为	0.777					
G10 他/她会向我道歉或哄我	0.736					
G11 他/她会及时回应我的需求	0.702					

---

① p = P 值,即概率,反映某一事件发生的可能性大小。

续 表

项 目	成 份					
	1	2	3	4	5	6
G1 他/她会避免和异性一起玩游戏	0.606					
G2 他/她会对我公开我的游戏伙伴的信息	0.592					
G5 他/她会调整他/她的游戏内容	0.508					
G3 他/她会邀请我一起进行游戏	0.480					
E5 增加了我们之间的互动		0.859				
E7 创造了属于我们的美好回忆		0.833				
E6 增加了我们之间的共同话题		0.822				
E3 增加了我们的共处时间		0.814				
E8 我们都获得了良好的游戏体验		0.804				
B7 他/她的游戏技术影响了他/她的游戏行为			0.821			
B8 他/她的休闲时间长短影响了他/她的游戏行为			0.812			
B6 游戏设备影响了他/她的游戏行为			0.747			
B2 因为他/她对游戏非常重视			0.667			
B10 他/她的游戏行为体现了男生女生的普遍现象			0.605			
B3 因为他/她具有良好的自制力				0.822		
B4 因为他/她很上进				0.822		
B5 因为他/她对关系很负责				0.772		
B1 因为他/她对我们的关系非常重视				0.707		
E1 使我们的关系受到了威胁					0.711	
G4 他/她会避免与我一起进行游戏					0.692	

续　表

项　　目	成　份					
	1	2	3	4	5	6
B9 他/她通常是为了陪朋友才进行游戏的					0.647	
E2 减少了我们的共处时间					0.594	
E4 导致了关系中的一方被忽视					0.535	
E9 影响了彼此的游戏体验						0.854

提取方法：主成分。
旋转法：具有 Kaiser 标准化的正交旋转法。
a. 旋转在 7 次迭代后收敛。
说明：编号 B 为游戏行为归因题项，编号 G 为传播策略感知题项，编号 E 为互动结果题项。

初始分析后，删除因子载荷系数<0.5 和具有显著交叉引导的项目。此外，删除了题项过多的因子中内容相近的项目，以及题项过少的因子。对调整后的问卷再次进行旋转主成分分析（见表 4 - 8）。结果显示 25 个项目共包含 5 个主要因子，每个题项的因子载荷系数均>0.6，旋转后的解释总方差为 71.368%。5 个因子分别被标记为：玩家传播策略、积极互动结果、游戏行为消极归因、游戏行为积极归因和消极互动结果。Cronbach's Alpha 统计因子量表为：玩家传播策略=0.914、积极互动结果=0.924、游戏行为消极归因=0.797、游戏行为积极归因=0.861，消极互动结果=0.813。整体 Cronbach's Alpha=0.778(>0.7)表示量表具有相当的信度（见表 4 - 9）。

表 4 - 8　调整后伴侣问卷旋转成分矩阵

项　　目	成　份				
	1	2	3	4	5
G8 他/她会改善他/她的时间分配	0.853				
G9 他/她会寻求我的理解	0.826				
G6 他/她会减少他/她的游戏时间	0.822				
G10 他/她会向我道歉或哄我	0.795				

续　表

项　目	成　份				
	1	2	3	4	5
G7 他/她会向我提前报备我的游戏行为	0.756				
G11 他/她会及时回应我的需求	0.693				
E5 增加了我们之间的互动		0.864			
E7 创造了属于我们的美好回忆		0.838			
E6 增加了我们之间的共同话题		0.827			
E3 增加了我们的共处时间		0.824			
E8 我们都获得了良好的游戏体验		0.811			
B8 他/她的休闲时间长短影响了他/她的游戏行为			0.813		
B7 他/她的游戏技术影响了他/她的游戏行为			0.808		
B6 游戏设备影响了他/她的游戏行为			0.748		
B2 因为他/她对游戏非常重视			0.682		
B10 他/她的游戏行为体现了男生/女生的普遍现象			0.612		
B4 因为他/她很上进				0.858	
B3 因为他/她具有良好的自制力				0.813	
B5 因为他/她对关系很负责				0.757	
B1 因为他/她对我们的关系非常重视				0.708	
E1 使我们的关系受到了威胁					0.782
G4 他/她会避免与我一起进行游戏					0.775
E4 导致了关系中的一方被忽视					0.674
E2 减少了我们的共处时间					0.664

提取方法：主成分。

旋转法：具有 Kaiser 标准化的正交旋转法。

a. 旋转在 6 次迭代后收敛。

说明：编号 B 为游戏行为归因题项，编号 G 为传播策略感知题项，编号 E 为互动结果题项。

表 4 - 9　伴侣问卷因子量表克朗巴哈系数

项　　目	因子 Cronbach's Alpha	整体 Cronbach's Alpha
玩家传播策略	0.914	
积极互动结果	0.924	
游戏行为消极归因	0.797	0.778
游戏行为积极归因	0.861	
消极互动结果	0.813	

调整后两类问卷的共有题项均保持一致：玩家传播策略 6 项，积极互动结果 5 项，消极互动结果 4 项。玩家问卷还包括 4 项伴侣反应行为，3 项伴侣反应行为积极归因，3 项伴侣反应行为消极归因。伴侣问卷还包括 5 项游戏行为消极归因，4 项游戏行为积极归因。

3. 问卷设计

1）测量工具

除了通过定性研究和因子分析确定的问卷题项，本书的研究问卷还包含另外 4 个测量工具。亲密关系体验量表简表（the experiences in close relationship scale-short form，ECR）被用来测量依恋类型（Wei 等，2007）。该量表由 Kelly Brennan 及其同事（1998）开发的亲密关系体验量表（the experiences in close relationship scale，ECR）精简而来。Wei 及其同事进行了 6 项研究证明了 ECR 简表和原始版本的有效性是相同的。ECR 简表也得到了广泛的应用。该量表共 12 个项目，分为依恋回避和依恋焦虑两个因子，每个因子 6 个项目。量表采用 1（非常不同意）到 5（非常同意）级计分。

关系评估量表（the relationship assessment scale）用来测量亲密关系满意度（Hendrick 等，1998）。Hendrick 量表中使用的 7 个问题被改写为陈述。例如，将问题"你提出的要求，伴侣会很好地满足吗？"改为"我提出的要求，伴侣会很好地满足"。量表采用 1（非常不同意）到 5（非常同意）级计分。

游戏动机测量由 Sherry（2006）基于使用与满足理论开发的 6 类动机构成。将 6 类动机归纳设计成描述性题项。例如，"唤醒"的测量为"我喜欢玩快节奏、惊险刺激、让人兴奋的游戏"，"转移注意力"的测量为"我玩游戏是为了打发时间、放松、逃避压力","社交互动"的测量为"我喜欢在游戏中与人组队或加入社团,并通过电子游戏与朋友互动"。量表采用1(非常不同意)到5(非常同意)级计分。

游戏行为测量由文献综述分析获得,详见第二章。共有5种游戏行为特征:专注度、休闲时间占比和3类社交行为。5类行为的测量题项为:"我玩游戏总是十分专注","玩游戏的时间在我整体休闲时间中占比很高","我和他/她经常一起玩游戏","我经常和同性朋友一起玩游戏"以及"我经常和异性朋友一起玩游戏"。量表采用1(非常不同意)到5(非常同意)级计分。

另外,问卷还包括6题个人信息测量题项。最终玩家问卷由61个项目构成,伴侣问卷由54个项目构成。

2)研究方法

研究数据以滚雪球的方式,通过问卷星收集。为了排除不适合的研究对象,在个人信息部分设置了题项以排除从未经历过婚恋关系以及关系双方均不玩电子游戏的研究对象。如果单身,则需要参考其最近经历的一段恋爱或婚姻关系选择符合的选项。

3)测试问卷信效度检测

测试问卷共收到105份玩家问卷,108份伴侣问卷。分别进行信效度检验。玩家问卷的可靠性检验结果显示Crobach's Alpha=0.934,KMO和巴特利球体检验结果显示KMO=0.728,表明问卷具有很高的内在一致性,可靠性较强。伴侣问卷的可靠性检验结果显示Crobach's Alpha=0.815,KMO和巴特利球体检验结果显示KMO=0.720,表明问卷具有很高的内在一致性,可靠性较强。最终确定了正式问卷,详情见附录。

4)正式问卷信效度检测

正式问卷研究数据以滚雪球的方式,通过问卷星收集。最终共收到445份有效问卷,其中包括230份玩家问卷和215份伴侣问卷。最终,玩家问卷的Cronbach's Alpha系数为0.816,KMO值为0.832;伴侣问卷的Cronbach's Alpha系数为0.812,KMO值为0.828,表明问卷数据具有良好的信效度。

第五章
人口统计学概况

第一节　研究对象的整体信息

　　将玩家问卷和伴侣问卷的共同题项（个人信息、依恋类型、互动结果和关系质量）合并为一份研究数据进行整体人口统计学分析（表 5-1）。其中 44.49% 为男性，55.51% 为女性。研究对象的平均年龄为 26 岁（SD＝6，min＝16，max＝56）。5.39% 的学历为高中及以下，8.31% 的学历为专科，60.9% 的学历为本科，15.96% 的学历为硕士研究生，9.44% 的学历为博士研究生。

　　42.25% 的研究对象正在恋爱中，27.42% 正在婚姻中，30.33% 经历过婚恋关系目前单身。34.16% 的研究对象关系时长为 1 年及以内，20.22% 为 1~2 年（包括 2 年），13.48% 为 2~3 年（包括 3 年），6.29% 为 3~4 年（包括 4 年），25.85% 为 4 年及以上。38.65% 的亲密关系中仅有一方为玩家，43.14% 的亲密关系中一方玩得频率较高另一方较低，18.21% 的亲密关系中双方游戏频率相同。

　　其中，认为双方游戏频率差不多的男性为 36 个（18.18%），女性为 45 个（18.22%）；认为自己的游戏频率高于对方的男性为 141 个（72.21%），女性为 36 个（14.57%）；认为对方游戏频率高于自己的男性为 21 个（10.61%），女性为 166 个（67.21%）。虽然许多研究报告显示女性玩家占比已经大幅上升，但从上述研究结果可知至少在婚恋关系中的男性玩家的游戏频率明显高于女性玩家。

表 5-1 基本信息

名　称	类　目	百分比/%
性别	男	44.49
	女	55.51
学历	高中及以下	5.39
	专科	8.31
	本科	60.9
	硕士研究生	15.96
	博士研究生	9.44
关系状况	恋爱中	42.25
	婚姻中	27.42
	目前单身(经历过婚恋关系)	30.33
关系时长	1 年及以内	34.16
	1~2 年(包括 2 年)	20.22
	2~3 年(包括 3 年)	13.48
	3~4 年(包括 4 年)	6.29
	4 年及以上	25.85
游戏状况	仅一方为玩家	38.65
	一方频率高,另一方频率低	43.14
	双方频率相同	18.21

第二节　不同特征人群的亲密关系质量差异

对不同的人口统计学特征与关系质量进行单因素方差分析,发现性别、年龄、学历均无明显差异。将亲密关系游戏状态重新归为 3 类：双方游戏频率相同、对方游戏频率更高、我的游戏频率更高。将 3 类关系与关系质量进行方差分析发现，3 类游戏状态对于关系质量呈现出 0.05 水平显著性（$F=5.411$，$p=0.005$）[①]，具体对比差异可知不同双方游戏状况样本对于关系质量呈现出显著性差异，其中双方游戏频率相同显著高于其他两种关系类型（见表 5 - 2）。

表 5 - 2 游戏状态与关系质量的方差分析(1)

项目	双方游戏状况（平均值±标准差）			F	p
	双方游戏频率相同（$n=81$）	对方游戏频率更高（$n=177$）	我的游戏频率更高（$n=187$）		
关系质量	3.75 ± 0.67	3.57 ± 0.72	3.44 ± 0.77	5.411	0.005**

注：$* p<0.05$，$** p<0.01$。

去掉单身有婚恋经历的样本后，再次将 3 类关系与关系质量进行方差分析发现，3 类游戏状态对于关系质量仍然呈现出 0.05 水平显著性（$F=4.558$，$p=0.011$），具体对比差异可知不同双方游戏状况样本对于关系质量呈现出显著性差异，其中双方游戏频率相同的被试报告的亲密关系质量仍显著高于其他两种关系类型（见表 5 - 3）。说明双方游戏频率相同的亲密关系质量明显高于仅有一方是玩家或双方游戏频率差异较大的关系质量。

表 5 - 3 游戏状态与关系质量的方差分析(2)

项目	双方游戏状况（平均值±标准差）			F	p
	双方游戏频率相同（$n=56$）	对方频率更高（$n=132$）	我的游戏频率更高（$n=122$）		
关系质量	4.01 ± 0.48	3.73 ± 0.67	3.75 ± 0.58	4.558	0.011*

注：$* p<0.05$，$** p<0.01$。

利用单因素方差分析研究不同婚恋关系状态中亲密关系质量的差异，发现婚恋关系状态对于亲密关系质量呈现出 0.001 水平显著性（$F=77.662$，$p<$

---

① $F=$ F 检验的统计量值。

0.001),具体对比差异可知(见表 5-4),恋爱中的被试对亲密关系的满意度略高于婚姻中的被试,而单身有过婚恋经历的被试则报告他们最近一段关系的关系满意度明显低于正在恋爱和婚姻中的被试。对于已经失败的婚恋经历,这一研究结果是符合实际情况的。为了继续探究电子游戏在失败的婚恋经历中是否扮演了重要角色,将婚恋关系状态和双方游戏状态进行卡方检验(交叉分析),发现不同婚恋关系状态样本对于双方游戏状态不会表现出显著性($p>0.05$),意味着不同婚恋关系状态中双方的游戏状态并没有差异性(见表 5-5)。由此可见,虽然在不同游戏频率的关系中亲密关系质量存在差异,但游戏频率的差异不太可能是导致关系破裂的关键因素。

表 5-4　婚恋关系状态与亲密关系质量的方差分析

项　目	婚恋关系状态($M\pm SD$)			F	p
	恋爱中 ($n=188$)	婚姻中 ($n=122$)	单身 ($n=135$)		
亲密关系质量	3.83 ± 0.54	3.73 ± 0.70	2.98 ± 0.70	77.662	0.000***

注: $*p<0.05$, $**p<0.01$, $***p<0.001$。

表 5-5　婚恋关系状态和双方游戏状态的卡方检验

项目	游戏 频率	婚恋关系状态/%			总计/%	χ^2	p
		恋爱中	婚姻中	单身			
双方游戏 状况	相同	21.28	13.11	18.52	18.20	7.308	0.120
	我高	42.02	43.44	33.33	39.78		
	我低	36.70	43.44	48.15	42.02		

注: $*p<0.05$, $**p<0.01$。

利用单因素方差分析研究关系持续时长对于亲密关系质量的差异性(见表 5-6),不同关系持续时长的样本对于亲密关系质量呈现出显著性($p<0.05$),意味着不同的关系持续时长对于亲密关系质量存在着显著差异性。具体分析可知,关系时长最短的被试报告了最低的亲密关系满意度,3~4 年(包括 4 年)的满意度最高。

表 5 - 6　关系持续时长与亲密关系质量的方差分析

项　目	关系持续时长($M \pm$SD)					F	p
	A ($n=152$)	B ($n=90$)	C ($n=60$)	D ($n=28$)	E ($n=115$)		
亲密关系 质量	3.31± 0.82	3.58± 0.58	3.60± 0.78	3.96± 0.75	3.69± 0.62	7.677	0.000**

注：A=1 年及 1 年以内，B=1～2 年(包括 2 年)，C=2～3 年(包括 3 年)，D=3～4 年(包括 4 年)，E=4 年以上，* $p<0.05$，** $p<0.01$。

　　将双方游戏状态和关系时长进行卡方分析，发现不同的关系持续时长在不同的游戏状态的关系中并没有表现出显著差异($p>0.05$)。但进一步分析发现(见图 5 - 1)，在关系满意度最高的一组中，报告"我的游戏频率更高"的被试占比最多，而关系满意度最低的一组报告"我的游戏频率更高"的被试占比最少，报告"我的游戏频率更低"的被试占比却最多。可见，被试是否是玩家可能影响其报告的亲密关系满意度。将玩家与伴侣报告的亲密关系满意度进行方差分析(见表 5 - 7)，发现玩家与伴侣报告的亲密关系质量呈现出 0.05 水平显著性差异($F=4.251$，$p<0.05$)，玩家的平均值(3.61)高于伴侣的平均值(3.47)。

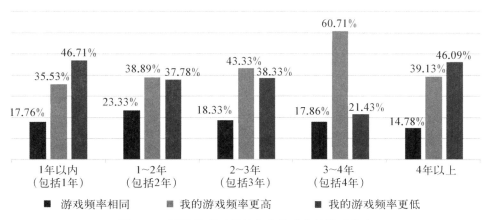

图 5 - 1　不同关系时长的亲密关系中的游戏状态

表 5-7　身份角色与亲密关系质量的方差分析

项　目	身份角色(M±SD)		F	p
	玩家(n=230)	伴侣(n=215)		
关系质量	3.61±0.72	3.47±0.75	4.251	0.040*

注：* $p < 0.05$，** $p < 0.01$。

综合之前的研究结果，可见在亲密关系中，当游戏频率相同时双方的关系质量最高，当游戏频率存在较大差异时，游戏频率高的一方的关系满意度会高于游戏频率低的一方，即相对于玩家，伴侣对关系的满意度更容易受到负面影响。

第三节　不同特征人群的互动结果差异

对不同的人口统计学特征与互动结果进行单因素方差分析，发现年龄和学历无明显差异，而不同性别存在明显差异。具体分析可知(见表 5-8)，性别对于积极互动结果呈现出 0.05 水平显著性($F = 6.593$，$p = 0.011$)，分析发现男性的平均值(3.12)，高于女性的平均值(2.90)；而不同性别样本之间的消极互动结果并不存在显著差异($p > 0.05$)。

表 5-8　性别与互动结果方差分析

项　目	性别(平均值±标准差)		F	p
	男性(n=198)	女性(n=247)		
积极互动结果	3.12±0.90	2.90±0.90	6.593	0.011*
消极互动结果	2.53±0.80	2.65±0.83	2.503	0.114

注：* $p < 0.05$，** $p < 0.01$。

利用方差分析研究婚恋关系状态对于积极互动结果、消极互动结果的差异性，从表 5-9 可以看出：不同婚恋关系状态样本对于积极互动结果不会表现出显著性($p > 0.05$)，意味着不同婚恋关系状态样本对于积极互动结果全部均表现出一致性,并没有差异性。而婚恋关系状态样本对于消极互动结果呈现出显著性($F=7.175$,$p<0.05$),意味着不同婚恋关系状态的样本对于消极互动结果有着差异性。具体对比差异可知,恋爱中的被试报告了最低的消极互动结果,而单身的被试针对他们最近的一段婚恋关系则报告了最高的消极互动结果。

表 5-9　关系状态与互动结果方差分析

项　目	婚恋关系状态(平均值±标准差)			F	p
	恋爱中 ($n=188$)	婚姻中 ($n=122$)	单身 ($n=135$)		
积极互动结果	3.06±0.91	2.94±0.87	2.96±0.92	0.813	0.444
消极互动结果	2.43±0.83	2.69±0.80	2.74±0.78	7.175	0.001**

注：* $p<0.05$，** $p<0.01$。

利用方差分析(全称为单因素方差分析)去研究双方游戏状况对于积极互动结果、消极互动结果共 2 项的差异性,从表 5-10 可以看出：双方游戏状况对于积极互动结果呈现出 0.001 水平显著性($F=31.089$,$p<0.001$)；双方游戏状况对于消极互动结果呈现出 0.001 水平显著性($F=13.368$,$p<0.001$),意味着不同双方游戏状况样本对于积极互动结果、消极互动结果均有着差异性。具体对比差异可知,当双方游戏频率相同时,双方的积极互动结果最高,消极互动结果最低；而对于游戏频率更低的一方,其报告的积极互动结果最低,消极互动结果最高。

表 5-10　游戏状态与互动结果方差分析

项　目	双方游戏状况(平均值±标准差)			F	p
	双方游戏频率 相同($n=81$)	我的游戏频率 更高($n=177$)	对方游戏频率 更高($n=187$)		
积极互动结果	3.60±0.84	3.01±0.85	2.71±0.84	31.089	0.000***
消极互动结果	2.25±0.83	2.55±0.75	2.79±0.82	13.368	0.000***

注：* $p<0.05$，** $p<0.01$，*** $p<0.001$。

将伴侣与玩家的积极互动结果和消极互动结果进行 t 检验(见表 5 - 11),玩家和伴侣的积极互动结果呈现出 0.001 水平显著性($t=4.366$,$p<0.001$)[①],其中玩家的平均值(3.17),远远高于伴侣的平均值(2.80);玩家和伴侣的消极互动结果呈现出 0.01 水平显著性($t=-3.270$, $p<0.01$),其中玩家的平均值(2.48)低于伴侣的平均值(2.73)。表明在亲密关系中,伴侣往往比玩家感受到更多的消极互动结果和更少的积极互动结果。

表 5 - 11 玩家与伴侣的互动结果 t 检验

项　目	序号(平均值±标准差)		t	p
	玩家($n=230$)	伴侣($n=215$)		
积极互动结果	3.17±0.90	2.80±0.87	4.366	0.000***
消极互动结果	2.48±0.80	2.73±0.82	-3.270	0.001**

注: * $p<0.05$, ** $p<0.01$, *** $p<0.001$。

将玩家和伴侣的互动结果分别与相应的亲密关系质量进行相关分析(见表 5 - 12),发现玩家亲密关系质量与积极互动结果之间的相关系数为 0.244($p<0.01$),与消极互动结果之间的相关系数为 -0.395($p<0.01$),表明玩家亲密关系质量与积极互动结果显著正相关,与消极互动结果显著负相关。伴侣亲密关系质量与其积极互动结果之间的相关系数为 0.080($p>0.05$),与消极互动结果之间的相关系数为 -0.308($p<0.01$),表明伴侣亲密关系质量与积极互动结果无关,与消极互动结果显著负相关。

将积极互动结果,消极互动结果作为自变量,而将玩家亲密关系质量作为因变量进行线性回归分析(见图 5 - 2),发现积极互动结果的回归系数值为 0.114($t=2.256$,$p<0.05$),意味着积极互动结果会对玩家亲密关系质量产生显著的正向影响关系。消极互动结果的回归系数值为 -0.319($t=-5.636$,$p=0.000<0.01$),意味着消极互动结果会对玩家亲密关系质量产生显著的负向影响关系。

---

① $t=t$ 检测的统计量值,t 检验是用 t 分布理论来推论差异发生的概率,从而比较两个平均数的差异是否显著。

表 5 - 12 玩家和伴侣亲密关系质量与互动结果的相关分析

项目1	项目2	相关系数
玩家亲密关系质量	积极互动结果	0.244**
	消极互动结果	−0.395**
伴侣亲密关系质量	积极互动结果	0.080
	消极互动结果	−0.308**

注：* $p < 0.05$，** $p < 0.01$。

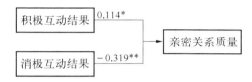

图 5 - 2 互动结果对玩家亲密关系质量的回归模型

将积极互动结果、消极互动结果作为自变量，而将伴侣亲密关系质量作为因变量进行线性回归分析（见图 5 - 3），发现积极互动结果的回归系数值为 0.009（$t = 0.149$，$p = 0.881 > 0.05$），意味着积极互动结果并不会对伴侣亲密关系质量产生影响关系。消极互动结果的回归系数值为 −0.281（$t = −4.549$，$p = 0.000 < 0.01$），意味着消极互动结果会对伴侣亲密关系质量产生显著的负向影响关系。

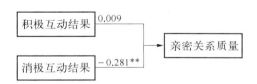

图 5 - 3 互动结果对伴侣亲密关系质量的回归模型

总结可知，在所有人口统计学因素中，女性、伴侣和关系中游戏频率较低的一方往往能感知到更少的积极互动结果，以及更多的消极互动结果。同时，玩家的亲密关系质量同时受到积极互动结果和消极互动结果的影响，但伴侣的亲密关系质量仅受到消极互动结果的影响。说明因游戏行为产生的亲密关系人际互动中的积极结果对玩家的正面意义大于对伴侣的正面意义。

第四节 不同特征人群的依恋类型差异

对不同的人口统计学特征与依恋焦虑进行方差分析,发现性别、年龄、学历均无明显差异。对关系时长与依恋焦虑进行方差分析发现,关系时长对于依恋焦虑呈现出 0.01 水平显著性($F=4.917$,$p<0.01$),其中不同关系持续样本的依恋焦虑水平存在显著差异,各个组别平均值得分差距较大(见图 5-4)。研究结果显示相较于关系时长较长的人,关系时长较短的人更有可能处于更高水平的依恋焦虑中。

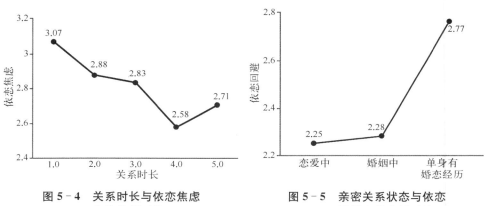

图 5-4 关系时长与依恋焦虑
方差分析对比

图 5-5 亲密关系状态与依恋
回避方差分析对比

对不同的人口统计学特征与依恋回避进行方差分析,发现性别、年龄、学历均无明显差异。对亲密关系状态与依恋回避进行方差分析发现,亲密关系状态对于依恋回避呈现出 0.001 水平显著性($F=30.299$,$p<0.001$),不同婚恋关系状态样本对于依恋回避全部均呈现出显著性差异。其中单身但有过婚恋关系的人的依恋回避明显高于恋爱中与婚姻中的人(见图 5-5)。

与依恋焦虑一样,关系时长对于依恋回避呈现出 0.01 水平显著性($F=5.495$,$p<0.01$),不同关系持续样本对于依恋回避全部均呈现出显著性差异。具体对比差异也与依恋焦虑一样,1 年及 1 年以内亲密关系中的人依恋回避明显高于关系时长更长的人。将亲密关系持续时长与依恋焦虑和依恋回避做相关分析,发现依恋焦虑和关系时长之间的相关系数值为−0.191,并且

呈现出 0.01 水平的显著性,依恋回避和关系持续之间的相关系数值为
−0.188,同样呈现出 0.01 水平的显著性,因而表明依恋焦虑和依恋回避均与
关系时长之间有着显著的负相关关系(见表 5 - 13)。同时,依恋焦虑和依恋回
避之间的相关系数值为 0.331,也呈现出 0.01 水平的显著性,表明依恋焦虑
和依恋回避之间有着显著的正相关关系。这说明亲密关系的持续时间与依恋
类型存在着一定的联系,关系时长越短依恋焦虑和依恋回避越高,人们越有可
能处于不安全依恋中。此外,对依恋焦虑、回避和亲密关系质量做相关分析,
发现焦虑和关系质量之间的相关系数值为−0.335,并且呈现出 0.01 水平的
显著性,回避和关系质量之间的相关系数值为−0.564,并且呈现出 0.01 水平
的显著性,表明依恋焦虑与亲密关系质量显著相关,而依恋回避与亲密关系质
量显著且强相关。

表 5 - 13　依恋焦虑、依恋回避、关系时长和亲密关系质量的相关分析

项　目	M	SD	1	2	3	4
1. 依恋焦虑	2.874	0.783	1			
2. 依恋回避	2.415	0.670	0.331**	1		
3. 关系时长	2.694	1.605	−0.191**	−0.188**	1	
4. 亲密关系质量	3.545	0.737	−0.335**	−0.564**	0.215**	1

注: $* p < 0.05, ** p < 0.01$。

　　总结可知,与前人的研究结果一样,依恋焦虑和依恋回避与关系质量之间均
有着显著的负相关关系。依恋焦虑高的人也更有可能具备更高的依恋回避的特
点。关系持续时间越长,依恋焦虑和回避更低,关系质量越高。可见,具有安全
型依恋风格的人更有可能维持长久且高质量的亲密关系。

　　本章整合了玩家和伴侣双路径中的基本信息,以分析整体样本的亲密关系
质量、互动结果和依恋类型特征。研究发现在婚恋关系中的男性玩家的游戏频
率明显高于女性。在不同游戏频率的关系中,双方游戏频率相同的亲密关系质
量明显高于仅有一方是玩家或双方游戏频率差异较大的关系质量。当游戏频率
存在较大差异时,游戏频率高的一方的关系满意度会高于游戏频率低的一方,即
相对于玩家,伴侣对关系的满意度更容易受到负面影响。同时,在所有人口统计

学因素中,女性、伴侣和关系中游戏频率较低的一方往往能感知到更少的积极互动结果,以及更多的消极互动结果。因游戏行为产生的亲密关系人际互动中的积极结果对玩家的正面意义大于对伴侣的。此外,具有安全型依恋风格的人更有可能维持长久且高质量的亲密关系。

第六章
电子游戏动机在电子游戏行为中的驱动力

第一节　玩家样本的概况

　　游戏动机与游戏行为数据源自 230 份玩家问卷。其中 71.3% 是男性，28.7% 是女性，平均年龄为 26 岁(SD＝6，min＝16，max＝56)。7.39% 的学历为高中及以下，11.74% 的学历为专科，62.17% 的学历为本科，12.17% 的学历为硕士研究生，6.52% 的学历为博士研究生。46.52% 的研究对象正在恋爱中，26.09% 正在婚姻中，27.39% 经历过婚恋关系目前单身。33.48% 的研究对象关系时长为 1 年及以内，20.87% 为 1～2 年(包括 2 年)，13.04% 为 2～3 年(包括 3 年)，9.13% 为 3～4 年(包括 4 年)，23.48% 为 4 年及以上。35.22% 的亲密关系中仅有一方为玩家，41.74% 的亲密关系中一方玩得频率较高另一方较低，23.04% 的亲密关系中双方游戏频率相同。

　　将不同的婚恋关系状态与游戏动机进行方差分析发现，关系状态与"竞争"动机呈现出 0.05 水平显著性($F＝3.654$，$p<0.05$)，而其他 5 项动机则无差异。具体对比可知，正在婚姻中的玩家的"竞争"动机明显低于正在恋爱中和单身有过婚恋关系的玩家。而不同性别、年龄、学历和关系时长的玩家的游戏动机并无明显差异。

　　对性别与游戏行为进行方差分析发现，不同性别样本对于游戏专注度，休闲时间占比，伴侣共同游戏频率不会表现出显著性差异，但对于异性朋友和同性朋友共同游戏的频率均呈现出显著性差异。性别对于同性朋友共同游戏频率呈现出 0.05 水平显著性($F＝5.592$，$p<0.05$)，其中男性的平均值(3.74)

高于女性的平均值(3.39)。性别对于异性朋友共同游戏频率呈现出 0.001 水平显著性($F=19.933$，$p<0.001$)，其中男性的平均值(2.30)低于女性的平均值(2.97)。

不同的婚恋关系状态与游戏行为进行方差分析发现，不同婚恋关系状态样本对于休闲时间占比、伴侣共同游戏频率、异性朋友共同游戏频率 3 项不会表现出显著性差异，但对于游戏专注度($F=3.159$，$p<0.05$)和与同性朋友共同游戏的频率($F=3.510$，$p<0.05$)呈现出显著性差。具体分析可知，正在婚姻中的玩家的游戏专注度($M=3.65\pm0.80$)和同性朋友共同游戏的频率($M=3.37\pm0.97$)明显低于恋爱中($M=3.82\pm0.86$，$M=3.68\pm1.01$)①和单身有过婚恋经历($M=4.02\pm0.73$，$M=3.84\pm1.05$)的玩家，而单身有过婚恋经历的玩家的专注度和同性朋友共同游戏的频率则略高于正在恋爱中的玩家。

研究结果说明相对于女性玩家，男性玩家更多地选择与同性朋友共同游戏，更少地与异性朋友共同游戏。而相较于单身和恋爱中的玩家，已婚玩家"竞争"动机更低，游戏专注度更低，也更少与同性朋友共同游戏。然而，已婚玩家的游戏动机中，"竞争"以外的 5 类动机与其他两种关系类型均无差异，说明已婚玩家的游戏专注度和同性朋友共同游戏频率较低更有可能受到其他因素的影响，而不是游戏动机的影响。

第二节　电子游戏动机对电子游戏行为的影响

对 6 类游戏动机和 5 种游戏行为进行相关分析(见表 6-1)。游戏专注度与 6 类游戏动机之间均呈现出显著性，相关系数值分别是 0.360、0.234、0.213、0.159、0.156($p<0.01$)，并且相关系数值均大于 0，意味着游戏专注度与 6 类游戏动机之间有着正相关关系。休闲时间占比与 6 类游戏动机之间也全部呈现出显著性，相关系数值分别是 0.234、0.206、0.189、0.237、0.306、0.288，并且相关系数值均大于 0，意味着休闲时间占比与 6 类游戏动机之间有着正相关关系。研究结果支持假设 H1a。

_____

① $M=\text{Mean}$，算数平均值。

表 6-1　游戏动机与游戏行为相关分析

项　目	竞争	挑战	社交互动	转移注意力	幻想	唤醒
游戏专注度	0.360**	0.290**	0.297**	0.192**	0.210**	0.347**
休闲时间占比	0.234**	0.206**	0.189**	0.237**	0.306**	0.288**
伴侣共同游戏频率	0.213**	0.178**	0.176**	−0.064	0.058	0.183**
同性朋友共同游戏频率	0.159*	0.131*	0.330**	0.135*	0.123	0.133*
异性朋友共同游戏频率	0.156*	0.100	0.287**	0.130*	0.163*	0.220**

注: * $p < 0.05$, ** $p < 0.01$。

玩家的社交行为中,与伴侣共同游戏的频率与 4 类动机(竞争、挑战、社交互动和唤醒)显著相关。相关系数值分别是 0.213、0.178、0.176、0.183($p < 0.01$),意味着与伴侣共同游戏的频率与 4 类动机之间有着正相关关系。与同性朋友共同游戏的频率仅与幻想之间没有相关关系,与竞争、挑战、社交互动、转移注意力和唤醒之间均呈现出显著性,相关系数值分别是 0.159($p < 0.05$)、0.131($p < 0.05$)、0.330($p < 0.01$)、0.135($p < 0.05$)、0.133($p < 0.05$),意味着与同性朋友共同游戏的频率与竞争、挑战、社交互动、转移注意力和唤醒之间有着正相关关系。与异性朋友共同游戏的频率仅与挑战之间没有相关关系,与其余 5 类动机均呈现出显著性,相关系数值分别是 0.156($p < 0.05$)、0.287($p < 0.01$)、0.130($p < 0.05$)、0.163($p < 0.05$)、0.220($p < 0.01$),意味着与异性朋友共同游戏的频率与竞争、社交互动、转移注意力、幻想和唤醒之间有着正相关关系。研究结果支持 H1b、H1c 和 H1d。

为了进一步分析游戏动机对游戏行为的影响,将游戏动机作为自变量,游戏行为作为因变量分别进行回归分析。研究结果显示,模型 R^2 为 0.223,意味着 6 类游戏动机可以解释游戏专注度 22.3% 的改变(见表 6-2 和图 6-1)。同时,模型通过 F 检验($F = 10.675$, $p < 0.01$),也即表明 6 类游戏动机中至少一项会对游戏专注度产生影响关系,模型构建有意义。

表 6-2　游戏动机与游戏专注度线性回归分析结果($n=230$)

项目	非标准化系数		标准化系数	t	p	VIF	R^2	调整 R^2	F
	B	标准误	β						
常数	1.649	0.307	—	5.380	0.000**	—			
竞争	0.128	0.059	0.162	2.174	0.031*	1.599			
挑战	0.091	0.059	0.108	1.540	0.125	1.409			
社交互动	0.126	0.051	0.157	2.459	0.015*	1.175	0.223	0.202	$F(6, 223)=$ 10.675, $p=0.000$
转移注意力	0.116	0.059	0.120	1.960	0.051	1.075			
幻想	0.049	0.047	0.067	1.035	0.302	1.214			
唤醒	0.117	0.059	0.143	1.990	0.048*	1.482			

注：因变量＝游戏专注度，D-W 值＝2.170，* $p<0.05$，** $p<0.01$。
说明：D-W＝Durbin-Waston 统计方法，DW 值在 2 附近，说明没有自相关性，模型良好。

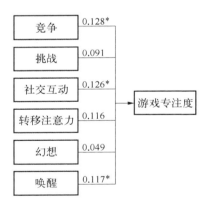

图 6-1　游戏专注度的回归模型图

最终研究结果表明："竞争"的回归系数值为 0.128（$t=2.174$，$p<0.05$），意味着"竞争"会对"游戏专注度"产生显著的积极影响；"挑战"的回归系数值为 0.091（$t=1.540$，$p>0.05$），表明"挑战"并不会对"游戏专注度"产生影响；"社交互动"的回归系数值为 0.126（$t=2.459$，$p<0.05$），表明"社交互动"对"游戏专注度"产生显著的积极影响；"转移注意力"的回归系数值为 0.116（$t=1.960$，$p>0.05$），表明"转移注意力"并不会对"游戏专注度"产生影响；"幻想"的回归系数值为 0.049（$t=1.035$，$p>0.05$），表明"幻想"并不会对"游戏专注度"产生影响；"唤醒"的回归系数值为 0.117（$t=1.990$，$p<0.05$），表明"唤醒"会对"游戏专注度"产生显著的积极影响。整体而言，"竞争""社交互动"和"唤醒"会对"游戏专注度"产生显著的积极影响，但是"挑战"

"转移注意力"和"幻想"并不会对"游戏专注度"产生影响。

将"休闲时间占比"作为因变量,游戏动机作为自变量进行回归分析,发现模型 R^2 为 0.177,表明 6 类游戏动机可以解释休闲时间占比的 17.7% 变化原因(见表 6-3 和图 6-2),且模型通过 F 检验($F=7.982$, $p<0.01$)。研究结果显示:"竞争"的回归系数值为 0.059($t=0.762$, $p>0.05$),表明"竞争"并不会对"休闲时间占比"产生影响;"挑战"的回归系数值为 0.106($t=1.363$, $p>0.05$),表明"挑战"并不会对"休闲时间占比"产生影响;"社交互动"的回归系数值为 0.071($t=1.065$, $p>0.05$),表明"社交互动"并不会对"休闲时间占比"产生影响;"转移注意力"的回归系数值为 0.187($t=2.409$, $p<0.05$),表明"转移注意力"会对"休闲时间占比"产生显著的积极影响;"幻想"的回归系数值为 0.188($t=3.031$, $p<0.01$),说明"幻想"会对"休闲时间占比"产生显著的积极影响;"唤醒"的回归系数值为 0.114($t=1.479$, $p>0.05$),表明"唤醒"并不会对"休闲时间占比"产生影响。整体而言,"转移注意力"和"幻想"会对"休闲时间占比"产生显著的积极影响。但是"竞争""挑战""社交互动"和"唤醒"并不会对"休闲时间占比"产生影响。

表 6-3　游戏动机与休闲时间占比线性回归分析结果($n=230$)

项目	非标准化系数		标准化系数	t	p	VIF	R^2	调整 R^2	F
	B	标准误	β						
常数	0.875	0.402	—	2.176	0.031*	—			
竞争	0.059	0.077	0.059	0.762	0.447	1.599			
挑战	0.106	0.078	0.098	1.363	0.174	1.409			
社交互动	0.071	0.067	0.070	1.065	0.288	1.175	0.177	0.155	$F(6, 223)=$ 7.982, $p=0.000$
转移注意力	0.187	0.077	0.152	2.409	0.017*	1.075			
幻想	0.188	0.062	0.203	3.031	0.003**	1.214			
唤醒	0.114	0.077	0.109	1.479	0.141	1.482			

注:因变量=休闲时间占比,D-W 值=1.816, * $p<0.05$, ** $p<0.01$。

说明:D-W=Durbin-Waston 统计方法,DW 值在 2 附近,说明没有自相关性,模型良好。

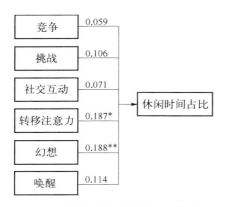

图 6 - 2　休闲时间占比的回归模型图

将"伴侣共同游戏频率"作为因变量，6类游戏动机作为自变量进行回归分析，发现"竞争"（$t=1.335$，$p>0.05$），"挑战"（$t=1.013$，$p>0.05$），"社交互动"（$t=1.411$，$p>0.05$），"转移注意力"（$t=-1.538$，$p>0.05$），"幻想"（$t=0.162$，$p>0.05$），"唤醒"（$t=1.118$，$p>0.05$)均不会对"伴侣同游戏频率"产生影响。

将"同性朋友共同游戏频率"作为因变量，6类游戏动机作为自变量进行回归分析，发现"社交互动"（$t=4.491$，$p<0.001$）会对"同性朋友共同游戏频率"产生显著的积极影响。而"竞争"（$t=0.312$，$p>0.05$），"挑战"（$t=0.634$，$p>0.05$），"转移注意力"（$t=1.666$，$p>0.05$），"幻想"（$t=0.572$，$p>0.05$），"唤醒"（$t=-0.249$，$p>0.05$）均不会对"同性朋友共同游戏频率"产生影响。

将"异性朋友共同游戏频率"作为因变量，6类游戏动机作为自变量进行回归分析，发现"竞争"（$t=0.144$，$p>0.05$），"挑战"（$t=-0.115$，$p>0.05$），"转移注意力"（$t=1.330$，$p>0.05$），"幻想"（$t=0.817$，$p>0.05$），"唤醒"（$t=1.466$，$p>0.05$）均不会对"异性朋友共同游戏频率"产生影响。而"社交互动"的回归系数值为 0.248（$t=3.452$，$p<0.01$），表明其会对"异性朋友共同游戏频率"产生显著的积极影响。

以上回归分析的结果表明，"竞争""社交互动"和"唤醒"会"游戏专注度"产生积极影响，"转移注意力"和"幻想"会对"休闲时间占比"产生积极影响，"伴侣共同游戏频率"不受游戏动机影响，"社交互动"会对"同性朋友共同游戏频率"和"异性朋友共同游戏频率"产生积极影响。

尽管游戏专注度和休闲时间占比与6类动机均显著正相关，但游戏专注度主要受到3类游戏动机（竞争、社交互动、唤醒）的影响，休闲时间占比主要受到2类游戏动机（转移注意力、幻想）的影响。出于社交目的，玩家更容易选择与同性或异性朋友共同游戏。而与伴侣共同游戏频率不受任何游戏动机影响，甚至不受社交动机的影响，说明玩家与伴侣共同游戏并不是为了满足某种游戏动机。

第三节 依恋类型在电子游戏动机
驱动过程中的调节效应

首先,将依恋焦虑和依恋回避分别与游戏动机和游戏行为进行相关分析(见表 6 - 4 和表 6 - 5)发现,"依恋焦虑"与"竞争"($p<0.01$)和"幻想"($p<0.01$)两类游戏动机显著正相关,而依恋回避与"幻想"($p<0.01$)显著正相关。"依恋焦虑"与"休闲时间占比"($p<0.05$)和"异性朋友共同游戏频率"($p<0.01$)显著正相关,而依恋回避则与游戏行为均无相关关系。

表 6 - 4 玩家依恋类型与游戏动机的相关分析

项　　目	竞争	挑战	社交互动	转移注意力	幻想	唤醒
依恋焦虑	0.193**	0.101	0.007	0.081	0.193**	0.123
依恋回避	−0.026	−0.114	−0.019	−0.022	0.170**	0.022

注：* $p<0.05$，** $p<0.01$。

表 6 - 5 玩家依恋类型与游戏行为的相关分析

项　　目	游戏专注度	休闲时间占比	伴侣共同游戏频率	同性朋友共同游戏频率	异性朋友共同游戏频率
依恋焦虑	0.032	0.159*	0.043	−0.001	0.289**
依恋回避	0.022	−0.014	−0.087	−0.033	0.051

注：* $p<0.05$，** $p<0.01$。

其次,将游戏动机作为自变量,游戏行为作为因变量,依恋焦虑和依恋回避作为调节变量,同时对自变量和调节变量做中心化处理,将性别、年龄和学历作为控制变量,逐项进行调节效应分析。调节作用分为 3 个模型,模型 1 中包括自变量(游戏动机),以及性别、年龄、学历等 3 个控制变量;模型 2 在模型 1 的基础上加入调节变量(依恋焦虑和依恋回避),模型 3 在模型 2 的基础上加入游戏动机与依恋类型的乘积项。

　　具体分析结果如下,将"竞争"作为自变量,"异性朋友共同游戏频率"作为因变量,"依恋焦虑"作为调节变量,性别、年龄和学历作为控制变量,发现在模型 1 中自变量呈现出显著性($t=2.254$,$p<0.05$),意味着"竞争"对于"异性朋友共同游戏频率"会产生显著影响关系。在模型 3 中"竞争"与"依恋焦虑"的交互项呈现出显著性($t=4.179$,$p<0.001$),意味着"竞争"对于"异性朋友共同游戏频率"影响时,不同依恋焦虑水平的影响程度存在显著差异(见表 6-6)。由图 6-3 可知,依恋焦虑水平较低(M−1SD)的被试"竞争"对"异性朋友共同游戏频率"具有负向预测功能;而对依恋焦虑水平较高的被试(M+1SD),"竞争"对"异性朋友共同游戏频率"具有显著正向预测功能。

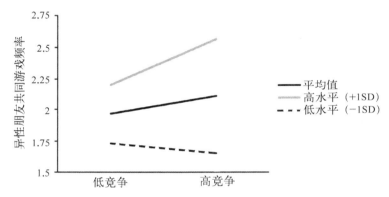

图 6-3　依恋焦虑在竞争和异性朋友共同游戏频率之间的调节作用

　　将"挑战"作为自变量,"异性朋友共同游戏频率"作为因变量,"依恋焦虑"作为调节变量,性别、年龄和学历作为控制变量,发现在模型 1 中自变量呈现出显著性($t=1.708$,$p>0.05$)意味着不考虑调节变量(依恋焦虑)的影响时,"挑战"对于"异性朋友共同游戏频率"并不会产生显著影响关系。在模型 3 中"挑战"与依恋焦虑的交互项呈现出显著性($t=2.796$,$p<0.01$)。意味着"挑战"对于"异性朋友共同游戏频率"影响时,不同依恋焦虑水平的影响程度存在显著差异(见表 6-7)。由图 6-4 可知,依恋焦虑水平较低(M−1SD)的被试"挑战"对"异性朋友共同游戏频率"具有显著负向预测功能;而对依恋焦虑水平较高的被试(M+1SD),"挑战"对"异性朋友共同游戏频率"具有显著正向预测功能。

　　将"社交互动"作为自变量,"异性朋友共同游戏频率"作为因变量,"依恋焦

表6-6 依恋焦虑对竞争和异性朋友共同游戏频率关系的调节效应检验 ($n=230$)

项目	模型1					模型2					模型3				
	B	标准误差	t	p	β	B	标准误差	t	p	β	B	标准误差	t	p	β
常数	2.017	0.420	4.800	0.000***	—	1.859	0.410	4.535	0.000***	—	1.963	0.396	4.953	0.000***	—
性别	0.656	0.150	4.381	0.000***	0.277	0.616	0.146	4.228	0.000***	0.260	0.584	0.141	4.144	0.000***	0.247
年龄	-0.007	0.011	-0.589	0.556	-0.038	-0.001	0.011	-0.072	0.943	-0.004	-0.001	0.011	-0.057	0.954	-0.003
学历	-0.066	0.076	-0.871	0.385	-0.055	-0.047	0.074	-0.634	0.527	-0.039	-0.084	0.072	-1.172	0.242	-0.070
竞争	0.149	0.066	2.254	0.025*	0.143	0.105	0.065	1.600	0.111	0.100	0.142	0.064	2.229	0.027*	0.136
依恋焦虑						0.327	0.085	3.869	0.000***	0.245	0.295	0.082	3.598	0.000***	0.221
竞争*依恋焦虑											0.277	0.066	4.179	0.000***	0.252
R^2			0.106					0.162					0.223		
调整R^2			0.090					0.144					0.202		
F值	$F_{(4, 225)}=6.686, p=0.000$					$F_{(5, 224)}=8.675, p=0.000$					$F_{(6, 223)}=10.671, p=0.000$				
ΔR^2			0.106					0.056					0.061		
ΔF值	$F_{(4, 225)}=6.686, p=0.000$					$F_{(1224)}=14.969, p=0.000$					$F_{(1, 223)}=17.463, p=0.000$				

注: 因变量=异性朋友共同游戏频率。* $p<0.05$, ** $p<0.01$, *** $p<0.001$。

表6-7 依恋焦虑对挑战和异性朋友共同游戏频率关系的调节效应检验（$n=230$）

项目	模型1					模型2					模型3				
	B	标准误差	t	p	β	B	标准误差	t	p	β	B	标准误差	t	p	β
常数	2.007	0.423	4.743	0.000***	—	1.840	0.411	4.474	0.000***	—	1.918	0.406	4.722	0.000***	—
性别	0.677	0.151	4.497	0.000***	0.286	0.630	0.146	4.312	0.000***	0.266	0.617	0.144	4.282	0.000***	0.261
年龄	−0.009	0.011	−0.806	0.421	−0.051	−0.002	0.011	−0.196	0.845	−0.012	−0.002	0.011	−0.229	0.819	−0.014
学历	−0.050	0.076	−0.661	0.509	−0.042	−0.035	0.074	−0.469	0.640	−0.029	−0.058	0.073	−0.790	0.430	−0.048
挑战	0.121	0.071	1.708	0.089	0.109	0.094	0.069	1.364	0.174	0.084	0.087	0.068	1.277	0.203	0.078
依恋焦虑						0.340	0.084	4.061	0.000***	0.255	0.288	0.085	3.400	0.001**	0.215
挑战*依恋焦虑											0.221	0.079	2.796	0.006**	0.174
R^2			0.098					0.160					0.188		
调整 R^2			0.082					0.141					0.166		
F 值	$F_{(4, 225)}=6.095, p=0.000$					$F_{(5, 224)}=8.510, p=0.000$					$F_{(6, 223)}=8.611, p=0.000$				
ΔR^2			0.098					0.062					0.028		
ΔF 值	$F_{(4, 225)}=6.095, p=0.000$					$F_{(1, 224)}=16.491, p=0.000$					$F_{(1, 223)}=7.817, p=0.006$				

注：因变量＝异性朋友共同游戏频率，* $p<0.05$，** $p<0.01$，*** $p<0.001$。

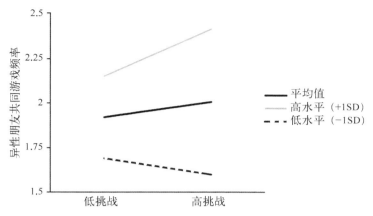

图 6 - 4　依恋焦虑在挑战和异性朋友共同游戏频率之间的调节作用

虑"作为调节变量,性别、年龄和学历作为控制变量,发现在模型 1 中自变量呈现出显著性($t=4.949$,$p<0.001$),意味着"社交互动"对于"异性朋友共同游戏频率"会产生显著影响关系。在模型 3 中"社交互动"与依恋焦虑的交互项呈现出显著性($t=3.580$,$p<0.001$)。意味着"社交互动"对于"异性朋友共同游戏频率"影响时,不同依恋焦虑水平的影响程度存在显著差异(见表 6 - 8)。由图 6 - 5 可知,依恋焦虑水平较低(M－1SD)的被试"社交互动"对"异性朋友共同游戏频率"具有显著正向预测功能;而对依恋焦虑水平较高的被试(M＋1SD),"社交互动"对"异性朋友共同游戏频率"也具有显著正向预测功能,并且预测作用更大。

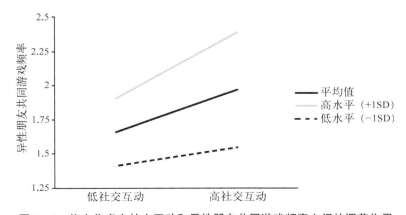

图 6 - 5　依恋焦虑在社交互动和异性朋友共同游戏频率之间的调节作用

表 6 - 8 依恋焦虑对社交互动和异性朋友共同游戏频率关系的调节效应检验 ($n=230$)

项目	模型 1					模型 2					模型 3				
	B	标准误差	t	p	β	B	标准误差	t	p	β	B	标准误差	t	p	β
常数	1.832	0.406	4.514	0.000^{***}	—	1.646	0.392	4.197	0.000^{***}	—	1.657	0.382	4.336	0.000^{***}	—
性别	0.712	0.144	4.938	0.000^{***}	0.301	0.665	0.139	4.794	0.000^{***}	0.281	0.664	0.135	4.906	0.000^{*}	0.281
年龄	-0.007	0.011	-0.663	0.508	-0.040	0.000	0.010	0.020	0.984	0.001	0.002	0.010	0.209	0.834	0.012
学历	-0.023	0.073	-0.321	0.749	-0.020	-0.005	0.070	-0.078	0.938	-0.005	-0.026	0.069	-0.375	0.708	-0.022
社交互动	0.317	0.064	4.949	0.000^{***}	0.302	0.318	0.062	5.162	0.000^{***}	0.303	0.311	0.060	5.173	0.000^{***}	0.296
依恋焦虑						0.352	0.079	4.450	0.000^{***}	0.263	0.307	0.078	3.926	0.000^{***}	0.230
社交互动*依恋焦虑											0.220	0.062	3.580	0.000^{***}	0.207
R^2			0.176					0.243					0.284		
调整 R^2			0.161					0.226					0.265		
F 值			$F(4, 225)=11.997, p=0.000$					$F(5, 224)=14.360, p=0.000$					$F(6, 223)=14.734, p=0.000$		
ΔR^2			0.176					0.067					0.041		
ΔF 值			$F(4, 225)=11.997, p=0.000$					$F(1, 224)=19.801, p=0.000$					$F(1, 223)=12.819, p=0.000$		

注: 因变量=异性朋友共同游戏频率，$*p<0.05$，$**p<0.01$，$***p<0.001$。

将"幻想"作为自变量,"异性朋友共同游戏频率"作为因变量,"依恋焦虑"作为调节变量,性别、年龄和学历作为控制变量,发现在模型 1 中自变量呈现出显著性($t=2.958$,$p<0.01$),意味着"幻想"对于"异性朋友共同游戏频率"会产生显著影响关系。在模型 3 中"幻想"与依恋焦虑的交互项呈现出显著性($t=2.242$,$p<0.05$)。意味着"幻想"对于"异性朋友共同游戏频率"影响时,不同依恋焦虑水平的影响程度存在显著差异(见表 6-9)。由图 6-6 可知,依恋焦虑水平较低(M-1SD)的被试"幻想"对"异性朋友共同游戏频率"具有正向预测功能,但预测作用较弱;而对依恋焦虑水平较高的被试(M+1SD),"幻想"对"异性朋友共同游戏频率"也具有显著正向预测功能,并且预测作用更大。

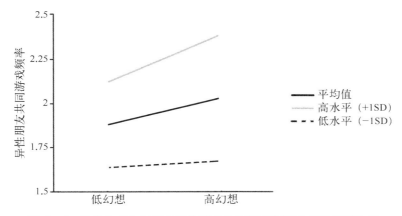

图 6-6　依恋焦虑在幻想和异性朋友共同游戏频率之间的调节作用

将"唤醒"作为自变量,"异性朋友共同游戏频率"作为因变量,"依恋焦虑"作为调节变量,性别、年龄和学历作为控制变量,发现在模型 1 中自变量呈现出显著性($t=3.334$,$p<0.01$),意味着"唤醒"对于"异性朋友共同游戏频率"会产生显著影响关系。在模型 3 中"唤醒"与依恋焦虑的交互项呈现出显著性($t=4.013$,$p<0.001$)。意味着"唤醒"对于"异性朋友共同游戏频率"影响时,不同依恋焦虑水平的影响程度存在显著差异(见表 6-10)。由图 6-7 可知,依恋焦虑水平较低(M-1SD)的被试"唤醒"对"异性朋友共同游戏频率"具有负向预测功能;而对依恋焦虑水平较高的被试(M+1SD),"唤醒"对"异性朋友共同游戏频率"则具有显著正向预测功能。

将"竞争"作为自变量,"同性朋友共同游戏频率"作为因变量,"依恋焦虑"作

表 6-9 依恋焦虑对竞争和异性朋友共同游戏频率关系的调节效应检验 ($n=230$)

项目	模型 1					模型 2					模型 3				
	B	标准误差	t	p	β	B	标准误差	t	p	β	B	标准误差	t	p	β
常数	1.990	0.417	4.768	0.000***	—	1.843	0.408	4.519	0.000***	—	1.877	0.405	4.641	0.000***	—
性别	0.703	0.149	4.712	0.000***	0.297	0.652	0.146	4.478	0.000***	0.276	0.642	0.144	4.445	0.000***	0.271
年龄	-0.009	0.011	-0.804	0.422	-0.050	-0.003	0.011	-0.240	0.810	-0.015	-0.002	0.011	-0.230	0.818	-0.014
学历	-0.057	0.075	-0.755	0.451	-0.047	-0.041	0.073	-0.559	0.577	-0.034	-0.057	0.073	-0.784	0.434	-0.048
幻想	0.178	0.060	2.958	0.003**	0.186	0.134	0.060	2.239	0.026*	0.140	0.148	0.060	2.485	0.014*	0.154
依恋焦虑						0.313	0.084	3.710	0.000***	0.235	0.303	0.084	3.609	0.000***	0.227
幻想 * 依恋焦虑											0.137	0.061	2.242	0.026*	0.137
R^2			0.120					0.171					0.189		
调整 R^2			0.105					0.153					0.168		
F 值			$F_{(4, 225)} = 7.691, p = 0.000$					$F_{(5, 224)} = 9.254, p = 0.000$					$F_{(6, 223)} = 8.688, p = 0.000$		
ΔR^2			0.120					0.051					0.018		
ΔF 值			$F_{(4, 225)} = 7.691, p = 0.000$					$F_{(1, 224)} = 13.764, p = 0.000$					$F_{(1, 223)} = 5.028, p = 0.026$		

注：因变量＝异性朋友共同游戏频率，* $p<0.05$，** $p<0.01$，*** $p<0.001$。

表 6 - 10　依恋焦虑对唤醒和异性朋友共同游频率关系的调节效应检验（$n=230$）

项目	模型 1					模型 2					模型 3				
	B	标准误差	t	p	β	B	标准误差	t	p	β	B	标准误差	t	p	β
常数	1.955	0.416	4.703	0.000***	—	1.797	0.405	4.438	0.000***	—	1.966	0.394	4.988	0.000***	—
性别	0.657	0.148	4.442	0.000***	0.278	0.615	0.144	4.282	0.000***	0.260	0.581	0.139	4.167	0.000***	0.245
年龄	−0.006	0.011	−0.583	0.560	−0.037	−0.000	0.011	−0.011	0.992	−0.001	−0.003	0.011	−0.276	0.782	−0.016
学历	−0.047	0.075	−0.625	0.532	−0.039	−0.032	0.073	−0.435	0.664	−0.026	−0.057	0.071	−0.810	0.419	−0.048
唤醒	0.224	0.067	3.334	0.001**	0.209	0.197	0.066	3.002	0.003**	0.183	0.184	0.064	2.899	0.004**	0.171
依恋焦虑						0.325	0.083	3.936	0.000***	0.243	0.300	0.080	3.748	0.000***	0.225
唤醒 * 依恋焦虑											0.253	0.063	4.013	0.000***	0.237
R^2	0.129					0.185					0.240				
调整 R^2	0.114					0.167					0.220				
F 值	$F_{(4, 225)}=8.338, p=0.000$					$F_{(5, 224)}=10.198, p=0.000$					$F_{(6, 223)}=11.755, p=0.000$				
ΔR^2	0.129					0.056					0.055				
ΔF 值	$F_{(4, 225)}=8.338, p=0.000$					$F_{(1, 224)}=15.493, p=0.000$					$F_{(1, 223)}=16.101, p=0.000$				

注：因变量=异性朋友共同游戏频率。* $p<0.05$，** $p<0.01$，*** $p<0.001$。

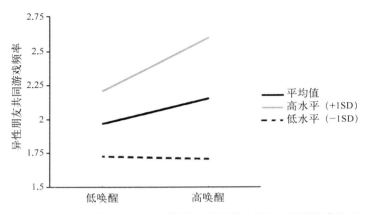

图 6 - 7　依恋焦虑在幻想和异性朋友共同游戏频率之间的调节作用

为调节变量,性别、年龄和学历作为控制变量,发现在模型 1 中自变量呈现出显著性($t=2.288$,$p<0.05$),意味着"竞争"对于"同性朋友共同游戏频率"会产生显著影响关系。在模型 3 中"竞争"与依恋焦虑的交互项呈现出显著性($t=3.270$,$p<0.001$)。意味着"竞争"对于"同性朋友共同游戏频率"影响时,不同依恋焦虑水平的影响程度存在显著差异(见表 6 - 11)。由图 6 - 8 可知,依恋焦虑水平较低(M—1SD)的被试"竞争"对"同性朋友共同游戏频率"没有明显差异;而对依恋焦虑水平较高的被试(M+1SD),"竞争"对"同性朋友共同游戏频率"则具有显著正向预测功能。

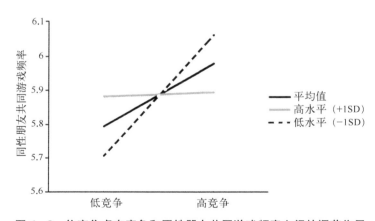

图 6 - 8　依恋焦虑在竞争和同性朋友共同游戏频率之间的调节作用

将"幻想"作为自变量,"同性朋友共同游戏频率"作为因变量,"依恋焦虑"作为调节变量,性别、年龄和学历作为控制变量,发现在模型 1 中自变量呈现出显

表6-11 依恋焦虑对竞争和同性朋友共同游戏频率关系的调节效应检验（$n=230$）

项目	模型 1					模型 2					模型 3				
	B	标准误差	t	p	β	B	标准误差	t	p	β	B	标准误差	t	p	β
常数	5.672	0.397	14.305	0.000**	—	5.713	0.398	14.338	0.000**	—	5.794	0.391	14.822	0.000**	—
性别	−0.389	0.141	−2.752	0.006**	−0.172	−0.379	0.142	−2.672	0.008**	−0.167	−0.404	0.139	−2.905	0.004**	−0.178
年龄	−0.039	0.011	−3.648	0.000**	−0.230	−0.040	0.011	−3.755	0.000**	−0.239	−0.040	0.010	−3.821	0.000**	−0.238
学历	−0.173	0.072	−2.409	0.017*	−0.150	−0.178	0.072	−2.473	0.014*	−0.155	−0.206	0.071	−2.914	0.004**	−0.180
竞争	0.143	0.063	2.288	0.023*	0.144	0.155	0.064	2.434	0.016*	0.155	0.184	0.063	2.922	0.004**	0.184
依恋焦虑						−0.084	0.082	−1.027	0.305	−0.066	−0.109	0.081	−1.352	0.178	−0.086
竞争＊依恋焦虑											0.214	0.065	3.270	0.001**	0.203
R^2	0.130					0.134					0.173				
调整 R^2	0.114					0.114					0.151				
F 值	$F(4, 225)=8.371, p=0.000$					$F(5, 224)=6.910, p=0.000$					$F(6, 223)=7.789, p=0.000$				
ΔR^2	0.130					0.004					0.040				
ΔF 值	$F(4, 225)=8.371, p=0.000$					$F(1, 224)=1.055, p=0.305$					$F(1, 223)=10.691, p=0.001$				

注：因变量＝同性朋友共同游戏频率。* $p<0.05$，** $p<0.01$，*** $p<0.001$。

著性($t=1.637$，$p>0.05$)，意味着不考虑调节变量(依恋焦虑)的影响时，"幻想"对于"同性朋友共同游戏频率"并不会产生显著影响关系。在模型3中"幻想"与依恋焦虑的交互项呈现出显著性($t=2.962$，$p<0.01$)。意味着"幻想"对于"同性朋友共同游戏频率"影响时，不同依恋焦虑水平的影响程度存在显著差异(见表6-12)。由图6-9可知，依恋焦虑水平较低(M-1SD)的被试"幻想"对"同性朋友共同游戏频率"有负向预测功能；而对依恋焦虑水平较高的被试(M+1SD)，"幻想"对"同性朋友共同游戏频率"则具有显著正向预测功能，且预测作用更大。

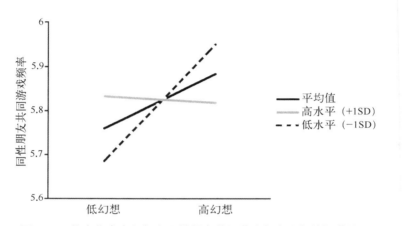

图6-9　依恋焦虑在幻想和同性朋友共同游戏频率之间的调节作用

将"唤醒"作为自变量，"同性朋友共同游戏频率"作为因变量，"依恋焦虑"作为调节变量，性别、年龄和学历作为控制变量，发现在模型1中自变量呈现出显著性($t=1.716$，$p>0.05$)，意味着"唤醒"对于"同性朋友共同游戏频率"不会产生显著影响关系。在模型3中"唤醒"与依恋焦虑的交互项呈现出显著性($t=3.957$，$p<0.001$)。意味着"唤醒"对于"同性朋友共同游戏频率"影响时，不同依恋焦虑水平的影响程度存在显著差异(见表6-13)。由图6-10可知，依恋焦虑水平较低(M-1SD)的被试"唤醒"对"同性朋友共同游戏频率"具有负向预测功能；而对依恋焦虑水平较高的被试(M+1SD)，"唤醒"对"同性朋友共同游戏频率"则具有显著正向预测功能，且预测作用更大。

将"社交互动"作为自变量，"同性朋友共同游戏频率"作为因变量，"依恋回避"作为调节变量，性别、年龄和学历作为控制变量，发现在模型1中自变量呈现出显著性($t=4.925$，$p<0.001$)，意味着"社交互动"对于"同性朋友共同游戏频

表6-12 依恋焦虑对幻想和同性朋友共同游戏频率关系的调节效应检验（$n=230$）

项目	模型1					模型2					模型3				
	B	标准误差	t	p	β	B	标准误差	t	p	β	B	标准误差	t	p	β
常数	5.677	0.399	14.230	0.000***	—	5.714	0.401	14.251	0.000***	—	5.759	0.394	14.599	0.000***	—
性别	-0.361	0.143	-2.529	0.012*	-0.159	-0.348	0.143	-2.429	0.016*	-0.154	-0.361	0.141	-2.563	0.011*	-0.160
年龄	-0.041	0.011	-3.900	0.000***	-0.245	-0.043	0.011	-3.999	0.000***	-0.254	-0.043	0.011	-4.052	0.000***	-0.253
学历	-0.164	0.072	-2.279	0.024*	-0.143	-0.168	0.072	-2.329	0.021*	-0.146	-0.189	0.071	-2.652	0.009**	-0.165
幻想	0.094	0.058	1.637	0.103	0.103	0.105	0.059	1.793	0.074	0.115	0.124	0.058	2.129	0.034*	0.135
依恋焦虑						-0.079	0.083	-0.947	0.344	-0.062	-0.092	0.082	-1.131	0.259	-0.072
幻想*依恋焦虑											0.176	0.060	2.962	0.003**	0.184
R^2	0.120					0.123					0.156				
调整R^2	0.104					0.104					0.134				
F值	$F_{(4, 225)}=7.654, p=0.000$					$F_{(5, 224)}=6.300, p=0.000$					$F_{(6, 223)}=6.894, p=0.000$				
ΔR^2	0.120					0.004					0.033				
ΔF值	$F_{(4, 225)}=7.654, p=0.000$					$F_{(1, 224)}=0.898, p=0.344$					$F_{(1, 223)}=8.770, p=0.003$				

注：因变量=同性朋友共同游戏频率，$p<0.05$，** $p<0.01$，*** $p<0.001$。

表6-13 依恋焦虑对唤醒和同性朋友共同游戏频率关系的调节效应检验（$n=230$）

项目	模型1					模型2					模型3				
	B	标准误差	t	p	β	B	标准误差	t	p	β	B	标准误差	t	p	β
常数	5.663	0.399	14.183	0.000***	—	5.694	0.402	14.180	0.000***	—	5.860	0.391	14.976	0.000***	—
性别	-0.384	0.142	-2.708	0.007**	-0.170	-0.376	0.142	-2.640	0.009**	-0.166	-0.410	0.138	-2.966	0.003**	-0.181
年龄	-0.040	0.011	-3.776	0.000***	-0.238	-0.041	0.011	-3.848	0.000***	-0.246	-0.044	0.010	-4.226	0.000***	-0.262
学历	-0.159	0.072	-2.210	0.028*	-0.139	-0.162	0.072	-2.247	0.026*	-0.141	-0.187	0.070	-2.668	0.008**	-0.163
唤醒	0.111	0.065	1.716	0.087	0.108	0.116	0.065	1.789	0.075	0.113	0.104	0.063	1.648	0.101	0.101
依恋焦虑						-0.065	0.082	-0.788	0.431	-0.051	-0.089	0.080	-1.113	0.267	-0.069
唤醒 * 依恋焦虑											0.248	0.063	3.957	0.000***	0.243
R^2	0.121					0.123					0.181				
调整 R^2	0.105					0.104					0.159				
F值	$F_{(4, 225)}=7.729, p=0.000$					$F_{(5, 224)}=6.297, p=0.000$					$F_{(6, 223)}=8.201, p=0.000$				
ΔR^2	0.121					0.002					0.058				
ΔF值	$F_{(4, 225)}=7.729, p=0.000$					$F_{(1, 224)}=0.621, p=0.431$					$F_{(1, 223)}=15.660, p=0.000$				

注: 因变量=同性朋友共同游戏频率。* $p<0.05$, ** $p<0.01$, *** $p<0.001$。

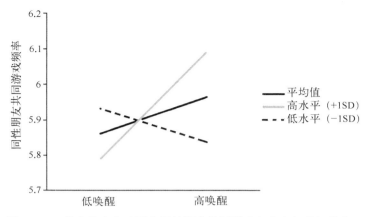

图 6 - 10 依恋焦虑在唤醒和同性朋友共同游戏频率之间的调节作用

率"会产生显著影响关系。在模型 3 中"社交互动"与依恋回避的交互项呈现出显著性($t = -2.109$，$p < 0.05$)。意味着"社交互动"对于"同性朋友共同游戏频率"影响时，不同依恋回避水平的影响程度存在显著差异(见表 6 - 14)。由图 6 - 11 可知，依恋回避水平较低(M−1SD)的被试"社交互动"对"同性朋友共同游戏频率"具有正向预测功能；而对依恋回避水平较高的被试(M+1SD)，"社交互动"对"同性朋友共同游戏频率"则具有显著正向预测功能，且预测作用更大。

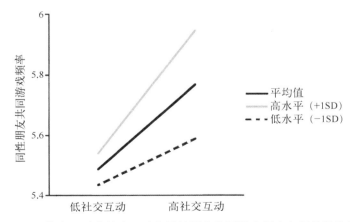

图 6 - 11 依恋回避在社交互动和同性朋友共同游戏频率之间的调节作用

将"转移注意力"作为自变量，"游戏专注度"作为因变量，"依恋回避"作为调节变量，性别、年龄和学历作为控制变量，发现在模型 1 中自变量呈现出显著性

表 6 - 14　依恋回避对社交互动和同性朋友共同游频率关系的调节效应检验（n=230）

项目	模型 1					模型 2					模型 3				
	B	标准误差	t	p	β	B	标准误差	t	p	β	B	标准误差	t	p	β
性别	-0.337	0.136	-2.476	0.014*	-0.149	-0.344	0.136	-2.523	0.012*	-0.152	-0.335	0.135	-2.473	0.014*	-0.148
年龄	-0.039	0.010	-3.873	0.000***	-0.233	-0.040	0.010	-3.909	0.000***	-0.235	-0.039	0.010	-3.874	0.000***	-0.232
学历	-0.132	0.069	-1.917	0.057	-0.115	-0.134	0.069	-1.944	0.053	-0.117	-0.132	0.069	-1.919	0.056	-0.115
社交互动	0.298	0.060	4.925	0.000***	0.297	0.296	0.061	4.896	0.000***	0.295	0.280	0.061	4.624	0.000***	0.279
依恋回避						-0.080	0.094	-0.856	0.393	-0.051	-0.080	0.093	-0.864	0.389	-0.051
社交互动 *依恋回避											-0.193	0.091	-2.109	0.036*	-0.126
R^2			0.196					0.199					0.214		
调整 R^2			0.182					0.181					0.193		
F 值	$F(4, 225)=13.711, p=0.000$					$F(5, 224)=11.102, p=0.000$					$F(6, 223)=10.136, p=0.000$				
ΔR^2			0.196					0.003					0.016		
ΔF 值	$F(4, 225)=13.711, p=0.000$					$F(1, 224)=0.733, p=0.393$					$F(1, 223)=4.450, p=0.036$				

注：因变量=同性朋友共同游戏频率，* $p<0.05$，** $p<0.01$，*** $p<0.001$。

($t=2.950$，$p<0.01$)，意味着"转移注意力"对于"游戏专注度"会产生显著影响关系。在模型 3 中"转移注意力"与依恋回避的交互项呈现出显著性($t=4.677$，$p<0.001$)。意味着"社交互动"对于"游戏专注度"影响时，不同依恋回避水平的影响程度存在显著差异(见表 6－15)。由图 6－12 可知，依恋回避水平较低(M−1SD)的被试"转移注意力"对"游戏专注度"具有负向预测功能；而对依恋回避水平较高的被试(M+1SD)，"转移注意力"对"游戏专注度"则具有显著正向预测功能。研究结果部分支持 H6。

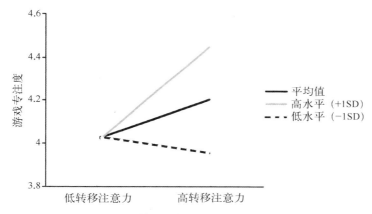

图 6－12　依恋回避在转移注意力和游戏专注度之间的调节作用

　　总结可知，依恋焦虑对游戏动机和游戏专注度、休闲时间占比以及伴侣共同游戏频率之间的关系没有调节作用。但依恋焦虑调节了 5 类游戏动机(竞争、挑战、社交互动、幻想、唤醒)和异性朋友共同游戏频率之间的关系，还调节了 3 类游戏动机(竞争、幻想、唤醒)和同性朋友共同游戏频率之间的关系。整体而言依恋焦虑的水平越高，这些动机越能正向预测相应的游戏行为。

　　在 6 类动机中，"幻想"与依恋焦虑和依恋回避均显著正相关，说明具有不安全依恋风格的人更可能出于"幻想"的动机参与电子游戏。同时，依恋焦虑高的人也更可能出于"竞争"动机参与游戏，并表现出更高的休闲时间占比，也更可能与异性朋友共同游戏。

　　整体而言，对于具有高依恋焦虑水平的人，5 类动机对"异性朋友共同游戏频率"的正向影响越大；而对于焦虑水平较低的人，5 类动机对"异性朋友共同游戏频率"并没有太大的影响，"竞争"和"挑战"甚至表现出了负向预测作用。对于具有高依恋回避水平的人，"社交互动"对"同性朋友共同游戏频率"的正向影响

表6-15 依恋回避对转移注意力和游戏专注度关系的调节效应检验（$n=230$）

项目	模型1					模型2					模型3				
	B	标准误差	t	p	β	B	标准误差	t	p	β	B	标准误差	t	p	β
常数	4.233	0.330	12.809	0.000***	—	4.225	0.332	12.720	0.000***	—	4.024	0.321	12.554	0.000***	—
性别	-0.081	0.118	-0.683	0.496	-0.045	-0.079	0.119	-0.662	0.509	-0.044	-0.068	0.114	-0.600	0.549	-0.038
年龄	-0.007	0.009	-0.736	0.463	-0.049	-0.006	0.009	-0.718	0.474	-0.048	0.000	0.009	0.010	0.992	0.001
学历	-0.043	0.060	-0.707	0.480	-0.047	-0.042	0.061	-0.697	0.487	-0.046	-0.035	0.058	-0.600	0.549	-0.038
转移注意力	0.191	0.065	2.950	0.004**	0.198	0.191	0.065	2.949	0.004**	0.198	0.176	0.062	2.844	0.005**	0.183
依恋回避						0.025	0.081	0.304	0.761	0.020	-0.005	0.078	-0.069	0.945	-0.004
转移注意力*依恋回避											0.381	0.081	4.677	0.000***	0.298
R^2	0.044					0.044					0.129				
调整R^2	0.027					0.023					0.106				
F值	$F_{(4, 225)}=2.560$, $p=0.039$					$F_{(5, 224)}=2.058$, $p=0.072$					$F_{(6, 223)}=5.521$, $p=0.000$				
ΔR^2	0.044					0.000					0.085				
ΔF值	$F_{(4, 225)}=2.560$, $p=0.039$					$F_{(1, 224)}=0.092$, $p=0.761$					$F_{(1, 223)}=21.875$, $p=0.000$				

注：因变量=游戏专注度，$*p<0.05$，$**p<0.01$，$***p<0.001$。

比对低回避水平的人更小，即回避水平越高越不可能和同性朋友共同游戏。此外，高水平回避和低水平回避的人在"转移注意力"动机对"游戏专注度"影响中存在完全相反的效果，高回避的人为了转移注意力而玩游戏会表现出更高的专注度，而低回避的人则完全相反。

第七章
电子游戏行为影响亲密关系的玩家路径

第一节　玩家对伴侣反应行为的感知与归因

根据第四章探索性因子分析的结果反应行为归因分为积极归因和消极归因。将反应行为感知、反应行为积极归因和反应行为消极归因进行相关分析。从表 7-1 可知,反应行为积极归因和消极归因之间并没有相关关系;而反应行为感知和反应行为积极归因之间的相关系数值为−0.379,并且呈现出 0.01 水平的显著性,表明反应行为感知和反应行为积极归因之间有着显著的负相关关系;反应行为感知和反应行为消极归因之间的相关系数值为 0.356,并且呈现出 0.01 水平的显著性,表明反应行为感知和反应行为消极归因之间有着显著的正相关关系。

表 7-1　玩家反应行为感知和归因的相关分析

项　　目	M	SD	反应行为感知	反应行为积极归因	反应行为消极归因
反应行为感知	2.560	0.880	1		
反应行为积极归因	3.703	0.702	−0.379**	1	
反应行为消极归因	3.332	0.786	0.356**	0.083	1

注: * $p < 0.05$, ** $p < 0.01$。

将玩家个人的游戏行为与其对伴侣的反应行为感知和归因进行相关分析(见表 7-2)。发现反应行为感知与休闲时间占比,异性朋友共同游戏频率呈现出显著性,相关系数值分别是 0.168($p<0.05$)、0.186($p<0.01$),均大于 0,意味着整体反应行为与休闲时间占比、异性朋友共同游戏频率之间有着正相关关系。反应行为积极归因与游戏专注度、休闲时间占比、异性朋友共同游戏频率之间的显著相关。其中,反应行为积极归因和游戏专注度之间的相关系数值为 0.194($p<0.01$),表明积极反应行为归因和游戏专注度之间有着显著的正相关关系。反应行为积极归因和休闲时间占比之间的相关系数值为 0.140($p<0.05$),表明反应行为积极归因和休闲时间占比之间显著正相关。反应行为积极归因和异性朋友共同游戏频率之间的相关系数值为 -0.227($p<0.01$),表明反应行为积极归因和异性朋友共同游戏频率之间有着显著的负相关关系。反应行为消极归因与游戏专注度、休闲时间占比呈现出显著性,相关系数值分别是 0.165($p<0.05$)、0.145($p<0.05$),均大于 0,意味着消极反应行为归因与游戏专注度、休闲时间占比之间有着正相关关系。

表 7－2　玩家游戏行为相关分析

项　目	反应行为感知	反应行为积极归因	反应行为消极归因
游戏专注度	0.086	0.194**	0.165*
休闲时间占比	0.168*	0.140*	0.145*
伴侣共同游戏频率	-0.045	0.074	-0.019
同性朋友共同游戏频率	0.050	0.085	0.099
异性朋友共同游戏频率	0.186**	-0.227**	0.124

注: * $p<0.05$, ** $p<0.01$。

　　将游戏行为作为自变量,整体反应行为感知作为因变量进行回归分析,从表 7－3 可知,模型 R^2 为 0.069,意味着游戏行为可以解释整体反应行为的 6.9% 变化原因。并且模型通过 F 检验($F=3.309$, $p<0.01$)。研究结果表明:"游戏专注度"的回归系数值为 0.038($t=0.500$, $p>0.05$),表明"游戏专注度"并不会对整体反应行为感知产生影响;"休闲时间占比"的回归系数值为 0.131($t=2.088$, $p<0.05$),表明"休闲时间占比"会对整体反应行为感知产生显著的积极影响;"伴侣共同游戏频率"的回归系数值为 -0.079($t=-1.525$, $p>0.05$),表明"伴侣共同游戏频率"并不会对整体反应行为感知产生影响;"同性朋友共同游戏频率"的回归系数值为－0.010(t＝－0.165，p＞0.05)，表明"同性朋友共同游戏频率"并不会对整体反应行为感知产生影响；"异性朋友共同游戏频率"的回归系数值为0.158(t＝2.922，p＜0.01)，表明"异性朋友共同游戏频率"会对整体反应行为感知产生显著的积极影响(见图7－1)。整体而言，"休闲时间占比"和"异性朋友共同游戏频率"会对整体反应行为感知产生显著的积极影响，但是其余游戏行为并不会对整体反应行为感知产生影响。

表7－3　游戏行为对反应行为感知的线性回归分析

项　　目	回归系数	95% CI	VIF
常数	1.833*** (5.245)	1.148～2.518	—
游戏专注度	0.038(0.500)	－0.110～0.186	1.181
休闲时间占比	0.131* (2.088)	0.008～0.254	1.321
伴侣共同游戏频率	－0.079(－1.525)	－0.180～0.023	1.048
同性朋友共同游戏频率	－0.010(－0.165)	－0.127～0.107	1.165
异性朋友共同游戏频率	0.158** (2.922)	0.052～0.264	1.041
样本量	230		
R^2	0.069		
调整 R^2	0.048		
F 值	$F(5,224)＝3.309$，$p＝0.007$		

注：因变量＝整体反应行为；D－W值：2.212；* p＜0.05，** p＜0.01，*** p＜0.001，括号里面为 t 值。

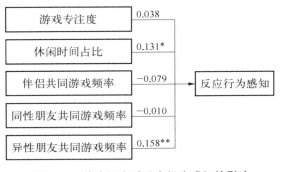

图7－1　游戏行为对反应行为感知的影响

　　将反应行为感知作为自变量,反应行为消极归因作为因变量进行回归分析,模型 R^2 为 0.138,表明反应行为感知可以解释反应行为消极归因的 13.8% 变化原因,并且模型通过 F 检验($F=9.001$, $p<0.01$)。"负面情绪"的回归系数值为 0.090($t=1.285$, $p>0.05$),表明"负面情绪"并不会对反应行为消极归因产生影响;"制止玩游戏"的回归系数值为 0.201($t=2.375$, $p=<0.05$),表明"制止玩游戏"会对反应行为消极归因产生显著的积极影响;"冷战"的回归系数值为 -0.012($t=-0.157$, $p>0.05$),表明"冷战"并不会对反应行为消极归因产生影响;"抱怨"的回归系数值为 0.043($t=0.597$, $p>0.05$),表明"抱怨"并不会对反应行为消极归因产生影响(见图 7 - 2)。

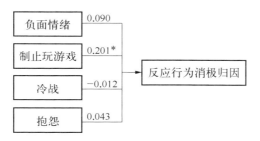

图 7 - 2　反应行为感知对反应行为消极归因的影响

　　将反应行为感知作为自变量,而将反应行为积极归因作为因变量进行线性回归分析,模型 R^2 为 0.177,意味着反应行为感知可以解释反应行为积极归因的 17.7% 变化原因,并且模型通过 F 检验($F=12.102$, $p<0.01$)。研究结果显示:"负面情绪"的回归系数值为 0.006($t=0.098$, $p>0.05$),表明"负面情绪"并不会对反应行为积极归因产生影响;"制止玩游戏"的回归系数值为 -0.045($t=-0.617$, $p>0.05$),表明"制止玩游戏"并不会对反应行为积极归因产生影响;"冷战"的回归系数值为 -0.272($t=-3.994$, $p<0.01$),表明"冷战"会对反应行为积极归因产生显著的负向影响;"抱怨"的回归系数值为 -0.001($t=-0.008$, $p>0.05$),表明"抱怨"并不会对反应行为积极归因产生影响(见图 7 - 3)。

　　从表 7 - 4 可知,亲密关系质量和反应行为感知之间的相关系数值为 -0.270($p<0.01$),表明关系质量和反应行为感知之间有着显著的负相关关系;关系质量和反应行为积极归因之间的相关系数值为 0.547($p<0.01$),表明关系质量和反应行为积极归因之间有着显著的正相关关系;关系质量和游戏专

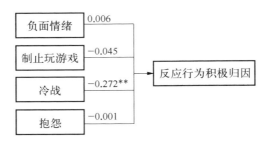

图7-3 反应行为感知对反应行为积极归因的影响

注度之间的相关系数值为 0.191(p<0.01),表明关系质量和游戏专注度之间有着显著的正相关关系;关系质量和伴侣共同游戏频率之间的相关系数值为 0.194(p<0.01),表明关系质量和伴侣共同游戏频率之间有着显著的正相关关系;关系质量和异性朋友共同游戏频率之间的相关系数值为 -0.206(p< 0.01),表明关系质量和异性朋友共同游戏频率之间有着显著的负相关关系。研究发现,亲密关系质量与积极归因显著正相关,但与消极归因不存在相关关系,所以研究结果支持 H4a,不支持 H4b。

表7-4 玩家亲密关系质量相关分析

项　　目	亲密关系质量
反应行为感知	-0.270**
反应行为积极归因	0.547**
反应行为消极归因	-0.051
游戏专注度	0.191**
休闲时间占比	0.020
伴侣共同游戏频率	0.194**
同性朋友共同游戏频率	0.086
异性朋友共同游戏频率	-0.206**

注: * p<0.05,** p<0.01。

以上研究结果证明,休闲时间占比和异性朋友共同游戏频率容易引发伴侣的反应行为。其中,与异性共同游戏特别容易引起伴侣的反应行为,玩家也更少做出积极归因。同时,亲密关系质量与异性朋友共同游戏频率以及反向行为感知显著负相关,而与反应性格积极归因显著正相关。

为了进一步探究异性朋友共同游戏频率对亲密关系质量的影响,将反应行为感知和积极归因作为中介变量,根据中介效应检验模型及公式进行中介效应检验(见图7-4)。检验结果显示,当反应行为感知作为中介变量时,Bootstrap 抽样计算得到的 95% 置信区间为 -0.046 到 0.013,包括 0,表明不存在中介作用;当反应行为积极归因作为中介变量时,Bootstrap 抽样计算得到的 95% 置信区间为 -0.189 到 -0.044,不包括 0,表明存在中介作用(见表7-5)。同时,a 和 b 均显著,而 c' 不显著,表明反应行为积极归因完全中介了异性朋友共同游戏频率对亲密关系质量的影响(见图7-5)。研究结果证明,异性朋友共同游戏频率会通过减少玩家对伴侣反应行为积极归因影响玩家的亲密关系质量。

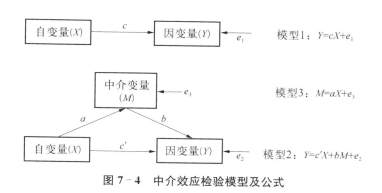

图7-4 中介效应检验模型及公式

表7-5 异性朋友共同游戏频率对亲密关系质量影响中介效应模型检验

项　　目	c 总效应	a	b	$a \times b$ 中介效应值
异性朋友共同游戏频率＝＞反应行为感知＝＞亲密关系质量	−0.138**	0.153**	−0.052	−0.008
异性朋友共同游戏频率＝＞反应行为积极归因＝＞亲密关系质量	−0.138**	−0.148**	0.516**	−0.077***

续　表

项　　目	$a \times b$ (Boot SE)	$a \times b$ (z 值)	$a \times b$ (95% BootCI)	c' 直接效应
异性朋友共同游戏频率＝＞反应行为感知＝＞亲密关系质量	0.001	−8.181	−0.046～0.013	−0.053
异性朋友共同游戏频率＝＞反应行为积极归因＝＞亲密关系质量	0.002	−32.196	−0.189～−0.044	−0.053

注：* $p < 0.05$，** $p < 0.01$，*** $p < 0.001$。

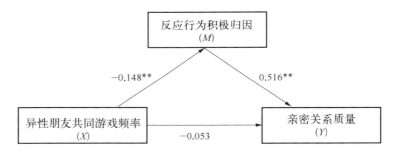

图 7-5　异性朋友共同游戏频率对亲密关系质量影响的中介效应模型

将"异性朋友共同游戏频率"与反应行为感知和归因的具体题项进行相关分析，由表 7-6 可知，与异性共同游戏的行为与 3 类反应行为积极归因显著负相关，与 1 类反应行为消极归因显著正相关。由表 7-7 可知在 2 个中介模型中，Bootstrap 抽样计算得到的 95% 置信区间均不包括 0，且 a 和 b 显著，c' 不显著，表明反应行为感知完全中介了"异性朋友共同游戏频率"对两类反应行为归因的影响。说明玩家与其他异性共同游戏会引发伴侣的反应行为，而将伴侣的反应行为理解为对自己的不信任和无理取闹的玩家的亲密关系质量会受到负面影响。

通过上述研究分析发现与文献综述不符的情况，即"游戏专注度"与亲密关系质量显著正相关。将游戏行为作为自变量，亲密关系质量作为因变量进行回归分析，最终模型 R^2 为 0.136，表明游戏行为可以解释关系质量的 13.6% 变化原因，并且模型通过 F 检验（$F = 7.054$，$p < 0.01$）。"游戏专注度"的回归系数值为 0.170（$t = 2.868$，$p < 0.01$），表明"游戏专注度"会对关系质量产生显著的

积极影响;"休闲时间占比"的回归系数值为$-0.059(t=-1.192,p>0.05)$,表明"休闲时间占比"并不会对关系质量产生影响;"伴侣共同游戏频率"的回归系数值为$0.148(t=3.639,p<0.001)$,表明"伴侣共同游戏频率"会对关系质量产生显著的积极影响;"同性朋友共同游戏频率"的回归系数值为$0.048(t=1.018,p>0.05)$,表明"同性朋友共同游戏频率"并不会对关系质量产生影响;"异性朋友共同游戏频率"的回归系数值为$-0.163(t=-3.849,p<0.001)$,表明"异性朋友共同游戏频率"会对关系质量产生显著的负向影响(见图7-6)。整体而言,"游戏专注度""伴侣共同游戏频率"会对关系质量产生显著的积极影响,以及"异性朋友共同游戏频率"会对关系质量产生显著的消极影响,但是"休闲时间占比"和"同性朋友共同游戏频率"并不会对关系质量产生影响。

表 7-6　异性朋友共同游戏频率与反应行为感知和归因的相关分析

项　　　目	异性共同游戏频率
H1 因为他/她对我很信任	-0.183^{**}
H2 因为他/她关心在乎我	-0.133^{*}
H6 我觉得他/她在无理取闹(反)	-0.186^{**}
H3 因为他/她希望得到我的重视	0.027
H4 因为他/她害怕我们的关系受到威胁	0.082
H5 我觉得是他/她的性格造成的	0.163^{*}

注: $*\ p<0.05,**\ p<0.01$。

表 7-7　反应行为感知的中介效应检验

项　　　目	c 总效应	a	b	$a\times b$ 中介效应值
D5=>反应行为感知=>H6	-0.194^{**}	0.203^{**}	-0.629^{**}	-0.127^{***}
D5=>反应行为感知=>H1	-0.135^{*}	0.203^{**}	-0.165^{*}	-0.033^{***}

续　表

项　目	$a \times b$ (Boot SE)	$a \times b$ (z 值)	$a \times b$ (95% BootCI)	c' 直接效应
D5=>反应行为感知=>H6	0.003	−48.598	−0.201~ −0.046	−0.067
D5=>反应行为感知=>H1	0.002	−21.321	−0.093~ −0.000	−0.101

注：D5="异性朋友共同游戏频率"，H1="因为他/她对我很信任"，H6="我觉得他/她在无理取闹（反）"，*$p < 0.05$，**$p < 0.01$，***$p < 0.001$。

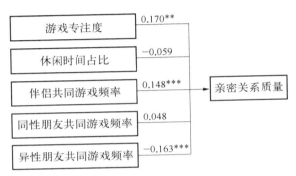

图 7-6　游戏行为对玩家亲密关系质量的影响

由上可知，过高的休闲时间占比以及与异性朋友共同游戏的频率会引发伴侣的反应行为，说明相对于其他游戏行为，伴侣更介意玩家的游戏时长以及是否与其他异性共同游戏。而伴侣制止玩家进行游戏的行为会促使玩家做出消极归因，冷战的行为则会降低玩家的积极归因。可见，相较于其他反应行为，玩家更反感伴侣制止游戏和冷战的互动行为。此外，异性朋友共同游戏频率会通过减少玩家对伴侣反应行为积极归因影响玩家的亲密关系质量。

此外，更高的游戏专注度、伴侣共同游戏频率和更低的与异性朋友共同游戏的频率会提高玩家自身的亲密关系质量。在所有游戏行为中，与异性朋友共同游戏对亲密关系质量表现出更强的影响力。它会对亲密关系质量产生直接的负面影响，也会通过减少反应行为积极归因而影响玩家的亲密关系质量。其中，当玩家将伴侣的反应行为理解为对自己的不信任和无理取闹时，他们的亲密关系质量会受到显著的消极影响。

第二节　互动结果的中介效应解析

根据探索性因子分析的结果,互动结果分为积极互动结果和消极互动结果。将互动结果与反应行为感知、反应行为归因和亲密关系质量进行相关分析(见表7-8)。发现积极互动结果和反应行为感知之间的相关系数值为 $-0.178(p<0.01)$,表明积极互动结果和反应行为感知之间显著负相关;积极互动结果和反应行为积极归因之间的相关系数值为 $0.170(p<0.01)$,表明积极互动结果和反应行为积极归因之间显著正相关;积极互动结果和亲密关系质量之间的相关系数值为 $0.244(p<0.01)$,表明积极互动结果和亲密关系质量显著正相关;消极互动结果和反应行为感知之间的相关系数值为 0.702 $(p<0.01)$,表明消极互动结果和反应行为感知显著正相关;消极互动结果和反应行为积极归因之间的相关系数值为 $-0.449(p<0.01)$,表明消极互动结果和反应行为积极归因显著负相关;消极互动结果和反应行为消极归因之间的相关系数值为 $0.336(p<0.01)$,表明消极互动结果和反应行为消极归因显著正相关;消极互动结果和亲密关系质量之间的相关系数值为 $-0.395(p<0.01)$,表明消极互动结果和亲密关系质量显著负相关。研究结果支持 H7a、H7b。

表 7-8　玩家互动结果的相关分析

项　　目	积极互动结果	消极互动结果
反应行为感知	-0.178^{**}	0.702^{**}
反应行为积极归因	0.170^{**}	-0.449^{**}
反应行为消极归因	0.003	0.336^{**}
亲密关系质量	0.244^{**}	-0.395^{**}

注: $* p<0.05$, $** p<0.01$。

将互动结果作为中介变量,反应行为感知和归因作为自变量,亲密关系质量作为因变量,根据中介效应检验模型及公式进行中介效应检验。检验结果显示

（见表 7-9），当积极互动结果作为中介变量，反应行为感知作为自变量，亲密关系质量作为因变量，Bootstrap 抽样计算得到的 95％置信区间均不包括 0，且 a 和 b 显著，c' 不显著，表明积极互动结果完全中介了反应行为感知对亲密关系质量的影响（图 7-7）。当消极互动结果作为中介变量，反应行为感知作为自变量，亲密关系质量作为因变量，Bootstrap 抽样计算得到的 95％置信区间均不包括 0，且 a 和 b 显著，c' 不显著，表明消极互动结果完全中介了反应行为感知对亲密关系质量的影响（见图 7-8）。当积极互动结果作为中介变量，反应行为积极归因和消极归因作为自变量，亲密关系质量作为因变量时，Bootstrap 抽样计算得到的 95％置信区间包括 0，表明积极互动结果并不能中介反应行为积极归因对亲密关系质量的影响。当消极互动结果作为中介变量，反应行为积极归因作为自变量，亲密关系质量作为因变量，Bootstrap 抽样计算得到的 95％置信区间均不包括 0，表明具有中介效应。同时，a 和 b 显著，c' 显著，且 $a \times b$ 与 c' 同号，根据效应占比计算公式（$a \times b / c$）计算得出中介效应占比为 8.599％，表明消极互动结果部分中介了反应行为积极归因对亲密关系质量的影响（见图 7-9）。当积极互动结果作为中介变量，反应行为消极归因和消极归因作为自变量，亲密关系质量作为因变量时，Bootstrap 抽样计算得到的 95％置信区间包括 0，表明积极互动结果并不能中介反应行为消极归因对亲密关系质量的影响。当消极互动结果作为中介变量，反应行为消极归因作为自变量，亲密关系质量作为因变量，Bootstrap 抽样计算得到的 95％置信区间均不包括 0，且 a 和 b 显著，c' 不显著，表明消极互动结果完全中介了反应行为消极归因对亲密关系质量的影响（见图 7-10）。

表 7-9　互动结果的中介效应模型检验

项　　目	c 总效应	a	b	$a \times b$ 中介效应值
反应行为感知=＞积极互动结果=＞关系质量	−0.029	−0.157*	0.100*	−0.016***
反应行为感知=＞消极互动结果=＞关系质量	−0.029	0.497**	−0.163*	−0.081***
反应行为积极归因=＞积极互动结果=＞关系质量	0.553**	0.138	0.100*	0.014

续　表

项　　目	c 总效应	a	b	$a \times b$ 中介效应值
反应行为积极归因＝＞消极互动结果＝＞关系质量	0.553**	−0.291**	−0.163*	0.048***
反应行为消极归因＝＞积极互动结果＝＞关系质量	−0.076	0.055	0.100*	0.006
反应行为消极归因＝＞消极互动结果＝＞关系质量	−0.076	0.165**	−0.163*	−0.027***

项　　目	$a \times b$ (Boot SE)	$a \times b$ (z 值)	$a \times b$ (95% BootCI)	c' 直接效应
反应行为感知＝＞积极互动结果＝＞关系质量	0.001	−15.224	−0.057～ −0.002	0.068
反应行为感知＝＞消极互动结果＝＞关系质量	0.003	−24.338	−0.208～ −0.007	0.068
反应行为积极归因＝＞积极互动结果＝＞关系质量	0.001	16.791	−0.006～ 0.042	0.492**
反应行为积极归因＝＞消极互动结果＝＞关系质量	0.002	27.250	0.003～ 0.107	0.492**
反应行为消极归因＝＞积极互动结果＝＞关系质量	0.001	7.387	−0.015～ 0.033	−0.055
反应行为消极归因＝＞消极互动结果＝＞关系质量	0.001	−21.649	−0.074～ −0.002	−0.055

注：* $p < 0.05$，** $p < 0.01$。

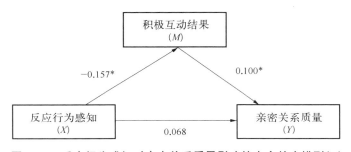

图 7-7　反应行为感知对亲密关系质量影响的中介效应模型(1)

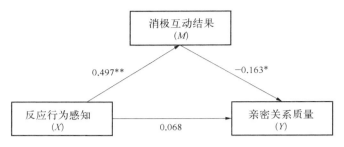

图 7 - 8　反应行为感知对亲密关系质量影响的中介效应模型(2)

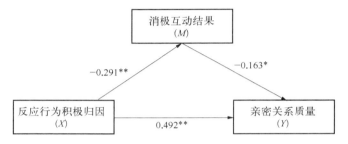

图 7 - 9　反应行为积极归因对亲密关系质量影响的中介效应模型

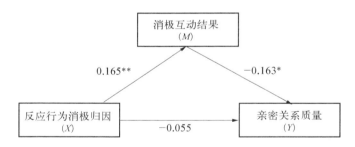

图 7 - 10　反应行为消极归因对亲密关系质量影响的中介效应模型

　　总结可知,玩家对伴侣反应行为的感知会通过减少积极互动结果和增加消极互动结果负面影响最终亲密关系质量;反应行为积极归因会部分通过减少消极互动结果而对亲密关系质量产生积极影响;反应行为消极归因会通过增加消极互动结果而对亲密关系结果产生负面影响。研究结果部分支持 H7c。

第三节　依恋类型的调节效应解析

　　对依恋类型和反应行为感知及归因进行相关分析。由表 7 - 10 可知,依恋焦虑与反应行为感知的相关系数值为 0.299（$p<0.01$），与反应行为积极归因的相关系数值为 -0.232（$p<0.01$），与反应行为消极归因的相关系数值为 0.271（$p<0.01$），表明依恋焦虑与反应行为感知和反应行为消极归因显著正相关，与反应行为积极归因显著负相关；依恋回避与反应行为感知的相关系数值为 0.346（$p<0.01$），与反应行为积极归因的相关系数值为 -0.479（$p<0.01$），与反应行为消极归因的相关系数为 0.048（$p>0.05$），表明依恋回避与反应行为感知显著正相关，与反应行为积极归因显著负相关，与反应行为消极归因无相关关系。这表明具有不安全依恋类型的玩家更容易感知到伴侣的反应行为，也更少进行积极归因，更容易做出消极归因。

表 7 - 10　玩家依恋类型和反应行为感知及归因的相关分析

项　　目	反应行为感知	反应行为积极归因	反应行为消极归因
依恋焦虑	0.299**	-0.232**	0.271**
依恋回避	0.346**	-0.479**	0.048

注：* $p<0.05$，** $p<0.01$。

为了检验依恋类型在玩家亲密关系质量的影响路径中的调节效应，在上一小节发现的中介效应模型中加入依恋类型作为调节变量，如图 7 - 11。采用 Hayes（2012）编制的 SPSS 宏中的 Model7，在控制性别、年龄和学历的情况下对有调节的中介模型进行检验。首先，检验了反应行为感知对亲密关系质量影响的中介模型。将依恋焦虑作为调节变

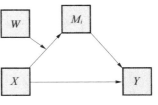

图 7 - 11　有调节的中介模型
（W 为调节变量）

量放入模型中进行检验，结果（见表 7 - 11）表明，反应行为感知与依恋焦虑的乘积项对积极互动结果的预测作用显著（$\beta=0.243$，$t=3.373$，$p<0.001$）；反应行为感知与依恋焦虑的乘积项对消极互动结果的预测作用不显著（$\beta=0.085$，$t=1.871$，$p>0.05$）。表明依恋焦虑能够调节反应行为感知对反应行为积极归的预测作用（见图 7 - 12）。同时由表 7 - 12 可知，当积极互动结果为中介变量时，在依恋焦虑取平均水平（2.843）时，Bootstrap 95% 置信区间为 $-0.065\sim-0.002$，不包括 0，也即表明平均水平下，反应行为感知对亲密关系质量影响时积极互动结果有着中介作用。在依恋焦虑取低水平（2.041）时，

Bootstrap 95%置信区间为 $-0.124 \sim -0.005$,不包括 0,表明低水平依恋焦虑时,积极互动结果中介了反应行为感知对亲密关系质量的影响。在依恋焦虑取高水平(3.646)时,Bootstrap 95%置信区间为 $-0.031 \sim 0.029$,包括 0,表明依恋焦虑在高水平时,反应行为感知对亲密关系质量影响时积极互动结果没有中介作用。整体而言,当依恋焦虑处于高水平时,积极互动结果不会产生中介效应,依恋焦虑取平均或低水平时,积极互动结果均会产生中介效应。3 种水平时积极互动结果是否有中介作用的情况并不一致,表明具有调节中介效应。而当消极互动结果作为中介变量时,依恋焦虑的三种水平情况下,消极互动结果均有着中介作用,表明不存在调节中介效应。进一步简单斜率分析表明(见图 7-13),焦虑水平较低(M-1SD)的被试,反应行为感知对积极互动结果具有非常显著的负向预测作用($t=-4.311$,$p<0.01$);而对于焦虑水平较高(M+1SD)的被试,反应行为感知对积极互动结果没有明显的预测作用($t=0.022$,$p>0.05$),

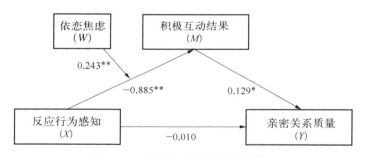

图 7-12　依恋焦虑的调节效应模型

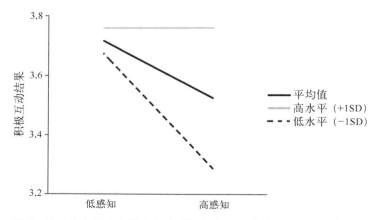

图 7-13　依恋焦虑在反应行为感知和积极互动结果之间的调节作用

表明随着依恋焦虑水平的提高,反应行为感知对积极互动结果的预测作用呈逐渐降低趋势。

表 7‐11　有调节的中介模型检验(1)

项　目	亲密关系质量	积极互动结果	消极互动结果
常数	$3.933^{***}(10.706)$	$5.829^{***}(7.925)$	$0.778(1.683)$
反应行为感知	$-0.010(-0.148)$	$-0.885^{***}(-4.091)$	$0.339^{*}(2.496)$
依恋焦虑		$-0.569^{**}(-2.718)$	$-0.037(-0.283)$
反应行为感知 * 依恋焦虑		$0.243^{***}(3.373)$	$0.085(1.871)$
性别	$-0.225^{*}(-2.349)$	$0.061(0.477)$	$-0.002(-0.022)$
年龄	$0.009(1.256)$	$-0.017(-1.808)$	$0.019^{**}(3.165)$
学历	$0.051(1.046)$	$-0.074(-1.144)$	$-0.067(-1.641)$
积极互动结果	$0.129^{*}(2.572)$		
消极互动结果	$-0.324^{***}(-4.105)$		
样本量	230	230	230
R^2	0.205	0.100	0.552
调整 R^2	0.180	0.072	0.538
F 值	$F(6,223)=9.610,$ $p=0.000$	$F(6,223)=4.148,$ $p=0.001$	$F(6,223)=45.779,$ $p=0.000$

注: $*\,p<0.05$, $**\,p<0.01$, $***\,p<0.001$,括号里面为 t 值。

表 7‐12　互动结果条件间接效应

中介变量	水　平	水平值	Effect	BootSE	BootLLCI	BootULCI
积极互动结果	低水平(−1SD)	2.041	−0.050	0.030	−0.124	−0.005
	平均值	2.843	−0.025	0.017	−0.065	−0.002
	高水平(+1SD)	3.646	0.000	0.014	−0.031	0.029

中介变量	水　平	水平值	Effect	BootSE	BootLLCI	BootULCI
消极互动结果	低水平(−1SD)	2.041	−0.166	0.058	−0.295	−0.069
	平均值	2.843	−0.188	0.056	−0.308	−0.086
	高水平(+1SD)	3.646	−0.210	0.058	−0.330	−0.101

注：BootLLCI 指 Bootstrap 抽样 95％区间下限，BootULCI 指 Bootstrap 抽样 95％区间上限。

将依恋回避作为调节变量放入模型中进行检验，发现反应行为感知与依恋回避的乘积项对积极互动结果没有显著预测作用($\beta=0.161$，$t=1.614$，$p>0.05$)；反应行为感知与依恋回避的乘积项对消极互动结果也没有显著预测作用($\beta=-0.002$，$t=-10.032$，$p>0.05$)。表明依恋回避不能调节反应行为感知对互动结果的预测作用。

将依恋焦虑作为调节变量，反应行为积极归因作为自变量，消极互动结果与积极互动结果作为中介变量，亲密关系质量作为因变量，进行有调节的中介效应检验。研究结果证明反应行为积极归因与依恋焦虑的乘积项对消极互动结果没有显著预测作用($\beta=-0.005$，$t=-0.063$，$p>0.05$)；反应行为消极归因与依恋焦虑的乘积项对消极互动结果也没有显著预测作用($\beta=0.014$，$t=0.236$，$p>0.05$)。表明依恋焦虑不能调节反应行为归因对消极互动结果的预测作用。

将依恋回避作为调节变量放入模型中进行检验，发现反应行为积极归因与依恋焦虑的乘积项对消极互动结果没有显著预测作用($\beta=0.179$，$t=1.871$，$p>0.05$)；反应行为消极归因与依恋焦虑的乘积项对消极互动结果也没有显著预测作用($\beta=0.044$，$t=0.564$，$p>0.05$)。表明依恋回避不能调节反应行为归因对消极互动结果的预测作用。研究结果部分支持 H5a。

由表 7－13 可知，将依恋焦虑、依恋回避、整体反应行为感知、反应行为积极归因、反应行为消极归因、积极互动结果、消极互动结果作为自变量，亲密关系质量作为因变量进行回归分析。结果显示回归模型 R^2 为 0.472，表明所有自变量可以解释亲密关系质量的 47.2％变化原因。同时，依恋焦虑的回归系数值为 −0.116($t=-2.335$，$p<0.05$)，表明依恋焦虑会对亲密关系质量产生显著的负向影响；依恋回避的回归系数值为 −0.412($t=-6.289$，$p<0.001$)，表明依

恋回避会对亲密关系质量产生显著的负向影响；整体反应行为感知的回归系数值为 $0.069(t=1.203，p>0.05)$，表明整体反应行为感知并不会对关系质量产生影响；反应行为积极归因的回归系数值为 $0.347(t=5.577，p<0.001)$，意味着反应行为积极归因会对关系质量产生显著的正向影响；消极反应行为归因的回归系数值为 $-0.047(t=-0.917，p>0.05)$，表明消极反应行为归因并不会对关系质量产生影响；积极互动结果的回归系数值为 $0.128(t=3.083，p<0.01)$，表明积极互动结果会对关系质量产生显著的正向影响；消极互动结果的回归系数值为 $-0.013(t=-0.184，p>0.05)$，表明消极互动结果并不会对关系质量产生影响。整体而言，反应行为积极归因、积极互动结果会对亲密关系质量产生显著的正向影响；而依恋焦虑、依恋回避会对关系质量产生显著的负向影响；但是整体反应行为感知、反应行为消极归因、消极互动结果并不会对亲密关系质量产生影响关系。对亲密关系质量的直接归回分析结果显示（见图 7‑14），依恋回避的影响效应最大，其次为反应行为积极归因、积极互动结果和依恋焦虑。所以玩家亲密关系质量受依恋回避的直接影响最大。

表 7‑13　玩家亲密关系质量的线性回归分析

项　　目	回归系数	95% CI	VIF
常数	3.265*** (8.636)	2.524～4.006	—
依恋焦虑	−0.116* (−2.335)	−0.213～−0.019	1.289
依恋回避	−0.412*** (−6.289)	−0.541～−0.284	1.518
整体反应行为感知	0.069(1.203)	−0.044～0.182	2.091
积极反应行为归因	0.347*** (5.577)	0.225～0.469	1.555
消极反应行为归因	−0.047(−0.917)	−0.149～0.054	1.346
积极互动结果	0.128** (3.083)	0.047～0.209	1.131
消极互动结果	−0.013(−0.184)	−0.151～0.125	2.586
样本量	230		
R^2	0.472		

续　表

项　目	回归系数	95% CI	VIF
调整 R^2	0.455		
F 值	$F(7, 222) = 28.351$, $p = 0.000$		

注：因变量＝亲密关系质量；D-W 值＝2.143；＊ $p < 0.05$，＊＊ $p < 0.01$，＊＊＊ $p < 0.001$，括号里面为 t 值。

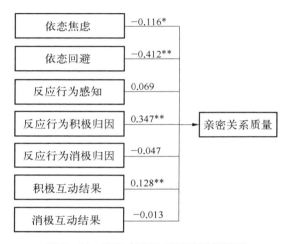

图 7-14　玩家亲密关系质量回归模型

　　总结可知，具备不安全依恋风格的人更有可能感知到伴侣的反应行为，也更可能对伴侣反应行为进行消极归因。在反应行为感知对亲密关系质量影响的中介效应中，依恋焦虑存在调节效应。焦虑水平低的玩家反应行为感知显著且负向预测积极互动结果，而焦虑水平高的玩家则几乎不受反应行为感知的影响。此外，相对于其他因素玩家的依恋回避水平对其亲密关系质量影响最大，而玩家对伴侣反应行为的积极归因对其亲密关系质量也有着较大的影响。说明对玩家而言，玩家本身的依恋类型和他对伴侣反应行为的认知方式是直接影响其亲密关系质量的关键因素。

第八章
电子游戏行为影响亲密关系的
伴侣路径

第一节 伴侣对玩家游戏行为的感知和归因

伴侣亲密关系质量影响路径的数据源自 215 份伴侣问卷。其中 15.81% 是男性，84.19% 是女性，平均年龄为 25.9 岁（SD＝6，min＝16，max＝52）。3.26% 的学历为高中及以下，4.65% 的学历为专科，59.53% 的学历为本科，20% 的学历为硕士研究生，12.56% 的学历为博士研究生。37.67% 的研究对象正在恋爱中，28.84% 正在婚姻中，33.49% 经历过婚恋关系目前单身。34.88% 的研究对象关系时长为 1 年及以内，19.53% 为 1～2 年（包括 2 年），13.95% 为 2～3 年（包括 3 年），3.26% 为 3～4 年（包括 4 年），28.37% 为 4 年及以上。42.33% 的亲密关系中仅有一方为玩家，44.65% 的亲密关系中一方玩得频率较高另一方较低，13.02% 的亲密关系中双方游戏频率相同。由图 8-1 可知，

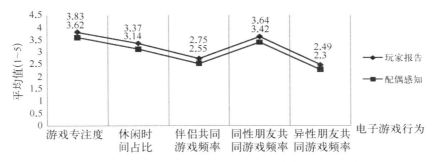

图 8-1 玩家自我报告和伴侣感知的游戏行为平均值

将伴侣问卷的游戏行为感知部分与玩家问卷的自我报告游戏行为平均值进行对比,发现两者情况基本吻合,玩家自我报告的平均值均略高于伴侣的感知。

将婚恋关系状态与游戏行为感知进行方差分析,发现不同婚恋关系样本对于游戏专注度、休闲时间占比、伴侣共同游戏频率和同性朋友共同游戏频率共 4 项不会表现出显著性($p>0.05$),意味着不同婚恋关系样本对于这 4 类游戏行为感知均表现出一致性,并没有差异性。而婚恋关系对于异性朋友共同游戏频率呈现出 0.001 水平显著性($F=8.205$,$p<0.001$)。其中,恋爱中的伴侣感知到的频率最低,而单身人士则报告了最高的频率值(见图 8-2)。虽然无法直接证明伴侣与异性共同游戏容易导致关系破裂,但也从侧面说明了婚恋关系中与异性共同游戏是较为敏感的行为。

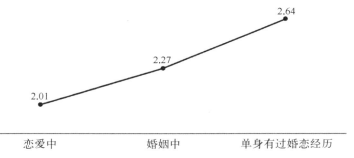

图 8-2 婚恋关系类型和异性朋友共同游戏频率方差对比

将游戏行为感知与归因进行相关分析(见表 8-1),发现游戏行为积极归因和游戏专注度之间的相关系数值为-0.078($p>0.05$),表明游戏行为积极归因和游戏专注度之间并没有相关关系;游戏行为积极归因和休闲时间占比之间的相关系数值为-0.232($p<0.01$),表明游戏行为积极归因和休闲时间占比之间有着显著的负相关关系;游戏行为积极归因和伴侣共同游戏频率之间的相关系数值为 0.200($p<0.01$),表明游戏行为积极归因和伴侣共同游戏频率之间有着显著的正相关关系;游戏行为积极归因和同性朋友共同游戏频率之间的相关系数值为 0.025($p>0.05$),表明游戏行为积极归因和同性朋友共同游戏频率之间并没有相关关系;游戏行为积极归因和异性朋友共同游戏频率之间的相关系数值为-0.054($p>0.05$),表明游戏行为积极归因和异性朋友共同游戏频率之间并没有相关关系。

表 8 - 1　游戏行为感知与归因的相关分析

项　　目	游戏行为积极归因	游戏行为消极归因
游戏专注度	−0.078	0.474**
休闲时间占比	−0.232**	0.560**
伴侣共同游戏频率	0.200**	0.060
同性朋友共同游戏频率	0.025	0.325**
异性朋友共同游戏频率	−0.054	0.338**

注：* $p < 0.05$，** $p < 0.01$。

游戏行为消极归因和游戏专注度之间的相关系数值为 0.474（$p < 0.01$），表明游戏行为消极归因和游戏专注度之间有着显著且较强的正相关关系；游戏行为消极归因和休闲时间占比之间的相关系数值为 0.560（$p < 0.01$），表明游戏行为消极归因和休闲时间占比之间有着显著且较强的正相关关系；游戏行为消极归因和伴侣共同游戏频率之间的相关系数值为 0.060（$p > 0.05$），表明游戏行为消极归因和伴侣共同游戏频率之间并没有相关关系；游戏行为消极归因和同性朋友共同游戏频率之间的相关系数值为 0.325（$p < 0.01$），表明游戏行为消极归因和同性朋友共同游戏频率之间有着显著的正相关关系；游戏行为消极归因和异性朋友共同游戏频率之间的相关系数值为 0.338（$p < 0.01$），表明游戏行为消极归因和异性朋友共同游戏频率之间有着显著的正相关关系。

将游戏行为感知与归因和亲密关系质量进行相关分析（见表 8 - 2），发现休闲时间占比（−0.205，$p < 0.01$）、同性朋友共同游戏频率（−0.145，$p < 0.05$）以及异性朋友共同游戏频率（−0.192，$p < 0.01$）与亲密关系质量均显著负相关。而游戏行为积极归因与亲密关系质量之间的相关系数为 0.436（$p < 0.01$），表明游戏行为积极归因与亲密关系质量之间存在显著且较强的正相关关系。其余两项游戏行为感知以及消极归因与亲密关系质量无相关关系。研究结果支持 H3a，不支持 H3b。

将游戏行为感知作为自变量，将亲密关系质量作为因变量进行线性回归分析，研究数据（见图 8 - 3）显示模型 R^2 为 0.115，意味着游戏行为感知可以解释伴侣亲密关系质量的 11.5% 变化原因，且模型通过 F 检验（$F = 5.419$，$p <$

表 8-2　伴侣亲密关系质量的相关分析

项　　目	亲密关系质量
游戏专注度	0.051
休闲时间占比	-0.205^{**}
伴侣共同游戏频率	0.031
同性朋友共同游戏频率	-0.145^*
异性朋友共同游戏频率	-0.192^{**}
游戏行为积极归因	0.436^{**}
游戏行为消极归因	-0.075

注：$*\,p<0.05$，$**\,p<0.01$。

0.01)。研究结果显示：游戏专注度的回归系数值为 $0.232(t=3.286,p<0.01)$，意味着对游戏专注度的感知会对亲密关系质量产生显著的正向影响关系；休闲时间占比的回归系数值为 $-0.191(t=-3.214,p<0.01)$，意味着对休闲时间占比的感知会对亲密关系质量产生显著的负向影响关系；伴侣共同游戏频率的回归系数值为 $0.048(t=1.031,p>0.05)$，意味着伴侣共同游戏频率并不会对亲密关系质量产生影响；同性朋友共同游戏频率的回归系数值为 -0.074 $(t=-1.522,p>0.05)$，意味着对同性朋友共同游戏频率的感知并不会对亲密关系质量产生影响关系；异性朋友共同游戏频率的回归系数值为 $-0.109(t=-2.067,p<0.05)$，意味着对异性朋友共同游戏频率的感知会对亲密关系质量产生显著的负向影响关系。总结分析可知：游戏专注度会对亲密关系质量产生显著的正向影响关系；休闲时间占比、异性朋友共同游戏频率会对亲密关系质量产生显著的负向影响关系；但是伴侣共同游戏频率、同性朋友共同游戏频率并不会对亲密关系质量产生影响关系。研究结果支持 H2e，部分支持 H2b、H2c，不支持 H2a、H2d。

将伴侣对玩家游戏行为的感知作为自变量，游戏行为归因作为中介变量，亲密关系质量作为因变量，根据中介效应检验模型及公式进行中介效应检验。检验结果显示，当休闲时间占比感知作为自变量，游戏行为积极归因作为中介变量时，Bootstrap 抽样计算得到的 95% 置信区间为 $-0.273\sim-0.045$，不包括 0，表

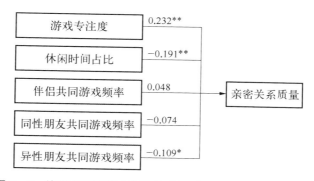

图 8 - 3　伴侣对玩家游戏行为的感知对其亲密关系质量的影响

明中介作用显著；当伴侣共同游戏频率感知作为自变量，游戏行为积极归因作为中介变量时，Bootstrap 抽样计算得到的 95% 置信区间为 0.037～0.171，不包括 0，表明中介作用显著（见图 8 - 4 和图 8 - 5）。同时，在两个中介模型均为 a 和 b 显著，且 c' 不显著，所以两个模型均为完全中介效应，中介效应占比为 100%。

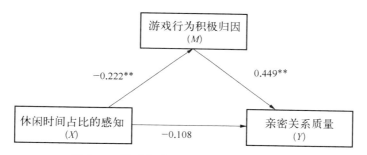

图 8 - 4　游戏行为积极归因的中介效应(1)

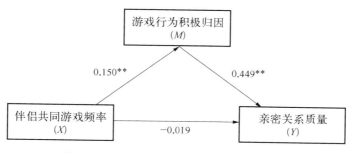

图 8 - 5　游戏行为积极归因的中介效应(2)

研究结果表明，虽然与伴侣共同游戏频率和伴侣的亲密关系质量没有直接关系，但它却通过增加积极归因而对亲密关系质量产生负面影响。将积极归因具体题项与伴侣共同游戏频率进行进一步的相关分析(见表 8 - 3),发现伴侣通常会将共同游戏的行为与玩家对自己的重视以及玩家的上进心联系在一起。

表 8 - 3　游戏行为积极归因与伴侣共同游戏频率相关分析

项　　目	伴侣共同游戏频率
F1 因为他/她对我们的关系非常重视。	0.277**
F3 因为他/她具有良好的自制力。	0.127
F4 因为他/她很上进。	0.184**
F5 因为他/她对关系很负责。	0.029

注：* $p < 0.05$, ** $p < 0.01$。

总结可知,与玩家相同,对伴侣而言与异性共同游戏是一种敏感且会对亲密关系造成负面影响的游戏行为。在 5 类行为中,休闲时间占比的感知与较低的积极归因和较高的消极归因相关。除与伴侣共同游戏频率之外的其余 4 类行为感知均与消极归因显著相关,而伴侣共同游戏频率的感知则与积极归因显著相关。由此可见,除了共同游戏,伴侣对玩家的游戏行为评价普遍较为负面。共同游戏会直接且正向影响玩家的亲密关系质量,而对于伴侣,共同游戏则需要通过伴侣对玩家游戏行为的积极归因影响其亲密关系质量。

第二节　互动结果的中介效应解析

由表 8 - 4 可知,利用相关分析去研究积极互动结果,消极互动结果分别和 5 类游戏行为感知、游戏行为积极归因、游戏行为消极归因以及亲密关系质量共 8 项之间的相关关系。具体分析可知：积极互动结果和游戏专注度感知之间的相关系数值为 0.048,接近于 0,并且 $p > 0.05$,表明积极互动结果和游戏专注度感知之间并没有相关关系；积极互动结果和休闲时间占比感知之间的相关系数值为 0.053,接近于 0,并且 $p > 0.05$,表明积极互动结果和休闲时间占比感知之间并没有相关关系；积极互动结果和伴侣共同游戏频率之间的相关系数值为 0.634,并且呈现出 0.01 水平的显著性,表明积极互动结果和伴侣共同游戏频率之间有着显著的正相关关系；积极互动结果和同性朋友共同游戏频率感知之间的相关系数值为−0.015，接近于0，并且$p>0.05$，表明积极互动结果和同性朋友共同游戏频率感知之间并没有相关关系。积极互动结果和异性朋友共同游戏频率感知之间的相关系数值为0.139，并且呈现出0.05水平的显著性，表明积极互动结果和异性朋友共同游戏频率感知之间有着显著的正相关关系；积极互动结果和游戏行为积极归因之间的相关系数值为0.254，并且呈现出0.01水平的显著性，表明积极互动结果和游戏行为积极归因之间有着显著的正相关关系；积极互动结果和游戏行为消极归因之间的相关系数值为0.087，接近于0，并且$p>0.05$，表明积极互动结果和游戏行为消极归因之间并没有相关关系；积极互动结果和亲密关系质量之间的相关系数值为0.080，接近于0，并且$p>0.05$，表明积极互动结果和亲密关系质量之间并没有相关关系。

表 8 - 4 伴侣互动结果的相关分析

项　　目	积极互动结果	消极互动结果
游戏专注度	0.048	0.191**
休闲时间占比	0.053	0.360**
伴侣共同游戏频率	0.634**	−0.186**
同性朋友共同游戏频率	−0.015	0.166*
异性朋友共同游戏频率	0.139*	0.216**
游戏行为积极归因	0.254**	−0.303**
游戏行为消极归因	0.087	0.352**
亲密关系质量	0.080	−0.308**

注：$*p<0.05$，$**p<0.01$。

消极互动结果和游戏专注度感知之间的相关系数值为0.191，并且呈现出0.01水平的显著性，表明消极互动结果和游戏专注度感知之间有着显著的正相关关系；消极互动结果和休闲时间占比感知之间的相关系数值为0.360，并且呈现出0.01水平的显著性，表明消极互动结果和休闲时间占比感知之间有着显著的正相关关系；消极互动结果和伴侣共同游戏频率之间的相关系数值为

—0.186,并且呈现出 0.01 水平的显著性,表明消极互动结果和伴侣共同游戏频率之间有着显著的负相关关系;消极互动结果和同性朋友共同游戏频率感知之间的相关系数值为 0.166,并且呈现出 0.05 水平的显著性,表明消极互动结果和同性朋友共同游戏频率感知之间有着显著的正相关关系;消极互动结果和异性朋友共同游戏频率感知之间的相关系数值为 0.216,并且呈现出 0.01 水平的显著性,表明消极互动结果和异性朋友共同游戏频率感知之间有着显著的正相关关系;消极互动结果和游戏行为积极归因之间的相关系数值为—0.303,并且呈现出 0.01 水平的显著性,表明消极互动结果和游戏行为积极归因之间有着显著的负相关关系;消极互动结果和游戏行为消极归因之间的相关系数值为 0.352,并且呈现出 0.01 水平的显著性,表明消极互动结果和游戏行为消极归因之间有着显著的正相关关系;消极互动结果和亲密关系质量之间的相关系数值为—0.308,并且呈现出 0.01 水平的显著性,表明消极互动结果和亲密关系质量之间有着显著的负相关关系。

将积极互动结果和消极互动结果作为中介变量,游戏行为感知和游戏行为归因作为自变量,亲密关系质量作为因变量,性别、年龄和学历作为控制变量,分别进行中介模型检验。检验结果具体分析可知,当消极互动结果作为中介变量,休闲时间占比感知作为自变量时,Bootstrap 抽样计算得到的 95% 置信区间不包括 0,休闲时间占比感知对亲密关系质量的回归系数 c' 为—0.070($p>0.05$),休闲时间占比感知对消极互动结果的回归系数 a 为 0.156($p<0.05$),消极互动结果对亲密关系质量的回归系数 b 为—0.205($p<0.01$),a 和 b 显著,c' 不显著,表明消极互动结果完全中介休闲时间占比感知对亲密关系质量的影响(见图 8-6),即伴侣对玩家休闲时间占比的感知通过增加消极互动结果而对亲密关系质量产生负面影响。

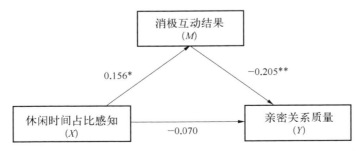

图 8-6   消极互动结果在休闲时间占比感知与亲密关系质量之间的中介作用

当消极互动结果作为中介变量,伴侣共同游戏频率作为自变量时,Bootstrap 抽样计算得到的 95% 置信区间不包括 0,伴侣共同游戏频率对亲密关系质量的回归系数 c' 为 $-0.016(p>0.05)$,休闲时间占比感知对消极互动结果的回归系数 a 为 $-0.122(p<0.05)$,消极互动结果对亲密关系质量的回归系数 b 为 $-0.205(p<0.01)$,a 和 b 显著,c' 不显著,表明消极互动结果完全中介伴侣共同游戏频率对亲密关系质量的影响(见图 8-7),即伴侣共同游戏频率通过减少消极互动结果而对亲密关系质量产生正面影响。

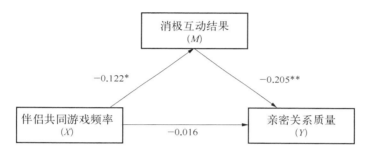

图 8-7　消极互动结果在伴侣共同游戏频率与亲密关系质量之间的中介作用

当消极互动结果作为中介变量,游戏行为积极归因作为自变量时,Bootstrap 抽样计算得到的 95% 置信区间不包括 0,游戏行为积极归因对亲密关系质量的回归系数 c' 为 $0.421(p<0.01)$,游戏行为积极归因对消极互动结果的回归系数 a 为 $-0.207(p<0.01)$,消极互动结果对亲密关系质量的回归系数 b 为 $-0.205(p<0.01)$,a 和 b 显著,c' 也显著,且 $a\times b(0.042,\ p<0.01)$ 与 c' 同号,表明消极互动结果部分中介游戏行为积极归因对亲密关系质量的影响(见图 8-8),即游戏行为积极归因部分通过减少消极互动结果而对亲密关系质量产生正面影响。

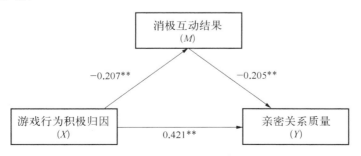

图 8-8　消极互动结果在游戏行为积极归因与亲密关系质量之间的中介作用

当消极互动结果作为中介变量，游戏行为消极归因作为自变量时，Bootstrap 抽样计算得到的 95% 置信区间不包括 0，游戏行为消极归因对亲密关系质量的回归系数 c' 为 0.102（$p>0.05$），游戏行为消极归因对消极互动结果的回归系数 a 为 0.205（$p<0.05$），消极互动结果对亲密关系质量的回归系数 b 为 -0.205（$p<0.01$），a 和 b 显著，c' 不显著，表明消极互动结果完全中介游戏行为消极归因对亲密关系质量的影响（见图 8-9），即游戏行为消极归因通过增加消极互动结果而对亲密关系质量产生负面影响。研究结果部分支持 H7c。

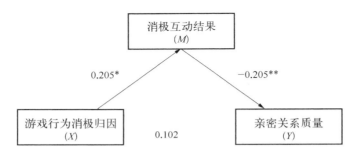

图 8-9　消极互动结果在游戏行为消极归因与亲密关系质量之间的中介作用

总结可知，消极互动结果与所有游戏行为感知、归因以及伴侣的亲密关系质量均显著相关。其中，消极互动结果与伴侣共同游戏频率、游戏行为积极归因和亲密关系质量显著负相关。而积极互动结果仅与伴侣共同游戏频率、异性朋友共同游戏频率和游戏行为积极归因显著正相关，与其他自变量没有相关关系。此外，通过分析发现消极互动结果中介了伴侣对休闲时间占比感知、伴侣共同游戏、游戏行为积极归因和游戏行为消极归因对亲密关系质量的影响。结合上一小节的研究结果，发现伴侣共同游戏频率既通过游戏行为积极归因影响亲密关系质量，也通过消极互动结果影响亲密关系质量，并且两个中介变量均表现出完全中介效应。

第三节　伴侣对玩家人际传播策略
感知的调节效应解析

将伴侣对玩家传播策略的感知与亲密关系质量、互动结果、游戏行为感知和归因进行相关分析（见表 8 - 5），发现亲密关系质量与"减少游戏时间"（0.143，$p<0.05$）、"提前报备"（0.159，$p<0.05$）、"改善时间分配"（0.179，$p<0.01$）、"道歉/哄"（0.187，$p<0.01$）和"及时回应需求"（0.237，$p<0.01$）共 5 项之间均呈现出显著性，意味着关系质量与 5 项传播策略感知之间有着正相关关系。而亲密关系质量与"寻求理解"之间并不会呈现出显著性，相关系数值接近于 0，表明亲密关系质量与"寻求理解"之间并没有相关关系。

表 8 - 5　传播策略感知的相关分析

项　　目	亲密关系质量	积极互动结果	消极互动结果	整体游戏行为感知	游戏行为积极归因	游戏行为消极归因
减少游戏时间	0.143*	0.048	0.114	−0.018	0.304**	−0.009
提前报备	0.159*	0.077	0.009	0.081	0.228**	0.087
改善时间分配	0.179**	0.090	−0.020	−0.068	0.362**	−0.039
寻求理解	0.133	0.030	0.018	0.085	0.239**	0.159*
道歉/哄	0.187**	0.053	0.095	0.043	0.258**	0.006
及时回应需求	0.237**	0.163*	−0.161*	0.006	0.389**	−0.109

注：* $p<0.05$，** $p<0.01$。

"积极互动结果"仅与"及时回应需求"呈现出显著性，相关系数值是 0.163（$p<0.05$），意味着"积极互动结果"与"及时回应需求"之间有着正相关关系，与其他 5 类传播策略感知没有相关关系。同样"消极互动结果"与"及时回应需求"之间呈现出显著性，相关系数值分别是−0.161（$p<0.05$），意味着"消极互动结果"与"及时回应需求"之间有着负相关关系，与其他 5 类传播策略感知没有相关关系。

此外，"整体游戏行为感知"与 6 项传播策略感知之间均没有相关关系。而"游戏行为积极归因"则与 6 项传播策略感知之间全部呈现出显著性，相关系数值分别是 0.304、0.228、0.362、0.239、0.258、0.389，并且相关系数值均大于 0，$p<0.01$，意味着"游戏行为积极归因"与 6 项传播策略感知之间均有着正相关关系。"游戏行为消极归因"仅与"寻求理解"之间呈现出显著性，相关系数值是 0.159（$p<0.05$），意味着"游戏行为消极归因"与"寻求理解"之间有着正相关关

系。同时,"游戏行为消极归因"与其余 5 项传播策略感知之间并没有呈现出显著性,相关系数值接近于 0,表明"游戏行为消极归因"与 5 项传播策略感知之间并没有相关关系。

为了检验伴侣对玩家传播策略的感知在伴侣亲密关系质量的影响路径中的调节效应,在上一小节发现的中介效应模型中加入传播策略感知作为调节变量,采用 Hayes(2012)编制的 SPSS 宏中的 Model7,在控制性别、年龄和学历的情况下对有调节的中介模型进行检验。将传播策略感知作为调节变量放入模型中进行检验,结果表明:休闲时间占比感知与传播策略感知的乘积项对消极互动结果的预测作用不显著($\beta = -0.069$,$t = -1.304$,$p > 0.05$);伴侣共同游戏频率与传播策略感知的乘积项对消极互动结果的预测作用不显著($\beta = 0.070$,$t = 1.001$,$p > 0.05$);游戏行为积极归因与传播策略感知的乘积项对消极互动结果的预测作用显著($\beta = -0.175$,$t = -2.278$,$p < 0.05$)(见表 8-6);游戏行为消极归因与传播策略感知的乘积项对消极互动结果的预测作用不显著($\beta = -0.110$,$t = -1.327$,$p > 0.05$)。

表 8-6 有调节的中介模型检验(2)

项 目	亲密关系质量	消极互动结果
常数	1.876** (4.274)	1.074(1.150)
游戏行为积极归因	0.400** (6.180)	0.214(0.783)
传播策略感知		0.728** (2.855)
游戏行为积极归因 * 传播策略感知		−0.175* (−2.278)
性别	−0.034(−0.283)	0.127(0.884)
年龄	0.031** (4.155)	0.027** (3.182)
学历	0.035(0.691)	−0.137* (−2.343)
消极互动结果	−0.215** (−3.661)	
样本量	214	214
R^2	0.287	0.187

续　表

项　目	亲密关系质量	消极互动结果
调整 R^2	0.266	0.160
F 值	$F(5, 208)=16.738, p=0.000$	$F(6, 207)=7.960, p=0.000$

注：* $p<0.05$，** $p<0.01$，括号里面为 t 值。

同时，进一步分析(见表 8-7)可知，当消极互动结果为中介变量时，在传播策略感知取平均水平(3.413)时，Bootstrap 95％置信区间为 0.025～0.146，不包括 0，也即表明平均水平下，游戏行为积极归因对亲密关系质量影响时消极互动结果有着中介作用。在传播策略感知取低水平(2.717)时，Bootstrap 95％置信区间为 0.009～0.115，不包括 0，也即表明传播策略感知在低水平时，游戏行为积极归因对亲密关系质量影响时消极互动结果有着中介作用。在传播策略感知取高水平(4.109)时，Bootstrap 95％置信区间为 0.026～0.206，不包括 0，也即表明传播策略感知在高水平时，游戏行为积极归因对亲密关系质量影响时消极互动结果有着中介作用。综合可知，在传播策略感知取低水平，平均水平，或高水平时，消极互动结果均会起中介作用。3 种水平时，均起着中介作用而且都是效应量均大于 0，表明调节中介不存在，因为中介作用情况一致。

表 8-7　有调节的中介模型检验(3)

项　目	亲密关系质量	消极互动结果
常数	3.422** (7.789)	0.267(0.310)
伴侣共同游戏频率	−0.026(−0.580)	0.515** (2.634)
传播策略感知		0.397(1.922)
同性朋友共同游戏频率 * 传播策略感知		−0.113* (−2.033)
性别	0.055(0.420)	0.110(0.737)
年龄	0.029** (3.581)	0.033** (3.665)

项　　目	亲密关系质量	消极互动结果
学历	0.039(0.690)	−0.115(−1.860)
消极互动结果	−0.314**(−5.066)	
样本量	214	214
R^2	0.157	0.118
调整 R^2	0.133	0.088
F 值	$F(5, 208)=7.767, p=0.000$	$F(6, 207)=4.594, p=0.000$

注：* $p<0.05$，** $p<0.01$，括号里面为 t 值。

将游戏行为感知和归因作为自变量，玩家人际传播策略作为调节变量，互动结果作为因变量，学历、性别和年龄作为控制变量，进行调节效应检验。研究结果显示(见表8-8)，"同性朋友共同游戏频率感知"与"传播策略感知"的交互项呈现出显著性($t=3.010$，$p<0.01$)。意味着"同性朋友共同游戏频率感知"对于"积极互动结果"影响时，调节变量(传播策略感知)在不同水平时，影响幅度具有显著性差异。简单斜率分析可知(见图8-10)，在低传播策略感知水平时，同性朋友共同游戏频率感知负向预测积极互动结果；而在高传播策略感知水平时，则同性朋友共同游戏频率感知正向预测积极互动结果。

表 8-8　传播策略感知的调节效应(1)

项　　目	模型 1	模型 2	模型 3
常数	3.721**(7.843)	3.793**(8.000)	3.919**(8.390)
学历	0.005(0.079)	0.004(0.063)	−0.017(−0.259)
性别	−0.284(−1.736)	−0.347*(−2.080)	−0.336*(−2.054)
年龄	−0.016(−1.585)	−0.014(−1.394)	−0.017(−1.775)
同性朋友共同游戏频率感知	−0.017(−0.307)	−0.026(−0.472)	−0.023(−0.434)
传播策略感知		0.152(1.709)	0.152(1.745)

续　表

项　目	模型 1	模型 2	模型 3
同性朋友共同游戏频率感知 * 传播策略感知			0.183 ** (3.010)
样本量	214	214	214
R^2	0.025	0.039	0.079
调整 R^2	0.007	0.016	0.052
F 值	$F_{(4, 209)}=1.350$, $p=0.253$	$F_{(5, 208)}=1.674$, $p=0.142$	$F_{(6, 207)}=2.958$, $p=0.009$
ΔR^2	0.025	0.013	0.040
ΔF 值	$F_{(4, 209)}=1.350$, $p=0.253$	$F_{(1, 208)}=2.920$, $p=0.089$	$F_{(1, 207)}=9.057$, $p=0.003$

注：因变量=积极互动结果，* $p<0.05$，** $p<0.01$，括号里面为 t 值。

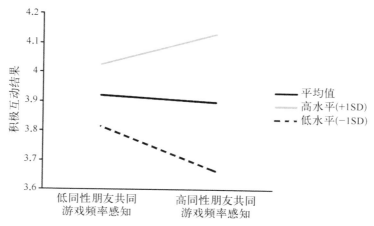

图 8-10　传播策略感知调节效应的斜率分析(1)

　　"游戏专注度感知"与"传播策略感知"的交互项呈现出显著性（$t=3.039$，$p<0.01$）。意味着"游戏专注度感知"对于"积极互动结果"影响时，调节变量（传播策略感知）在不同水平时，影响幅度具有显著性差异（见表 8-9）。简单斜率分析可知（见图 8-11），在低传播策略感知水平时，游戏专注度感知负向预测积极互动结果；而在高传播策略感知水平时，则游戏专注度感知正向预测积极互动结果。

表 8 - 9 传播策略感知的调节效应(2)

项 目	模型 1	模型 2	模型 3
常数	3.739**(7.935)	3.800**(8.075)	3.889**(8.410)
学历	0.011(0.164)	0.012(0.173)	−0.011(−0.166)
性别	−0.305(−1.865)	−0.369*(−2.206)	−0.356*(−2.169)
年龄	−0.016(−1.606)	−0.014(−1.383)	−0.015(−1.569)
游戏专注度感知	0.070(1.012)	0.071(1.021)	0.064(0.940)
传播策略感知		0.148(1.677)	0.128(1.479)
游戏专注度感知 * 传播策略感知			0.258**(3.039)
样本量	214	214	214
R^2	0.030	0.042	0.083
调整 R^2	0.011	0.019	0.057
F 值	$F_{(4, 209)}=1.588$, $p=0.179$	$F_{(5, 208)}=1.844$, $p=0.106$	$F_{(6, 207)}=3.137$, $p=0.006$
ΔR^2	0.030	0.013	0.041
ΔF 值	$F_{(4, 209)}=1.588$, $p=0.179$	$F_{(1, 208)}=2.812$, $p=0.095$	$F_{(1, 207)}=9.235$, $p=0.003$

注：因变量＝积极互动结果，* $p<0.05$，** $p<0.01$,括号里面为 t 值。

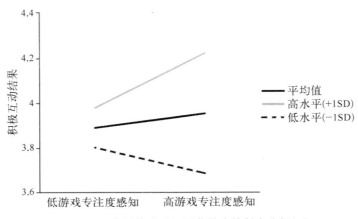

图 8 - 11 传播策略感知调节效应的斜率分析(2)

　　"同性朋友共同游戏频率感知"与"传播策略感知"的交互项呈现出显著性（$t=-2.033$，$p<0.05$），意味着"同性朋友共同游戏频率感知"对于"消极互动结果"影响时，调节变量（传播策略感知）在不同水平时，影响幅度具有显著性差异（见表 8-10）。简单斜率分析可知（见图 8-12），在高传播策略感知水平时，则同性朋友共同游戏频率感知正向预测消极互动结果；在低传播策略感知水平时，同性朋友共同游戏频率感知也正向预测消极互动结果，但预测作用更大。研究结果部分支持 H8。

表 8-10 传播策略感知的调节效应（3）

项　　目	模型 1	模型 2	模型 3
常数	2.132**（5.006）	2.137**（4.985）	2.059**（4.820）
学历	−0.128*（−2.079）	−0.128*（−2.075）	−0.115（−1.860）
性别	0.121（0.826）	0.117（0.776）	0.110（0.737）
年龄	0.031**（3.435）	0.031**（3.419）	0.033**（3.665）
同性朋友共同游戏频率感知	0.131**（2.682）	0.130**（2.652）	0.128**（2.640）
传播策略感知		0.010（0.119）	0.009（0.117）
同性朋友共同游戏频率感知 * 传播策略感知			−0.113*（−2.033）
样本量	214	214	214
R^2	0.100	0.100	0.118
调整 R^2	0.083	0.078	0.092
F 值	$F_{(4, 209)}=5.795$，$p=0.000$	$F_{(5, 208)}=4.617$，$p=0.001$	$F_{(6, 207)}=4.594$，$p=0.000$
ΔR^2	0.100	0.000	0.018
ΔF 值	$F_{(4, 209)}=5.795$，$p=0.000$	$F_{(1, 208)}=0.014$，$p=0.905$	$F_{(1, 207)}=4.134$，$p=0.043$

　　注：因变量＝消极互动结果；* $p<0.05$，** $p<0.01$，括号里面为 t 值。

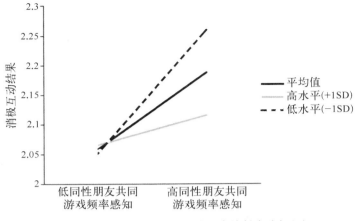

图 8 - 12　传播策略感知调节效应的斜率分析(3)

总结可知,伴侣对玩家人际传播策略的感知调节了游戏专注度、同性朋友共同游戏频率对积极互动结果的影响,也调节了同性朋友共同游戏频率对消极互动结果的影响。具体研究结果表明玩家使用人际传播策略有利于增加双方人际互动中的积极互动结果,减少消极互动结果。

第四节　依恋类型的调节效应解析

将依恋类型分别与亲密关系质量、游戏行为感知、游戏行为归因、互动结果和传播策略进行相关分析。从表 8 - 11 可知,"依恋焦虑"和"亲密关系质量"之间的相关系数值为 -0.343,并且呈现出 0.01 水平的显著性,表明"依恋焦虑"和"亲密关系质量"之间有着显著的负相关关系;"依恋焦虑"和"游戏专注度感知"之间的相关系数值为 0.133,并且 $p > 0.05$,表明"依恋焦虑"和"游戏专注度感知"之间并没有相关关系;"依恋焦虑"和"休闲时间占比感知"之间的相关系数值为 0.166,并且呈现出 0.05 水平的显著性,表明"依恋焦虑"和"休闲时间占比感知"之间有着显著的正相关关系;"依恋焦虑"和"伴侣共同游戏频率"之间的相关系数值为 -0.013,并且 $p > 0.05$,表明"依恋焦虑"和"伴侣共同游戏频率"之间并没有相关关系;"依恋焦虑"和"同性朋友共同游戏频率感知"之间的相关系数值为 0.144,并且呈现出 0.05 水平的显著性,表明"依恋焦虑"和"同性朋友共同游戏频率感知"之间有着显著的正相关关系;"依恋焦虑"和"异性朋友共同游戏频率感知"之间的相关系数值为 0.077,并且 $p > 0.05$,表明"依恋焦虑"和"异性朋友共同游戏频率感知"之间并没有相关关系;"依恋焦虑"和"游戏行为积极归因"之间的相关系数值为 -0.082,并且 $p > 0.05$,表明"依恋焦虑"和"游戏行为积极归因"之间并没有相关关系;"依恋焦虑"和"游戏行为消极归因"之间的相关系数值为 0.120,并且 $p > 0.05$,表明"依恋焦虑"和"游戏行为消极归因"之间并没有相关关系;"依恋焦虑"和"积极互动结果"之间的相关系数值为 -0.057,接近于 0,并且 $p > 0.05$,表明"依恋焦虑"和"积极互动结果"之间并没有相关关系;"依恋焦虑"和"消极互动结果"之间的相关系数值为 0.448,并且呈现出 0.01 水平的显著性,表明"依恋焦虑"和"消极互动结果"之间有着显著的正相关关系;"依恋焦虑"和"传播策略感知"之间的相关系数值为 0.083,并且 $p > 0.05$,表明"依恋焦虑"和"传播策略感知"之间并没有相关关系。

"依恋回避"和"亲密关系质量"之间的相关系数值为 -0.555,并且呈现出 0.01 水平的显著性,表明"依恋回避"和"亲密关系质量"之间有着显著的负相关关系;"依恋回避"和"游戏专注度感知"之间的相关系数值为 -0.043,并且 $p > 0.05$,表明"依恋回避"和"游戏专注度感知"之间并没有相关关系;"依恋回避"和"休闲时间占比感知"之间的相关系数值为 0.071,且 $p > 0.05$,表明"依恋回避"和"休闲时间占比感知"之间没有相关关系;"依恋回避"和"伴侣共同游戏频率"之间的相关系数值为 0.010,并且 $p > 0.05$,表明"依恋回避"和"伴侣共同游戏频率"之间没有相关关系;"依恋回避"和"同性朋友共同游戏频率感知"之间的相关系数值为 0.028,并且 $p > 0.05$,表明"依恋回避"和"同性朋友共同游戏频率感知"之间没有相关关系;"依恋回避"和"异性朋友共同游戏频率感知"之间的相关系数值为 0.199,并且呈现出 0.01 水平的显著性,表明"依恋回避"和"异性朋友共同游戏频率感知"之间有显著正相关关系;"依恋回避"和"游戏行为积极归因"之间的相关系数值为 -0.249,并且呈现出 0.01 水平的显著性,表明"依恋回避"和"游戏行为积极归因"之间有显著负相关关系;"依恋回避"和"游戏行为消极归因"之间的相关系数值为 0.047,并且 $p > 0.05$,表明"依恋回避"和"游戏行为消极归因"之间没有相关关系;"依恋回避"和"积极互动结果"之间的相关系数值为 -0.002,并且 $p > 0.05$,表明"依恋回避"和"积极互动结果"之间没有相关关系;"依恋回避"和"消极互动结果"之间的相关系数值为 0.237,并且呈现出 0.01 水平的显著性,表明"依恋回避"和"消极互动结果"之间有着显著的正相关关系;"依恋回避"和"传播策略感知"之间的相关系数值为 -0.246,并且呈现出

0.01 水平的显著性,表明"依恋回避"和"传播策略感知"之间有显著负相关关系
(见表 8 - 11)。

表 8 - 11 伴侣依恋类型的相关分析

项 目	依恋焦虑	依恋回避
亲密关系质量	−0.343**	−0.555**
游戏专注度	0.133	−0.043
休闲时间占比	0.166*	0.071
伴侣共同游戏频率	−0.013	0.010
同性朋友共同游戏频率	0.144*	0.028
异性朋友共同游戏频率	0.077	0.199**
游戏行为积极归因	−0.082	−0.249**
游戏行为消极归因	0.120	0.047
积极互动结果	−0.057	−0.002
消极互动结果	0.448**	0.237**
传播策略感知	0.083	−0.246**

注: $* p < 0.05$, $** p < 0.01$。

为了检验伴侣依恋类型在伴侣亲密关系质量的影响路径中的调节效应,在
8.2 节发现的中介效应模型中加入依恋类型作为调节变量,采用 Hayes(2012)
编制的 SPSS 宏中的 Model7,在控制性别、年龄和学历的情况下对有调节的中
介模型进行检验。将依恋焦虑和依恋回避分别作为调节变量放入模型中进行检
验,结果表明:休闲时间占比感知与依恋焦虑的乘积项对消极互动结果的预测
作用不显著($\beta = -0.016$, $t = -0.294$, $p > 0.05$);伴侣共同游戏频率与依恋焦
虑的乘积项对消极互动结果的预测作用不显著($\beta = -0.081$, $t = -1.562$, $p >$
0.05);游戏行为积极归因与依恋焦虑的乘积项对消极互动结果的预测作用不显
著($\beta = 0.053$, $t = 0.652$, $p > 0.05$);游戏行为消极归因与依恋焦虑的乘积项对
消极互动结果的预测作用不显著($\beta = -0.0380$, $t = -0.470$, $p > 0.05$)。

休闲时间占比感知与依恋回避的乘积项对消极互动结果的预测作用不显著（$\beta=-0.097$，$t=-1.581$，$p>0.05$）；伴侣共同游戏频率与依恋回避的乘积项对消极互动结果的预测作用不显著（$\beta=-0.117$，$t=-1.768$，$p>0.05$）；游戏行为积极归因与依恋回避的乘积项对消极互动结果的预测作用显著（$\beta=0.382$，$t=3.806$，$p<0.01$）（见表 8-12 和图 8-13）；游戏行为消极归因与依恋回避的乘积项对消极互动结果的预测作用不显著（$\beta=-0.025$，$t=-0.259$，$p>0.05$）。

表 8-12　有调节的中介模型检验(4)

项　　目	亲密关系质量	消极互动结果
常数	1.876** (4.274)	5.351** (5.414)
游戏行为积极归因	0.400** (6.180)	−1.209** (−4.681)
依恋回避		−1.063** (−3.027)
游戏行为积极归因 * 依恋回避		0.382** (3.806)
性别	−0.034(−0.283)	0.261(1.919)
年龄	0.031** (4.155)	0.032** (3.816)
学历	0.035(0.691)	−0.108(−1.890)
消极互动结果	−0.215** (−3.661)	
样本量	214	214
R^2	0.287	0.238
调整 R^2	0.266	0.212
F 值	$F(5, 208)=16.738$, $p=0.000$	$F(6, 207)=10.792$, $p=0.000$

注：* $p<0.05$，** $p<0.01$，括号里面为 t 值。

同时，由表 8-13 可知，当消极互动结果为中介变量时，在依恋回避取平均水平（2.408）时，Bootstrap 95％置信区间为 0.020～0.105，不包括 0，也即表明平均水平下，游戏行为积极归因对亲密关系质量影响时消极互动结果有着中介

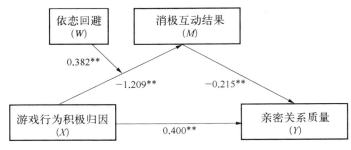

图 8-13　伴侣依恋回避的调节效应模型

作用。在依恋回避取低水平(1.724)时,Bootstrap 95%置信区间为 0.040~0.197,不包括 0,也即表明依恋回避在低水平时,游戏行为积极归因对亲密关系质量影响时消极互动结果有着中介作用。在依恋回避取高水平(3.093)时,Bootstrap 95%置信区间为−0.049~0.052,包括 0,也即表明依恋回避在高水平时,游戏行为积极归因对亲密关系质量影响时消极互动结果没有中介作用。综合可知,在依恋回避取高水平时消极互动结果不会起中介作用,依恋回避取平均水平或低水平时,消极互动结果均会起中介作用。三种水平时消极互动结果是否有中介作用的情况并不一致,表明调节中介作用存在。进一步简单斜率分析表明(图 8-14),回避水平较低(M−1SD)的被试,游戏行为积极归因对消极互动结果具有非常显著的负向预测作用($t=-4.311$,$p<0.01$);而对于回避水平较高(M+1SD)的被试,游戏行为积极归因对消极互动结果没有明显的预测作用($t=0.022$,$p>0.05$),表明随着依恋回避水平的提高,游戏行为积极归因对消极互动结果的预测作用呈逐渐降低趋势。研究结果部分支持 H5b。

表 8-13　消极互动结果条件间接效应

中介变量	水　平	水平值	Effect	BootSE	BootLLCI	BootULCI
消极互动结果	低水平(−1SD)	1.724	0.118	0.040	0.040	0.197
	平均值	2.408	0.062	0.022	0.020	0.105
	高水平(+1SD)	3.093	0.006	0.024	−0.049	0.052

注:BootLLCI 指 Bootstrap 抽样 95%区间下限,BootULCI 指 Bootstrap 抽样 95%区间上限。

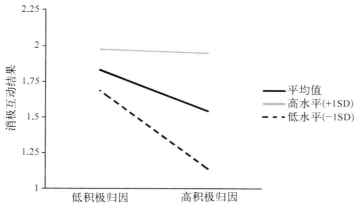

图 8 - 14 依恋回避在游戏行为积极归因和消极互动
结果之间调节效应的斜率分析

　　将依恋焦虑、依恋回避、游戏行为感知、游戏行为积极归因、游戏行为消极归因、积极互动结果、消极互动结果、传播策略感知作为自变量,而将亲密关系质量作为因变量进行线性回归分析。从表 8 - 14 可知,模型 R^2 为 0.445,意味着所有自变量可以解释亲密关系质量的 44.5% 变化原因,且模型通过 F 检验($F = 20.616$,$p < 0.05$)。研究结果显示:依恋焦虑的回归系数值为 -0.156($t = -2.583$,$p < 0.05$),表明依恋焦虑会对亲密关系质量产生显著的消极影响;依恋回避的回归系数值为 -0.445($t = -6.938$,$p < 0.01$),表明依恋回避会对亲密关系质量产生显著的消极影响;游戏行为感知的回归系数值为 -0.143($t = -1.845$,$p > 0.05$),表明游戏行为感知并不会对亲密关系质量产生影响;游戏行为积极归因的回归系数值为 0.319($t = 5.007$,$p < 0.01$),表明游戏行为积极归因会对亲密关系质量产生显著的积极影响;游戏行为消极归因的回归系数值为 0.091($t = 1.344$,$p > 0.05$),表明游戏行为消极归因并不会对亲密关系质量产生影响;积极互动结果的回归系数值为 0.005($t = 0.100$,$p > 0.05$),表明积极互动结果并不会对亲密关系质量产生影响;消极互动结果的回归系数值为 -0.046($t = -0.747$,$p > 0.05$),意味着消极互动结果并不会对亲密关系质量产生影响。

　　传播策略感知的回归系数值为 0.022($t = 0.344$,$p > 0.05$),意味着传播策略感知并不会对亲密关系质量产生影响。整体而言,游戏行为积极归因会对亲密关系质量产生显著的正向影响关系,依恋焦虑、依恋回避会对亲密关系质量产

表 8 - 14　伴侣亲密关系质量线性回归分析

项　　目	回归系数	95% CI	VIF
常数	4.114** (10.805)	3.368~4.860	—
依恋焦虑	−0.156* (−2.583)	−0.274~−0.038	1.385
依恋回避	−0.445** (−6.938)	−0.571~−0.319	1.263
游戏行为感知	−0.143 (−1.845)	−0.295~0.009	1.613
游戏行为积极归因	0.319** (5.007)	0.194~0.444	1.382
游戏行为消极归因	0.091 (1.344)	−0.042~0.223	1.585
积极互动结果	0.005 (0.100)	−0.094~0.104	1.270
消极互动结果	−0.046 (−0.747)	−0.166~0.074	1.641
传播策略感知	0.022 (0.344)	−0.102~0.146	1.262
样本量	215		
R^2	0.445		
调整 R^2	0.423		
F 值	$F(8, 206) = 20.616$，$p = 0.000$		

注：因变量＝亲密关系质量，D-W 值＝1.875，* $p < 0.05$，** $p < 0.01$，括号里面为 t 值。

生显著的负向影响关系，但是游戏行为感知、游戏行为消极归因、积极互动结果、消极互动结果、传播策略感知并不会对亲密关系质量产生影响关系。回归分析结果显示（见图 8-15），依恋回避对伴侣的亲密关系质量直接影响最大，其次是游戏行为积极归因。

　　总结可知，具备不安全依恋风格的伴侣在与玩家的二元互动中更有可能产生消极的互动结果，并感受到更差的亲密关系质量。其中，具有高水平依恋焦虑的伴侣更在意玩家的游戏时间在休闲时间中的占比以及玩家与同性朋友共同游戏的频率，而具有高依恋回避水平的伴侣则更在意玩家是否与异性共同游戏，也更少感知到玩家的传播策略。依恋回避水平低的伴侣对玩家游戏行为积极归因显著且负向预测消极互动结果，而回避水平高的伴侣的消极互动结果则几乎不

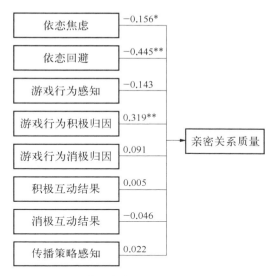

图 8‑15 伴侣亲密关系质量线性回归分析

受积极归因的影响。此外,与玩家类似,相对于其他因素伴侣的依恋回避水平对其亲密关系质量影响最大,而伴侣对玩家游戏行为的积极归因对其亲密关系质量也有着较大的影响。说明对伴侣而言,其本身的依恋类型和其对玩家游戏行为的认知方式是直接影响其亲密关系质量的关键因素。

第九章
电子游戏行为、个体认知和依恋风格对亲密关系的影响

第一节 影响模型的验证

本书基于使用与满足理论、归因理论和依恋理论等相关理论，从电子游戏行为的三个维度（起因维度、知觉维度、认知维度）和两个路径（玩家路径、伴侣路径）出发，构建了电子游戏行为对亲密关系的影响模型。分别探讨了游戏行为对玩家及其伴侣亲密关系质量的影响，并针对模型提出了20个研究假设。通过访谈与问卷调查，结合定性与定量的研究方法，实证分析了电子游戏行为对亲密关系的影响机制，并对该模型的作用路径和假设进行了检验与分析，验证结果如表9-1所示：研究结果支持大部分研究假设，影响模型成立。

表 9-1 研究结果汇总

研究假设/影响路径	检验结果
H1a：所有游戏动机均与游戏时间在休闲时间中的占比正相关。	支持
H1b：社交动机和与伴侣共同游戏频率正相关。	支持
H1c：社交动机和与同性朋友共同游戏频率正相关。	支持
H1d：社交动机和与异性朋友共同游戏频率正相关。	支持
H2a：游戏专注度会对双方亲密关系质量产生消极影响。	不支持
H2b：游戏时间在休闲时间中的占比会对双方亲密关系质量产生消极影响。	部分支持

研究假设/影响路径	检验结果
H2c：与伴侣共同游戏频率会对双方亲密关系质量产生积极影响。	部分支持
H2d：与同性朋友共同游戏频率会对双方亲密关系质量产生消极影响。	不支持
H2e：与异性朋友共同游戏频率会对双方亲密关系质量产生消极影响。	支持
H3a：伴侣对玩家游戏行为的积极归因与关系质量正相关。	支持
H3b：伴侣对玩家游戏行为的消极归因与关系质量负相关。	不支持
H4a：玩家对伴侣反应行为的积极归因与关系质量正相关。	支持
H4b：玩家对伴侣反应行为的消极归因与关系质量负相关。	不支持
H5a：玩家的依恋类型调节了玩家对伴侣反应行为的感知和归因对互动结果的影响。	部分支持
H5b：伴侣的依恋类型调节了伴侣对玩家游戏行为感知和归因对互动结果的影响。	部分支持
H6：玩家的依恋类型调节了游戏动机对游戏行为的影响。	部分支持
H7a：消极互动结果与亲密关系质量负相关。	支持
H7b：积极互动结果与亲密关系质量正相关。	支持
H7c：互动结果会中介行为感知和行为归因对亲密关系质量的影响。	部分支持
H8：伴侣对玩家人际传播策略的感知会调节伴侣对玩家游戏行为感知和归因对互动结果的影响。	部分支持
游戏动机→游戏行为	成立
游戏动机→依恋类型(调节)→游戏行为	成立
游戏行为→玩家对伴侣反应行为的感知	成立
玩家对伴侣反应行为的感知/归因→互动结果(中介)→亲密关系质量	成立
玩家对伴侣反应行为的感知/归因→依恋类型(调节)→互动结果	成立
伴侣对玩家游戏行为的感知/归因→互动结果(中介)→亲密关系质量	成立
伴侣对玩家游戏行为的感知/归因→依恋类型(调节)→互动结果	成立
伴侣对玩家游戏行为的感知/归因→人际传播策略的感知(调节)→互动结果	成立

第二节 电子游戏行为对亲密关系的影响

本书的第一个主要结论探讨了 5 种游戏行为对亲密关系的影响。研究发现,与研究假设相反,游戏专注度并未对亲密关系质量产生负面影响,反而具有显著的积极影响;休闲时间占比对玩家的亲密关系质量没有影响,但对伴侣的亲密关系质量存在消极影响;关系双方共同游戏对玩家的亲密关系质量有直接而显著的积极影响,却对伴侣的亲密关系质量没有直接影响;与同性朋友共同游戏频率对玩家和伴侣的亲密关系质量均没有直接影响,但它与游戏行为消极归因显著正相关,与消极互动结果显著正相关,与伴侣的亲密关系质量显著负相关;而与其他异性共同游戏的行为对双方的亲密关系质量均造成了显著且消极的影响。

一、游戏专注度对亲密关系的影响

5 类游戏行为中,"游戏专注度"的研究结果最为出人意料,既不符合研究假设,也不符合常理。心流理论和前人研究显示,当玩家进入心流状态时,会获得很强沉浸感,表现为对游戏的注意力增加,对外部刺激的注意力受到抑制(Csikszentmihalyi 和 Csikzentmihaly,1990;Cairns、Cox 和 Nordin,2014)。在现有文献中,心流通常被描述为包含九个方面的整体结构,包括如下几个方面:① 个人技能与情况所提供的挑战之间的平衡;② 确切的目标;③ 即时和精准的反馈;④ 专注;⑤ 同步的行动和意识;⑥ 暂时失去自我意识;⑦ 高度的控制感;⑧ 时间扭曲;⑨ 将活动体验为内在奖励(Csikszentmihalyi,1988;Jackson 和 Eklund,2002;Jackson 和 Marsh,1996;Jackson 等,2001;Macbeth,1988;Nakamura 和 Csikszentmihalyi,2014)。然而一项研究在对 114 名精英运动员的访谈中发现超过 80% 的人将专注描述为他们体验的一部分,专注在体验中的重要性远超其他部分(Swann 等,2012)。即便是心流理论的创始人 Csikszentmihalyi 也时常指出专注力的重要性:"心流现象反映了注意过程。高度集中,也许是心流质量的定义,即注意力完全投入到当前的交流中"(Nakamura 和 Csikszentmihalyi,2014)。Marty-Dugas 等(2018)提出了心流理论的核心概念,即"深度、轻松地专注"的主观体验。

本书根据心流理论和前人研究提出研究假设,推测玩家专注于游戏会忽略伴侣,对双方的亲密关系质量造成负面影响。然而研究结果却显示游戏专注度对亲密关系有积极且显著的影响,与研究假设相反。这一研究结果可能由以下几种原因造成。

第一,游戏专注度高的人可能在日常活动中也更专注。这个观点乍看与许多研究结果相矛盾,然而这些研究最主要的观点是过度投入电子游戏会降低未成年人在学业上的专注度。将这样的看法延展到本书,存在几个误区:① 学业研究主要针对的是未成年人,而本书的研究对象绝大部分都是成年人,成年人和未成年人的自我控制能力本身存在一定的差异;② 心流更可能发生在人们进行自由选择的任务时(Csikszentmihalyi 和 Nakamura,2010),当人们认为学习是一种强制性任务时,很难进入心流状态,即无法"深度、轻松地专注"于学习,而玩游戏则完全相反,所以相对于学习人们往往在游戏时表现出更强的专注力。由于心流是一种注意力集中的高峰体验,所以研究人员对心流与持续注意力之间的关系进行了探索。部分研究人员认为心流和持续注意力之间的表现没有关系(Ullen 等,2012)。然而这一发现与心流理论暗示的观点不一致,即更强的维持注意力的能力应该与体验心流的可能性更高有关(Csikszentmihalyi,1988;Nakamura 和 Csikszentmihalyi,2014)。另一部分研究人员也报告了心流与持续注意力之间存在正相关关系。Cermakova,Moneta 和 Spada(2010)在一项评估学业成果与不同类型动机之间关联的研究中,发现对注意力有更大控制力的人也会经历相对更多的心流体验。Moore(2013)研究了正念和心流之间的关系,发现正念(其中一个关键组成部分是持续注意力)和心流被发现具有显著的正相关,再次表明更好的持续注意力能力可能有利于心流体验。Marty-Dugas 和 Smilek(2019)检验了心流与日常注意力不集中之间的关系,发现心流与一般的心不在焉、注意力不集中呈负相关。他认为那些经常体验心流的人似乎更专注,更不容易出现注意力错误。根据这些研究结果可以推测在游戏中表现出较高专注度的人极有可能在日常活动中也表现出较高专注力,而正是高专注力为那些日常活动带去的高质量体验提高了玩家及其伴侣的亲密关系质量。当最初的激情退去,回归到生活中,日常琐事总是最能磨灭激情,一段亲密关系的长久往往更多地取决于双方的日常经营,对情感的专注、对生活的专注总能为亲密关系带来良好的体验。

第二,专注度较高的人可能具有更积极的性格,有益于创造良好的亲密关系质量。从一开始，人们就认识到，虽然心流是一种难以捉摸的体验，但有些人可能比其他人更频繁地体验心流（Csikszentmihalyi，2000）。研究人员引入"autotelic personality"（自带目的性人格）一词来指代那些最常经历心流的人（Asakawa，2010；Csikszentmihalyi，2000；Han，1988）。自带目的性人格在概念上与其他几个人格特征相关，甚至以其他几个人格特征为特征，例如好奇心、坚持和低自我中心的人更容易进入心流状态（Nakamura 和 Csikszentmihalyi，2014）。与自带目的性人格相关的其他品质包括更高的幸福感、更低的焦虑特质更倾向于使用适应性应对策略（Asakawa，2010）。Ullen 等（2012）研究了心流与五大人格特质之间的关系，发现那些高度神经质的人不太可能体验心流，因为他们情绪不稳定，容易产生负面影响，这可能会干扰或阻止心流体验。相关回归分析也支持这一研究结果，并表明责任心是心流倾向的重要（积极）预测因素（Ullen 等，2010）。Ross 和 Keiser（2014）还发现，心流倾向的增加与责任心的增加和神经质水平的降低有关。与其他研究结果一致，Marty-Dugas 和 Smilek（2019）也发现心流与外倾性、宜人性、责任心和开放性均呈正相关，而神经质则与心流负相关。与焦虑、冲动、愤怒和敌意相比，良好的责任心、热情、乐观的特质显然更容易提高亲密关系满意度。

第三，专注度较高的人可能更容易具有良好的社交关系。在多项针对多动症患者（ADHD，在临床上被定义为注意力不集中、多动冲动）的研究中，人们发现注意力不集中的个体在成年后会经历更大的社交障碍。与 ADHD 相关的人际关系障碍在整个个体发展过程中都很明显。与未确诊（ND）的青少年相比，患有 ADHD 的青少年更容易被同伴和老师认为具备较低的社交能力和可爱度（Gaub 和 Carlson，1997；Hoza 等，2005），并且与老师（Eisenberg 和 Schneider，2007）、父母（Johnston 和 Freeman，1997）和同龄人（Mrug 等，2009）有消极的互动模式。同时，尽管这些年轻人意识到自己的不良行为（如打断、违反规则、不关心他人），但他们通常缺乏自我控制来改变这些行为（Hinshaw 和 Melnick，1995）。对患有 ADHD 的成年人的社会结果的研究也表明，ADHD 患者在发展（Minde 等，2003）和维持（Biederman 等，2006）严肃的恋爱关系方面存在更大的困难，并且他们对这些关系的满意度也较低（Canu 和 Carlson，2007；Eakin 等，2004）。此外，联合型多动症（ADHD-C，具有注意力不集中和多动冲动两种特征）患者的更容易生更早、更频繁以及不安全的性行为。而注意力不集中型多动症（ADHD-IA）患者则完全相反，他们往往更为被动、冷漠和缺乏经验，并更可能在成人恋爱关系的早期遭受更高程度的拒绝（Canu 和 Carlson，2003；Flor 等，2006）。

总之，玩家的游戏专注度或许对亲密关系质量无直接影响，但具有积极性格、良好人际交往能力的人更容易拥有高质量亲密关系，也更有可能在游戏时进入高度专注的状态，并获得良好的游戏体验。

二、休闲时间占比对亲密关系的影响

5 类游戏行为中，"休闲时间占比"对玩家的亲密关系质量没有影响，但对伴侣的亲密关系质量存在消极影响。很显然，相对于游戏专注度，游戏时间的投入是个人更为主观且可控的行为，而相同的行为对行为的主动实施者和被动接收者的影响往往存在差异。产生这种影响差异的重要原因之一是伴侣对玩家的理想化或期望差异。理想化的浪漫伴侣形象在亲密关系中的确扮演着重要的角色（Walster 等，1978）。大部分人总是期望自己的另一半专一且浪漫、美丽且优雅、富有且强壮。而人们对亲密关系的满意度往往取决于对方与自己理想程度的相似性（Tran 等，2008）。当实施者的行为与被动接收者的理想程度存在差异时，接收者的关系满意度便会受到负面影响。

同时，高休闲时间占比影响亲密关系质量的最关键因素是游戏时间挤占了双方的共同休闲时间，尤其是当一方是玩家另一方是非玩家时。研究证明个人休闲和婚姻满意度之间存在负相关（Orthner，1975）。在共同活动中共享闲暇时间的已婚夫妇比不这样做的夫妇有更高的婚姻满意度（Holman 和 Epperson，1984；Holman 和 Jacquart，1988；Orthner，1975）。Dobson 和 Ogolsky（2021）发现单独的休闲活动对亲密关系满意度或承诺没有积极贡献。所以个人活动的参与度与婚姻满意度之间呈现出反比关系。

> 他打游戏占的时间比较多嘛，然后他本身就比较宅，我们俩真的就是除了吃饭的话，没有其他会共同去的地方。因为我们不是一个年级，不会一起上课，然后他又不去图书馆，然后就只剩下约饭的时间。（F2 - CP1）

> 刚到他们家的时候，因为完全是一个陌生的环境嘛，也只有他可以跟我讲话，我也不可能老是跟我妈妈打电话嘛。然后那个时候就会觉得，他怎么天天都在玩游戏，也不跟我讲话，很孤单的感觉。（F16 - CP8）

由此可见,玩家在电子游戏中投入过多的独立休闲时间会减少共同休闲时间,从而降低伴侣的亲密关系满意度。

三、与伴侣共同游戏对亲密关系的影响

研究假设认为,玩家及其伴侣共同游戏会增加共同的休闲时间,有益于双方的亲密关系质量。然而,直接的研究结果仅部分支持该假设,关系双方共同游戏对玩家的亲密关系质量有直接而显著的积极影响,却与伴侣的亲密关系质量不相关,也无直接影响。但共同游戏频率会通过增加伴侣对游戏行为的积极归因和减少消极互动结果而间接提高其亲密关系质量。

第一,关系双方对电子游戏的兴趣存在差异。很明显,在大部分亲密关系中玩家对电子游戏的兴趣往往高于伴侣。对玩家而言,共同游戏的意义远大于对伴侣的意义。在之前的访谈中,大部分玩家都表达了其对伴侣能共同参与游戏的期望。

> 我其实很期望她能跟我一块儿玩这种单机游戏,我也经常会邀请她,但经常被她拒绝。(M7 - CP4)

尽管有部分伴侣也尝试进行游戏,但有的受限于游戏技术、有的兴致不高,非玩家的伴侣或游戏频率较低的伴侣对共同游戏并不抱有强烈的期待。而在双方都是玩家的亲密关系中,部分受访者也表示鉴于游戏技术的差异不希望共同游戏。

> 一起游戏吧,她太坑了……竞技类算了,养成类还可以。像《王者荣耀》那样的算了。(M11 - CP6)

> 会吵架的,因为如果说我喜欢玩的游戏,你要么就很强,对吧,如果你很弱的话,我肯定会说(指责)的。(F16 - CP8)

第二,正如上一小节提到的,共同游戏显然有益于增加双方的共同休闲时间。过去大量的研究一直将与浪漫伴侣共享的闲暇时间和闲暇满意度与关系益处联系起来,包括更高质量的爱情、关系和婚姻满意度,更多的支持性沟通、凝聚

力,更少的冲突以及更低的分手可能性(Berg 等,2001;Orthner, 1975;
Zabriskie 和 McCormick,2001)。研究人员普遍认为,共同的休闲活动是维持
积极婚姻结果的一种途径(Crawford 等,2002;Holman 和 Jacquart,1988),人
们会通过共度美好时光培养共同兴趣并提供健康交流的机会(Orthner,1975;
Sharaievska、Kim 和 Stodolska,2013)。所以,虽然共同游戏并不会直接影响伴
侣的亲密关系质量,但相对于玩家单独进行游戏,伴侣更容易将共同游戏进行积
极归因,例如共同游戏体现了玩家对伴侣的重视,降低了伴侣觉得自己被对方忽
视的可能性。

　　第三,相对于其他休闲活动,电子游戏的强互动性有益于提高亲密关系质
量。研究表明,作为婚姻满意度的指标,对休闲体验本身的满意度比在休闲中共
度的时间要重要得多(Johnson 和 Anderson,2013;Johnson 等,2006;Ward
等,2014)。Orthner(1975)将共同休闲活动分为 3 类:个人活动(没有伴侣参与
的活动)、平行活动(低互动性活动)和联合休闲活动(高互动性活动)。他发现不
同类型的行为与关系结果存在差异,联合休闲活动与婚姻满意度正相关最强,其
次是平行活动,而个人活动与婚姻满意度呈负相关。该研究表明休闲环境中更
多的互动有益于亲密关系的发展。

　　　　(一起)玩游戏可能是一种维系感情,连联络感情的方式。(游戏让)我
　　们之间联系的纽带和促进感情增进的途径变多了。(F23)

　　第四,共同游戏为亲密关系注入了新的激情。关于爱情,人们总是对爱情的
持久性存在疑问。一段爱情的开始总是充满浪漫与激情,这离不开"新奇"的作
用。爱情关系确立之初,仅仅是新奇就能为这段关系注入兴奋和能量。对彼此
的美好幻想促进了关系的浪漫,然而随着时间的推移,幻想会流逝,浪漫会消退。
Dewsbury(1981)进行过一项实验,他将两只处于发情期的公鼠和母鼠放在一
起,公鼠与母鼠多次交配后筋疲力尽;然而,当他用另一只母鼠替代原来的母鼠
后,公鼠又焕发了兴趣和活力。研究者把这种新奇性唤醒的现象称为柯立芝效
应(Coolidge effect)。作为生物的一种,新奇对人类也一样受用。有研究表示,
一起参加新奇而令人兴奋的活动有助于夫妻增进情感(Strong 和 Aron,2006)。
而美国和德国的两项研究均发现,至少在建立关系初期,再婚的两人的性交频率
明显高于未再婚的男女两人(Call 等,1995;Klusmann,2002)。一些冲突或消

极事件并不是人们厌倦亲密关系的核心原因,真正让人对亲密关系心生厌倦的是婚姻生活的乏味和单调(Harasymchuk 和 Fehr,2013)。所以可以通过人为创造新奇感维系激情。不断地寻找新颖和吸引人的共同娱乐是一种好的方法(Miller、Perlman 和 Brehm,2007)。Walster 等(1978)认为浪漫激情的 3 个重要因素是幻想、新奇和唤醒,并且它们都会随着时间的流逝而减弱。然而,电子游戏本身就具备满足这些需求的特性。

　　现在游戏做得也蛮好的。而且其实有些时候,我也蛮喜欢听他讲游戏里的一些事情。因为对我而言游戏相当于是一个完全未知的领域。然后他跟我说(游戏里的事),我就像在学习新的东西一样。因为他在讲这些游戏的时候会跟他自己本身的个人成长经历啊,或者小时候的一些事情结合起来。就是感觉,你在了解游戏的时候,也是在了解他。就像《战神》这个游戏讲的应该就是一个神和他儿子吧,对那个父子关系的刻画比较细致,然后他也会跟我讲一些他和他父亲的事。(F8 - CP4)

　　(以前)他喜欢玩游戏,我就觉得他可能有点玩物丧志。但是我接触了游戏以后,我觉得这个(玩游戏)就是需要天赋。然后我觉得更加验证了我的这种想法,他是个聪明的人,我就很喜欢聪明的人。所以说(玩游戏)对我对他的这种印象是有积极作用的。(F19)

　　我反正觉得打游戏跟打篮球是一个性质,就是那种,(男生)会的话就觉得特别酷。有增加魅力,会让我在游戏中感到有被保护感。而且因为他很厉害,所以游戏赢了我们都会很开心。(F23)

　　最开始在一起的时候,她说她挺崇拜打游戏好的男生。我感觉在她眼里我是学习比她好,然后玩游戏又厉害,她可能觉得我形象更加丰满了。(M29)

电子游戏在为人们提供强烈感官刺激的同时,也可能让伴侣彼此发现新的闪光点。所以共同游戏可以通过为关系注入新的能量和激情提升关系质量。

第五,与伴侣共同游戏的行为除了对双方亲密关系质量存在影响以外,还有一个区别于其他游戏行为的特点,即该行为不受 6 类游戏动机的影响。可见,对于玩家而言与伴侣共同游戏并非出于满足任何一种游戏需求。

> 她来玩 CSGO 的话,我应该会带她玩,这刚好是显示我技术的时候呀。(M20)

> 大概十个里面有五个男生实际上是带妹上分的嘛。关键感觉男生带妹的时候好像可能更多的是享受那种成就感。(M28)

> 我认为,如果说跟对象打游戏的话,那男方就需要花更多的时间来去挑选这个游戏的内容,比方说你去选什么游戏适合女朋友玩,然后还要去照顾女方的情绪。(M7 - CP4)

> 一般我用大号的话都不跟她玩,她也知道,大号的话我就跟我朋友一块儿玩。排位小号的话就跟她玩,主要是为了让她开心嘛。(M29)

由先前的访谈内容分析得知这种情况存在两种解释。首先,大部分男性玩家认为与伴侣或异性共同游戏是一种展现个人魅力的方式。其次,许多玩家在与伴侣共同游戏时会暂时忽略自己原有的游戏目的,为伴侣拥有良好的游戏体验创造条件。所以相对于"玩"的目的,共同游戏的行为更重要的是向伴侣展现个人魅力以及培养感情。

四、与同性朋友共同游戏对亲密关系的影响

与同性朋友共同游戏频率与玩家的亲密关系质量不相关,也没有影响。但它与游戏行为消极归因显著正相关,与消极互动结果显著正相关,与伴侣的亲密关系质量显著负相关。这从侧面说明了玩家与同性朋友共同游戏的行为和伴侣的亲密关系满意度之间有一定的联系。玩家与其他朋友共同游戏的行为在二元关系中就是一种独立休闲活动。正如前文分析的一样,人们在独立休闲活动上过度花费的时间对他们的亲密关系质量存在不利的影响(Berg 等,2001;Johnson 等,2006)。同时,有研究认为人们与伴侣更高的共同友谊比例,与更高的亲密关系满意度、承诺和投资以及更低的分手可能性有关(Ogolsky 等,2016)。

> 我之前谈的那个男朋友嘛。开始我们一起玩游戏嘛,然后呢玩到后面就他玩他的我玩我的了。因为我的(游戏)圈子他融不进来,他玩的圈子我也融不进去嘛。然后我就觉得两个人就像陌生人一样的。(F16 - CP8)

所以当玩游戏成为一种独立的休闲活动时,该行为会通过降低双方共同休闲的时间以及将伴侣排斥在某个社交圈之外而对伴侣的亲密关系质量产生负面影响。

五、与异性朋友共同游戏对亲密关系的影响

与伴侣以外的异性共同游戏的行为对双方的亲密关系质量均造成了显著且消极的影响。亲密关系双方都普遍认为共同游戏是一种私密的行为。访谈中几乎所有玩家都表示自己会刻意避免与异性单独游戏,伴侣均表示自己非常在意对方是否在自己不在场时与其他异性共同游戏。回归分析结果更是证明了该行为对亲密关系的消极影响。产生这种影响的主要原因是该行为会引发爱情嫉妒,而电子游戏的特点也为引发爱情嫉妒创造了条件。

首先,电子游戏具有强大的社交功能。在一项针对青少年玩家的研究中发现,男孩和女孩每天玩 2 到 3 小时的游戏与其有几个异性朋友有关,这与玩家的社会孤立个体的刻板印象完全相反(Selnow,1984)。电子游戏的这种社交性质在其他研究中也得到了确认,2008 年美国只有 25% 的游戏玩家总是独自玩游戏(Lenhart 等,2008)。而最近的技术进步无疑进一步改善了电子游戏的社交性质。在线玩游戏的功能创造了玩家可以同时和其他玩家共同游戏的虚拟世界,从而促进了玩家之间联系方式的转变。游戏的这种社交功能对社交网络的影响以及青少年友谊团体的维护和建立可能是塑造青少年友谊性质的重要因素(Brooks,2016)。近年,研究人员对在线媒体如何通过虚拟手段导致亲密伴侣感知或发生实际不忠而引发爱情嫉妒产生了兴趣。有研究人员认为这种不忠可能归因于在线媒体用户之间的情感关联、亲密或友谊状态(Dunn 和 Ward,2020)。美国一项研究显示,16% 的已婚夫妇将 Facebook 与嫉妒联系起来,25% 的人每周都经历过关于 Facebook 使用的争论,14% 的人曾因为伴侣的社交媒体活动而考虑离婚(Starks,2019)。大众媒体和学术研究已经发现,在线社交媒体正在重新定义人际关系并传播嫉妒(Seidman 等,2019;Carpenter,2016;Muise 等,2009)。学者认为,这是因为社交媒体的某些方面可以帮助个人维持人际关

系(Dainton 和 Stokes，2015)和促进同伴互动(Rueda 等，2015)。例如，在社交媒体上表明与另一个人的关系状态可能被解释为公开表达爱意和在一个人的社交圈内宣布这种关系的排他性(Orosz 等，2015)。同样，许多电子游戏中也设计了可以表达特殊人际关系的系统，例如，《剑网三》中的"情缘"，《和平精英》的"护花使者"。此外，在线社交媒体帮助用户超越地理距离，并维持他们的远距离关系(Billedo 等，2015)，同时为用户创造了相对隐私的社交环境(Iqbal 和 Jami，2019)。而这些特点有可能诱发无节制的调情行为(Brem 等，2015)。与线社交媒体不同，用户在电子游戏中常以虚拟化身示人，虚拟环境的隐私性也更强，用户之间往往更容易建立人际关系。例如：

> 我还是会关注他游戏里(的好友)，比如说有谁加他，我就看一下他的验证消息，看一下是男是女的。然后《王者》里面不是可以看他的徒弟，还有基友之类的亲密关系嘛。我也会问他是谁，会问清楚。他当然不能跟异性玩游戏啦。他找死哎，敢跟异性玩游戏。(F12 - CP6)

> 《和平精英》里头有个 title 叫护花使者，好像是男玩家和女玩家在一起玩，如果说这个男玩家在组队的过程中击杀了很多其他队伍的人，然后保护了这个女玩家的话，就会给他一个"护花使者"这种称号。然后我其实是先看到护花使者这个 title，我想他跟哪个女玩家在一起玩，我就觉得有点奇怪，会去看他们以前也没有在一起玩。(F19)

其次，电子游戏是一种理想的共同休闲选择，与其他异性共同游戏就意味着挤占了与亲密伴侣的共同休闲时间，并有可能促进与其他异性的亲密度。所以，除了时间上的冲突，与其他异性共同游戏的行为对伴侣而言是一种排他性行为，会引发伴侣的嫉妒情绪。爱情嫉妒通常是对亲密关系受到第三方威胁或对可能失去对方的感觉的反应(Dainton 和 Berkoski，2013；Perles、San Martin 和 Canto，2019)。嫉妒会使亲密伴侣不确定关系的状态或未来(Dainton 和 Aylor，2001)。同时，嫉妒也被发现是约会和关系暴力的重要预测因素(Cano 等，1998；Giordano 等，2010)。研究发现社交网站可能在引起关系不确定感和嫉妒感方面发挥重要作用(Bevan，2017；Fox 和 Anderegg，2016)。一项研究发现，27%有过恋爱经历的青少年因为社交媒体而对他们的恋爱关系感到嫉妒或不确定

（Lenhart 等，2015）。社交网站允许其用户与多个人联系，其中一些人不为亲密伴侣所知。这可能会导致对这些关系状态的不确定性（Fox 和 Anderegg，2016）。此外，交流的排他性似乎是产生爱情嫉妒的重要原因（Cohen 等，2014）。针对成年人的研究结果显示在排他性方面得分较高（不易公开获取）的信息有可能引起更高的嫉妒感（Cohen 等，2014；Utz 等，2015）。玩家与其他异性共同游戏的行为对伴侣而言，显然是具有排他性的，除非加入游戏，否则伴侣很难融入玩家的游戏世界。即便是共同游戏，大部分玩家和伴侣也是十分排斥有其他异性的存在。例如：

　　　就现在那些打游戏的男的，一般都很喜欢跟女的玩游戏。她打游戏的时候认识个人怎么办。我觉得就是，还是比较危险……就是我认为和异性一起玩，那种想进一步的人肯定存在啊。（M25）

　　　我看到他跟人家小姑娘（在游戏中）一起跳舞嘛我不爽的，然后他看到我跟别人一起玩嘛，他也不爽。两个人就会为了这个事情去吵嘛。这个其实蛮伤害两个人感情的。（F16 - CP8）

　　　游戏时长过长我会不开心，但我更在意和谁玩吧，如果是和别的女生私下玩我会生气。（F23）

在现代主流文化中，恋人们被彼此吸引，视对方为平等，彼此关心和陪伴，承诺共同生活（虽然不一定永远），并且不会与其他人分享这种关系。这种亲密关系对人类具有很高的价值，却又十分脆弱。认为亲密关系不需要采取一些措施来保护的想法是过于理想化的。事实上，人们经常竭尽全力维持他们的亲密关系，只要关系良好，即便是需要个人牺牲，也通常被认为是值得的。现代社会中，人们为了另一个他们认为更有吸引力或更合适的人离开他们的伴侣的现象是十分普遍的。但如果没有排他性，他们可能更容易在不同伴侣之间转换。将伴侣选择限制在一个，让人们具有更少的机会和诱惑进行伴侣转换，也会让人们对其所处的关系感到满意（Ouytsel 等，2019）。所以在亲密关系中保持排他性对维护良好的关系质量十分重要。

第三节　个体认知对亲密关系的影响

本书的第二个主要结论探讨了个体认知对亲密关系的影响。本书基于归因理论探讨伴侣对玩家游戏行为的认知以及玩家对伴侣反应行为的认知。研究结果显示，相对于行为感知，行为的积极归因及其依恋风格才是亲密关系质量的关键预测因素。其中，游戏行为积极归因中介了休闲时间占比、双方共同游戏频率对伴侣亲密关系的影响；也中介了异性朋友共同游戏频率对玩家亲密关系质量的影响。

一、个体认知与亲密关系

大量研究已证明个体的认识方式是亲密关系运作的预测因素。可以说，认知和认知过程是恋爱关系发展和质量的重要因素（Harvey、Pauwels 和 Zickmund，2005；Karney、McNulty 和 Bradbury，2004）。人们对其关系情况的感知，以及他们对关系做出的解释会影响他们的情绪、动机和行为（Blascovich 和 Mandes，2000；Fletcher、Fitness 和 Blampied，1990；Fletcher 和 Thomas，2000；Fincham，2004；Fincham 等，1998；Fitness 等，2007）。具体而言，一个人对其亲密关系的解释信念会影响他对伴侣的感觉，以及他对未来亲密关系质量的期望（Clark、Fitness 和 Brissette，2001；Fletcher，2008；Siemer、Mauss 和 Gross，2007；Weiner，2000）。然后，情绪和期望会影响个人对伴侣的实际行为以及亲密关系本身（Fincham，2004；Fletcher 和 Thomas，2000；Weiner，2000）。正如 Fletcher 和 Thomas(2000)在他们的纵向研究中发现的那样，伴侣对婚姻冲突的归因与之后 12 个月期间更多的消极互动行为有关。相反，通过将成功的关系或伴侣的成功归因于内部因素，个人对关系或伴侣保持积极的看法，有助于其在未来表现出更多积极的互动行为（Murray、Holmes 和 Griffin，1996；Steele，1988；Stephanou 和 Kyridis，2011；Taylor，1989）。所以，对伴侣的更高水平的负面归因与在冲突期间使用更多的负面行为（如敌意、批评）和较少的正面行为（如解决问题）显著相关（Bradbury 和 Fincham，1992；Bradbury 等，1996；Durtschi 等，2011；Osterhout、Frame 和 Johnson，2011）。而归因方式除了直接预测亲密关系质量以外，还会通过其他方式影响亲密关系。

二、个体认知与信任度

许多实证研究表明,在二元关系中更多的积极归因意味着更高的信任度。研究表明,二元信任是关系满意度、痛苦和稳定性的最有力的预测因素之一(Simpson,1990)。信任的主要特征集中在合作伙伴的可靠性(在困难时期能够依靠对方,获得对方的安慰和支持)和对合作伙伴的信赖(相信对方会始终为自己提供支持)(Simpson,2007)。报告较高信任度的个人往往对伴侣的动机抱有更乐观和善意的期望,也会对伴侣的行为做出更积极的归因,并拥有更综合与平衡的处事模式,对吸收新信息也持开放态度(Simpson,2007)。他们通常会忽视或淡化可能被其伴侣解释为负面影响的行为,从而最大限度地减少伴侣行为的潜在负面影响(Rempel、Ross 和 Holmes,2001)。当面对关系冲突时,更信任的人往往表现出更多的积极影响和更少的消极影响(Holmes 和 Rempel,1986),也就是说,当信任度更高的人面对威胁关系的事件时,他们会退后一步,从更广泛和长远的角度考虑伴侣的善意目标和动机(Holmes,1991)。根据 Kelley(1983)的观点,这种情况有利于促进稳定的关系认知和评价。而那些信任度低的人人通常在建立长期关系之前就分手了。信任度中等的人的处事模式连贯性较差,他们在人际交往中的常常将希望和恐惧交织在一起(Mikulincer,1998b)。他们经常陷入回避冲突的情况中,在这种情况下,积极的伴侣行为被视为可能改善关系的希望迹象,但任何消极的行为都会被视为暗示着关系可能陷入困境的明确证据。因此,信任度较低的人会密切监视他们的关系状况,以时刻寻找伴侣关心和回应自己的证据。然而,这种过度警惕反而会导致他们感知或创造了他们最初希望避免的消极关系结果(Mikulincer,1998b;Murray、Holmes 和 Collins,2006)。此外,当这些人回忆起积极的关系事件时,虽然他们声称会积极判断伴侣的行为,但事实上他们往往会对伴侣的"隐藏"动机做出愤世嫉俗的归因(Holmes 和 Rempel,1986;Rempel、Ross 和 Holmes,2001)。因此,即使他们的伴侣采取了相对积极的行动,也可能引发其对可能出现问题的潜在担忧,这一认知过程阻碍了双方建立更深层次的亲密关系。

三、个体认知与性格

更积极的归因行为意味着更积极乐观的性格。研究发现,抑郁症的一个标志是在对事件进行因果解释时采用消极归因方式(Peterson 和 Seligman,1984;

Sweeney、Anderson 和 Bailey，1986；Weiner、Nierenberg 和 Goldstein，1976）。具体而言，具有抑郁归因风格的个人更有可能将负面事件归因于内在的、稳定的和普遍的原因，并将积极的事件以相反的方式进行解释——外部引起的、短暂的和特殊的，这种认知方式影响了他们生活的许多方面（Abramson、Seligman 和 Teasdale，1978）。大量证据表明，这种抑郁归因方式与抑郁症存在因果关系（Chan，2012；Peterson 和 Seligman，1984；Sweeney、Anderson 和 Bailey，1986）。Ellison 及其同事（2016）检查了婚姻归因在婚姻冲突与抑郁症状之间的调节效应，发现丈夫和妻子对其伴侣的婚姻归因调节了婚姻冲突行为和抑郁症状之间的关系，并控制了整体的婚姻满意度。还有研究表明，社会认同能减少抑郁的部分原因是它们减弱了抑郁的归因方式。具有较强社会认同感的人不太可能将负面事件归因于内部、稳定或普遍的原因，这些人也会报告较低的抑郁程度。所以具有积极归因风格的个体往往会有更强的社会认同感，更乐观和积极的性格，也有益于他们发展积极的亲密关系。

第四节　依恋风格对亲密关系的影响

本书的第三个主要结论探讨了个体依恋风格对亲密关系的影响。研究结果显示，无论是玩家还是伴侣，整体行为感知对双方亲密关系质量没有预测作用，他们对行为的归因方式和各自的依恋风格才是预测双方亲密关系满意度的关键因素。其中，依恋回避是最大预测因素。除此以外，个人依恋风格在研究模型的各个阶段都表现出了一定的影响力。

对玩家而言，虽然依恋焦虑对亲密关系的直接影响不如依恋回避，但依恋焦虑却能调节竞争、挑战、社交互动、幻想和唤醒 5 类游戏动机对异性朋友共同游戏频率的影响。玩家的焦虑程度越高越有可能与其他异性共同游戏，玩家的依恋焦虑特征也会通过该行为对其亲密关系质量带来负面影响。同时，具备高焦虑风格的玩家也会更多感知到伴侣的反应行为，并对此做出更少的积极归因，从而影响其亲密关系质量。依恋回避则会对玩家的亲密关系质量产生直接的消极影响。同时也会更多感知到伴侣的反应行为，并对此做出更少的积极归因。整体而言，具有不安全依恋风格的玩家，更有可能为了满足幻想的动机而进行游戏；他们的游戏行为也更容易引发伴侣的反应行为，并且更可能从消极的角度解读伴侣的反应行为。

对伴侣而言,依恋回避同样是预测其亲密关系质量的最大因素。其中,具有高依恋回避的伴侣更有可能感知到玩家与其他异性共同游戏的行为。同时,高回避风格的伴侣也更少做出积极归因,更少感知到玩家的传播策略。换言之,具有高依恋回避风格的伴侣,他们的亲密伴侣更有可能与其他异性共同游戏,也更少会使用传播策略。而高依恋焦虑的伴侣则更有可能感知到玩家游戏时间在其整体休闲时间中的高占比,及其与同性朋友共同游戏的频率。具有高依恋焦虑风格的伴侣,他们的亲密伴侣更有可能与其他同性朋友共同游戏,也更可能在游戏中投入更高的休闲时间。整体而言,具有不安全依恋风格的伴侣更少对玩家的游戏行为进行积极归因,也更少感知到玩家的传播策略,他们与玩家的人际互动也更可能产生消极互动结果,并对其亲密关系质量产生消极影响。

所以,个体的依恋风格对玩家及伴侣亲密关系的影响是全方位的。它既会影响玩家的游戏动机和游戏行为,也会影响双方的行为感知和归因,更会直接影响双方的亲密关系质量。

一、依恋风格对亲密关系的影响

依恋风格对亲密关系的影响毋庸置疑。依恋是婴儿的一种生物社会行为系统,它在进化上允许他们与母亲保持亲密关系。该系统旨在通过自然选择来保护无助和绝望的婴儿,例如寻找食物喂养和发展生育行为(Kirkpatrick 和 Shaver,1990)。根据依恋理论,婴儿内化了他们与照顾者的经历,这种内化构成了一个原型,它将塑造个人与家庭成员以外的其他人的关系(Bartholomew 和 Horowitz,1991)。因此,个人与他人的关系主要围绕这个原型发展。换句话说,婴儿与母亲之间建立纽带的性质会影响他们未来生活中的许多领域,从经历的心理问题到建立的社会关系,从婚姻生活到亲子关系。如果母亲或第一个看护人与婴儿之间没有建立安全的联系,那么在之后的人生中可能会出现情绪、社交和行为问题。也就是说,与照顾者建立的依恋关系健康与否,将影响人们与他人关系的维持方式。不安全依恋风格对亲密关系的消极影响已得到了大量研究的证实(Feeney 和 Noller,1990;Campbell,2005;Nilforooshan 等,2013;Kimmes 等,2015;Kimmes 和 Durtschi,2016;Petersen 和 Le,2017;Goodcase 等,2018)。

二、依恋风格对行为的影响

一个人会根据他的依恋风格发展出不同的行为模式，也会影响他的游戏行为。安全依恋的人会表现出更健康的行为反应，而不安全依恋的人可能会表现出更多问题行为。对依恋风格研究文献的回顾时，没有发现直接证明依恋风格与游戏行为关系的研究。但有研究表明，安全依恋与积极计划、认知重构、寻求外部帮助（Terzi 和 Cankaya，2009）以及同情心（Isgor，2017）呈正相关；也与网络成瘾（Savci 和 Aysan，2016）、社交媒体成瘾（Monacis 等，2017）和孤独感（Deniz、Hamarta 和 Ari，2005）负相关；不安全的依恋与童年虐待（Wekerle 和 Wolfe，1998）、社交媒体成瘾（Blackwell 等，2017）以及身体、情感、言语和性虐待（Oshri 等，2015）正相关，也更容易表现出问题游戏行为（Suárez、Thio 和 Singh，2012）。最新的一项研究发现，安全依恋显著且负向预测游戏成瘾，而不安全的依恋风格则显著且正向预测游戏成瘾（Ibrahim，2019）。

三、依恋风格对补偿式亲密关系的影响

有研究对比了人们与其最喜欢媒体人物的想象亲密关系及其真实亲密关系状况，发现存在一种亲密关系的补偿模式：与处于恋爱关系中的人相比，单身人士与异性媒体人物的想象亲密程度更高。而依恋焦虑水平对单身人士与异性媒体人物的想象亲密关系有积极的预测作用（Greenwood 和 Long，2011）。这项研究结果有助于解释依恋焦虑对玩家与异性共同游戏行为的影响，具有依恋焦虑风格的人具有长期且强烈的依恋需求，这类玩家与其他异性共同游戏可能也存在这种亲密关系的补偿情况，即高依恋焦虑的玩家会通过与其他异性游戏而满足他们强烈的依恋需求，他们更容易对异性游戏伙伴产生想象亲密关系，然而这种行为却对他们现实的亲密关系质量产生了消极影响。同时，亲密关系的补偿模式也解释了玩家的依恋焦虑和依恋回避与"幻想"动机显著正相关的现象。本书的研究结果表明，玩家的依恋焦虑与"竞争"和"幻想"动机显著正相关，而依恋回避仅与"幻想"显著正相关。可见，具有不安全依恋风格的玩家更有可能为了满足幻想的需求而进行游戏。电子游戏作为一种数字媒介为玩家提供了一个数字虚拟世界，玩家可以在其中参与许多现实中无法进行的活动，创造和实现现实中无法实现的想法。所以具有不安全依恋风格的玩家完全有可能通过电子游戏而弥补其生活中的精神需求。这也解释了不安全依恋风格与游戏成瘾的相关性。

四、依恋风格对个体认知的影响

有许多机制可以解释为什么具有不同依恋风格的人会经历不同的关系结果,其中一种特别重要的机制是依恋模式对社会认知过程的影响。依恋的工作模型是高度可访问的认知情感结构,一旦激活,就会在塑造个人如何解释他们的社会经验方面发挥重要作用(Collins 和 Allard,2001;Collins 等,2004)。因为有安全感的成年人往往具有积极的自我形象和对他人的乐观期望,他们可能会以相对有利的方式解释他们的关系经历。因此,安全的依恋模式可能代表一种认知力量或资源,它有助于个体保持伴侣和他们自身的正面形象。相比之下,不安全的依恋模式代表一种认知脆弱性,使个体倾向于更不利地看待他们的关系经历。同时,如果缺乏安全感的人倾向于以悲观的方式解释事件,他们可能容易经历情绪困扰并选择导致不良关系结果的消极行为策略。因此,具有不安全依恋风格的人的行为方式可能会在不知不觉中支持和促进他们的负面看法。Collins(1996)的研究结果支持这一观点,个人往往会采取和其依恋模式一致的方式解释事件。例如,没有安全感的成年人比有安全感的成年人更有可能推断他们的伴侣故意拒绝亲密关系,并且他们的关系也更可能处于危险之中。同时,他们也更有可能将负面事件归咎于他们的伴侣,并将他们伴侣的行为归因于稳定的、普遍的和内部的原因。Gallo 和 Smith(2001)发现丈夫的依恋焦虑和回避与更多的负面归因相关,这些归因在一定程度上调节了焦虑和感知到的关系冲突之间的联系。而妻子的依恋焦虑,也与负面归因有关。Mikulincer(1998)发现安全的成年人仅在出现明确的敌意线索时才将敌意归因于他们的伴侣,而不安全的成年人则推断出敌意,无论线索是明确的还是模棱两可的。综上所述,这些研究提供的证据表明,与安全依恋型个体相比,非安全依恋型的个体倾向于对伴侣的违规行为做出更少的积极归因,更多的消极归因。

结语

今天的许多社会问题都与数字化有关,我们正处在一个媒介与传播文化持续变革的时代。数字媒介对当代用户的意义早已超越了信息媒介的功能,数字技术推动了新型社会制度的形成,改变了亲密关系的实践方式,促使人们以新的方式寻求情感满足。

电子游戏对亲密关系的影响体现了数字媒介对传统人际交往模式的影响。然而这种影响的本质是媒体对个体获得情感需求方式的改变。情感对于媒体的制作、接收和互动至关重要。情感引导了用户的感官感知和意义构建,将媒体体验烙印在记忆中,并有助于用户形成集体身份、价值观和行动模式。情感才是使用媒体的主要动机,因为它们构成了审美体验、享受和娱乐的基础。2012 年的一项研究发现让玩家发挥"理想自我"(体现他们变得更勇敢、更公平、更慷慨或更光荣的角色)的电子游戏最能激发内在的动力,对情绪的影响也最大(Przybylski 等,2012)。人类之所以被电子游戏吸引,正是因为这些游戏能让玩家接触到自己理想的一面,这正是马斯洛需求层次中的自我实现。享受和娱乐并不是人们玩电子游戏的根本原因,它们是满足情感需求后的附带结果。

某种程度上,本书证明了马太效应中赢者通吃的现象。具有安全依恋风格的个体,能更合理地使用电子游戏,获得更好的游戏体验,也更有可能拥有健康的亲密关系。而具有不安全依恋风格的个体却有更可能陷入恶性循环,当现实情感需求得不到的满足时,他们通过电子游戏获得一定的情感补偿,这种补偿又减弱了他们对现实情感的需求,导致现实人际关系面临挑战,并在游戏中投入更多时间和精力。但游戏时间并不等于游戏质量,只有拥有健康人格的个体才有可能获得良好的游戏体验。媒介技术的进步可以破坏原有的亲密关系,也可以作为亲密关系的中介而发挥积极作用,而控制这种功能转换的关键因素依然是"人"。

　　对未来而言,电子游戏相关的重点提议将是如何利用游戏技术推动社会的创新和发展。2021 年 3 月 10 日,沙盒游戏平台 Roblox 作为第一个将"元宇宙"概念写进招股书的公司,成功登陆"纽交所",引爆了科技和资本圈。2021 年 7 月,马克·扎克伯格提出 Facebook 将在未来 5 年内变成元宇宙公司。一时之间,元宇宙的热度被彻底引爆,腾讯、字节跳动等公司纷纷跳进该赛道。如今的元宇宙概念吸纳了信息革命(5G/6G)、互联网革命、人工智能革命,以及 VR、AR、MR,而游戏引擎在内的虚拟现实技术的革命,则向人类展现出构建与传统物理世界平行的全息数字世界的可能性(赵国栋、易欢欢和徐远重,2021)。而电子游戏正是元宇宙的雏形,它灵活的交互、丰富的信息,为元宇宙提供创作平台。电子游戏是元宇宙的最佳实验场,而电子游戏的相关研究可以为人们理解未来的元宇宙社会提供思想基础。

　　本书也为未来准备进入虚拟世界的人们理解和保持健康的亲密关系提供了一些启示。技术革命加速了社会的发展,也加速了人们的"分离",尽管人类出于满足社会性需求的本能利用技术创造了各类弥补"分离"的方式,但都无法完全替代最原始的生物性需求。本书证明了个体最初的养育方式超越了技术对其的影响,一个合格的养育环境对其人格的塑造、人际关系的构建至关重要,拥有健全人格的个体在未来科技社会的中也能更为合理地利用技术,造福人类。

附录
电子游戏行为对亲密关系
影响的调研问卷

你好！本次调研是为了探讨电子游戏行为对玩家亲密关系的影响。

在填写问卷时，请你注意下列事项：

（1）如果问题没有注明多选，都只需选择一项就行。请你按照自己的实际情况在相应位置打√。

（2）如单身，请参照你最近经历的一段恋爱/婚姻关系选择符合的选项。

本问卷采用匿名（不透露姓名）方式，所得数据仅做研究之用，感谢你的热情合作！

一、基本情况

1. 你的性别：

A. 男   B. 女

2. 你的年龄：_____ 周岁。

3. 你的学历是：

A. 高中及以下   B. 中专

C. 大专   D. 本科

E. 硕士研究生   F. 博士研究生

4. 你的婚恋关系状态：

A. 恋爱中   B. 婚姻中

C. 单身，经历过恋爱或婚姻   D. 从未经历过恋爱和婚姻

5. 这段关系（曾经）持续了：

A. 1年及1年以内   B. 1～2年（包括2年）

    C. 2～3 年(包括 3 年)   D. 3～4 年(包括 4 年)

    E. 4 年及以上

    6. 你和伴侣玩游戏的状况:

    A. 我们俩都完全不玩电子游戏

    B. 我玩电子游戏,他完全不玩

    C. 他玩电子游戏,我完全不玩

    D. 我们都玩电子游戏,我玩的频率比他高

    E. 我们都玩电子游戏,他玩的频率比我高

    F. 我们都玩电子游戏,我们玩的频率都差不多

二、依恋类型

题　　项	非常 不同意	不同意	说不清	同意	非常 同意
1. 我担心爱人不会像我关心他一样关心我。					
2. 我想接近他人的愿望有时会把人吓跑。					
3. 我需要很多保证才相信伴侣是爱我的。					
4. 我发现伴侣不像我期望的那般与我亲密交 往/亲近。					
5. 当我需要帮助时爱人却没有出现在身边, 这让我会感到沮丧。					
6. 我常常担心被人抛弃。					
7. 我想接近伴侣,但总是后退。					
8. 如果伴侣和我太接近,我感到紧张。					
9. 我试图避免和伴侣太过接近。					
10. 我经常和伴侣讨论我的问题和顾虑。(反)					
11. 困难时求助于爱人当然有作用。(反)					
12. 很多事情包括寻求安慰和肯定,我都会求 助于伴侣。(反)					

三、亲密关系质量

题　项	非常 不同意	不同意	说不清	同意	非常 同意
1. 我提出的要求,伴侣会很好地满足。					
2. 总的来看,我对自己的亲密关系是满意的。					
3. 我的亲密关系比大多数人的好。					
4. 我宁愿自己没有爱上对方。（反）					
5. 我的亲密关系符合我最初的预期。					
6. 我很爱我的伴侣。					
7. 我们的亲密关系中存在许多问题。（反）					

四、游戏动机

题　项	非常 不同意	不同意	说不清	同意	非常 同意
1. 我喜欢在游戏中与人比赛,击败别人并获得高排名。					
2. 我喜欢玩具有挑战性、高难度的游戏,在游戏中提升技能或完成关卡。					
3. 我喜欢在游戏中与人组队或加入社团,并通过电子游戏与朋友互动。					
4. 我玩游戏是为了打发时间、放松、逃避压力。					
5. 我玩游戏是因为我可以通过游戏进行现实生活中无法做的事情。					
6. 我喜欢玩快节奏、惊险刺激、让人兴奋的游戏。					

五、游戏行为（玩家）

题　项	非常不同意	不同意	说不清	同意	非常同意
1. 我玩游戏总是十分专注。					
2. 玩游戏的时间在我整体休闲时间中占比很高。					
3. 我和他经常一起玩游戏。					
4. 我经常和同性朋友一起玩游戏。					
5. 我经常和异性朋友一起玩游戏。					

六、游戏行为感知（伴侣）

题　项	非常不同意	不同意	说不清	同意	非常同意
1. 他玩游戏总是十分专注。					
2. 玩游戏的时间在他整体休闲时间中占比很高。					
3. 他和我经常一起玩游戏。					
4. 他经常和同性朋友一起玩游戏。					
5. 他经常和异性朋友一起玩游戏。					

七、游戏行为归因（伴侣）

你认为是哪些原因造成了他以上的游戏行为特征？

题　项	非常不同意	不同意	说不清	同意	非常同意
1. 因为他对我们的关系非常重视。					
2. 因为他对游戏非常重视。					

续　表

题　项	非常 不同意	不同意	说不清	同意	非常 同意
3. 因为他具有良好的自制力。					
4. 因为他很上进。					
5. 因为他对关系很负责。					
6. 游戏设备影响了他的游戏行为。					
7. 他的游戏技术影响了他的游戏行为。					
8. 他的休闲时间长短影响了他的游戏行为。					
9. 他的游戏行为体现了男生/女生的普遍现象。					

八、反应行为感知（玩家）

对于你的游戏行为，你的伴侣通常会有哪些反应行为？

题　项	非常 不同意	不同意	说不清	同意	非常 同意
1. 他会表现出负面情绪。					
2. 他会制止我玩游戏。					
3. 他会因为我的游戏行为跟我冷战。					
4. 他会对我抱怨我的游戏行为。					

九、反应行为归因（玩家）

你认为是哪些原因造成了他以上的反应行为特征？

题　项	非常 不同意	不同意	说不清	同意	非常 同意
1. 因为他对我很信任。					
2. 因为他关心在乎我。					

续　表

题　项	非常 不同意	不同意	说不清	同意	非常 同意
3. 因为他希望得到我的重视。					
4. 因为他害怕我们的关系受到威胁。					
5. 我觉得是他的性格造成的。					
6. 我觉得他在无理取闹。（反）					

十、互动结果

你觉得双方的电子游戏行为对你们的关系造成了哪些影响？

题　项	非常 不同意	不同意	说不清	同意	非常 同意
1. 使我们的关系受到了威胁。					
2. 减少了我们的共处时间。					
3. 增加了我们的共处时间。					
4. 导致了关系中的一方被忽视。					
5. 增加了我们之间的互动。					
6. 增加了我们之间的共同话题。					
7. 创造了属于我们的美好回忆。					
8. 我们都获得了良好的游戏体验。					
9. 我们会避免一起进行游戏。					

十一、玩家人际传播策略感知（玩家）

你通常会使用哪些策略改善游戏行为对你们关系的影响？

题　　项	非常 不同意	不同意	说不清	同意	非常 同意
1. 他会减少他的游戏时间。					
2. 他会向我提前报备他的游戏行为。					
3. 他会改善他的时间分配。					
4. 他会寻求我的理解。					
5. 他会向我道歉或哄我。					
6. 他会及时回应我的需求。					

参考文献

中文文献

［1］北京大学互联网发展研究中心：《游戏学》，中国人民大学出版社，2019 年，第 130—152 页。

［2］［美］伯克・约翰逊、［美］拉里・克里斯滕森：《教育研究定量、定性和混合方法》（第 4 版），马健生译，重庆大学出版社，2015 年。

［3］陈佳靖：《网路空间人际关系：线上线下生活世界》，《资讯社会研究》2003 年第 4 期，第 141—179 页。

［4］陈怡安：《线上游戏的魅力》，《资讯社会研究》2003 第 3 期，第 183—214 页。

［5］［美］戴维・巴斯：《欲望的演化》，王叶、谭黎译，中国人民大学出版社，2020 年，第 109—118 页。

［6］Friedl M. 《在线游戏互动性理论》，陈宗斌译，清华大学出版社，2006 年。

［7］甘春梅、梁栩彬、李婷婷：《使用与满足视角下社交网络用户行为研究综述：基于国外 54 篇实证研究文献的内容分析》，《图书情报工作》2018 年第 7 期，第 134—143 页。

［8］关萍萍：《互动媒介论——电子游戏多重互动与叙事模式》，浙江大学学位论文，2010 年。

［9］［美］理查德・韦斯特、［美］林恩・H・特纳韦斯特：《量表编制：理论与应用（第 3 版）》，刘海龙译，中国人民大学出版社，2007 年，第 431—445 页。

［10］李华君、张婉宁：《媒介融合背景下移动新闻客户端的发展——基于青年群体的使用与满足》，《北京理工大学学报（社会科学版）》2018 年第 1 期，第 165—172 页。

［11］［美］罗伯特·F. 德威利斯：《量表编制：理论与应用》（第 3 版），席仲恩、杜钰译，重庆大学出版社，2016 年。

［12］［美］罗兰·米勒：《亲密关系》（第 6 版），王伟平译，人民邮电出版社，2010 年，第 4—57 页。

［13］林盈廷、Lin Y T、孙春在，等：《社交网络游戏对用户社会网络及在线人际互动之影响——以 Facebook 为例》，交通大学理学院科技与数字学习学程学位论文，2011 年。

［14］［美］莎伦·布雷诺、［美］罗兰·米勒、［美］丹尼尔·珀尔曼、［美］苏珊·坎贝尔：《爱情心理学》（第 3 版），郭辉、肖斌、刘煜译，人民邮电出版社，2010 年，第 214—229 页。

［15］王璇、李磊：《有界广义互惠与社会认同：社交网络游戏对大学生群体亲社会行为机制研究》，《国际新闻界》2019 年第 6 期，第 48—65 页。

［16］邢杰、赵国栋、徐远重、易欢欢、余晨：《元宇宙通证》，中译出版社，2021 年，第 69—71 页。

［17］［美］亚伯拉罕·马斯洛：《动机与人格》（第 3 版），许金声译，中国人民大学出版社，2021 年，第 19—34 页。

［18］［英］约翰·鲍尔比：《依恋三部曲》（第一卷），汪智艳、王婷婷译，世界图书出版公司，2017 年，第 168—220 页。

［19］张国良：《传播学原理》（第二版），复旦大学出版社，2014 年，第 50 页。

［20］赵国栋、易欢欢、徐远重：《元宇宙》，中译出版社，2021 年，第 5—72 页。

［21］钟智锦：《使用与满足：网络游戏动机及其对游戏行为的影响》，《国际新闻界》2010 年第 10 期，第 99—105 页。

英文文献

［22］Abramson L Y，Seligman M E，Teasdale J D. Learned helplessness in humans：critique and reformulation［J］. Journal of abnormal psychology，1978，87(1)：49.

［23］Adler J，Rogers M，Brailsford K，et al. The Nintendo Kid［J］. Newsweek，1989：64 - 68.

［24］Ahlstrom M，Lundberg N R，Zabriskie R，et al. Me，my spouse，and my avatar：The relationship between marital satisfaction and playing massively multiplayer online role-playing games（MMORPGs）[J]. Journal of Leisure Research，2012，44(1)：1－22.

[25] Anderson C A，Carnagey N L，Flanagan M，et al. Violent video games：Specific effects of violent content on aggressive thoughts and behavior [J]. Advances in experimental social psychology，2004，36：200－251.

[26] Anderson C A，Shibuya A，Ihori N，et al. Violent video game effects on aggression，empathy，and prosocial behavior in eastern and western countries：a meta-analytic review[J]. Psychological bulletin，2010，136 (2)：151.

[27] Arksey H，Knight P T. Interviewing for social scientists：An introductory resource with examples[M]. Sage，1999.

[28] Arias I，Beach S. The assessment of social cognition in the context of marriage[J]. Assessment of marital discord，1987：109－137.

[29] Asakawa K. Flow experience，culture，and well-being：How do autotelic Japanese college students feel，behave，and think in their daily lives? [J]. Journal of happiness studies，2010，11(2)：205－223.

[30] Baldwin M W，Fehr B，Keedian E，et al. An exploration of the relational schemata underlying attachment styles：Self-report and lexical decision approaches[J]. Personality and social psychology bulletin，1993，19(6)：746－754.

[31] Bartholomew K. Avoidance of intimacy：An attachment perspective[J]. Journal of Social and Personal relationships，1990，7(2)：147－178.

[32] Bartholomew K，Horowitz L M. Attachment styles among young adults：a test of a four-category model[J]. Journal of personality and social psychology，1991，61(2)：226.

[33] Bartholow B D，Sestir M A，Davis E B. Correlates and consequences of exposure to video game violence：Hostile personality，empathy，and aggressive behavior [J]. Personality and social psychology bulletin，2005，31(11)：1573－1586.

[34] Bartle R. Hearts，clubs，diamonds，spades：Players who suit MUDs [J]. Journal of MUD research，1996，1(1)：19.

［35］ Baucom D H. Attributions in distressed relations：How can we explain them? ［J］，1987.

［36］ Baumeister R F，Leary M R. The need to belong：desire for interpersonal attachments as a fundamental human motivation［J］. Psychological bulletin，1995，117(3)：497.

［37］ Berelson B. What "missing the newspaper" means［J］. Communications Research 1948 – 1949，1949：111 – 129.

［38］ Berg E C，Trost M，Schneider I E，et al. Dyadic exploration of the relationship of leisure satisfaction，leisure time，and gender to relationship satisfaction［J］. Leisure Sciences，2001，23(1)：35 – 46.

［39］ Berg J H：Responsiveness and self-disclosure，Self-disclosure：Springer，1987：101 – 130.

［40］ Berg J H，Archer R L. Responses to self-disclosure and interaction goals ［J］. Journal of Experimental Social Psychology，1982，18(6)：501 – 512.

［41］ Berkman L F，Glass T. Social integration，social networks，social support，and health［J］. Social epidemiology，2000，1(6)：137 – 173.

［42］ Berley R A，Jacobson N S：Causal Attributions in Intimate Relationships：Toward a Model of Cognitive — Behavioral Marital Therapy，Advances in Cognitive-Behavioral Research and Therapy：Elsevier，1984：1 – 60.

［43］ Bevan J L. Romantic jealousy experience and expression and social networking sites［J］. The impact of social media in modern romantic relationships，2017：165.

［44］ Biederman J，Petty C，Fried R，et al. Impact of psychometrically defined deficits of executive functioning in adults with attention deficit hyperactivity disorder［J］. American Journal of Psychiatry，2006，163(10)：1730 – 1738.

［45］ Birnie C，Lydon J. Intimacy，attachment，and well-being in heterosexual romantic relationships over time［C］. Poster presented at the meeting of the Society for Personality and Social Psychology，San Antonio，TX，2011.

[46] Blackwell D, Leaman C, Tramposch R, et al. Extraversion, neuroticism, attachment style and fear of missing out as predictors of social media use and addiction[J]. Personality and Individual Differences, 2017, 116: 69 – 72.

[47] Blake C, Klimmt C: The challenge of measuring the use of computer games, Computer games and new media cultures: Springer, 2012: 357 – 369.

[48] Blascovich J, Mendes W B. Challenge and threat appraisals: The role of affective cues[J], 2000.

[49] Blumler J G. The role of theory in uses and gratifications studies[J]. Communication research, 1979, 6(1): 9 – 36.

[50] Bowlby J. Attachment and loss[M]. Random House, 1969: 177 – 209.

[51] Bowlby J. The making and breaking of affectional bonds: I. Aetiology and psychopathology in the light of attachment theory[J]. The British journal of psychiatry, 1977, 130(3): 201 – 210.

[52] Bradbury T N, Fincham F D. Affect and cognition in close relationships: Towards an integrative model[J]. Cognition and emotion, 1987, 1(1): 59 – 87.

[53] Bradley G. Gratifications of television viewing and their correlates for British children [J]. The Uses of Mass. Communications Current Perspectives on Gratifications Research, 1974: 71 – 925.

[54] Bradbury T N, Fincham F D. Attributions in marriage: Review and critique[J]. Psychological bulletin, 1990, 107(1): 3.

[55] Bradbury T N, Fincham F D. Attributions and behavior in marital interaction[J]. Journal of personality and social psychology, 1992, 63(4): 613.

[56] Bradbury T N, Beach S R, Fincham F D, et al. Attributions and behavior in functional and dysfunctional marriages [J]. Journal of Consulting and Clinical Psychology, 1996, 64(3): 569.

[57] Bradford A B, Dobry S, Sandberg J G, et al. Baby with the bathwater? Examining the relationship between video game use and relationship

outcomes and the moderating effects of attachment behaviors among married casual gamers[J]. Journal of marital and family therapy, 2019, 45(4): 699 – 718.

[58] Braun V, Clarke V. Using thematic analysis in psychology [J]. Qualitative research in psychology, 2006, 3(2): 77 – 101.

[59] Brennan K A, Bosson J K. Attachment-style differences in attitudes toward and reactions to feedback from romantic partners: An exploration of the relational bases of self-esteem [J]. Personality and Social Psychology Bulletin, 1998, 24(7): 699 – 714.

[60] Brennan K A, Clark C L, Shaver P R. Self-report measurement of adult attachment: An integrative overview[J], 1998.

[61] Brem M J, Spiller L C, Vandehey M A. Online mate-retention tactics on Facebook are associated with relationship aggression [J]. Journal of interpersonal violence, 2015, 30(16): 2831 – 2850.

[62] Brewer J, Hunter A. Multimethod research: A synthesis of styles[M]. Sage Publications, Inc, 1989.

[63] Brooks F M, Chester K L, Smeeton N C, et al. Video gaming in adolescence: factors associated with leisure time use[J]. Journal of Youth Studies, 2016, 19(1): 36 – 54.

[64] Bulman R J, Wortman C B. Attributions of blame and coping in the "real world": severe accident victims react to their lot[J]. Journal of personality and social psychology, 1977, 35(5): 351.

[65] Bushman B J, Anderson C A. Comfortably numb: Desensitizing effects of violent media on helping others[J]. Psychological science, 2009, 20(3): 273 – 277.

[66] Call V, Sprecher S, Schwartz P. The incidence and frequency of marital sex in a national sample[J]. Journal of Marriage and the Family, 1995: 639 – 652.

[67] Call V, Sprecher S, Schwartz P. The incidence and frequency of marital sex in a national sample[J]. Journal of Marriage and the Family, 1995: 639 – 652.

［68］Campbell L，Simpson J A，Boldry J，et al. Perceptions of conflict and support in romantic relationships：the role of attachment anxiety［J］. Journal of personality and social psychology，2005，88(3)：510.

［69］Cano A，Avery-Leaf S，Cascardi M，et al. Dating violence in two high school samples：Discriminating variables［J］. Journal of Primary Prevention，1998，18(4)：431－446.

［70］Cantril H. Professor quiz：A gratifications study［J］. Radio research，1941：34－45.

［71］Canu W H，Carlson G L. Differences in heterosocial behavior and outcomes of ADHD-symptomatic subtypes in a college sample［J］. Journal of Attention Disorders，2003，6(3)：123－133.

［72］Canu W H，Carlson C L. Rejection sensitivity and social outcomes of young adult men with ADHD［J］. Journal of Attention Disorders，2007，10(3)：261－275.

［73］Cairns P，Cox A，Nordin A I. Immersion in digital games：review of gaming experience research［J］. Handbook of digital games，2014，1：767.

［74］Carnelley K B，Janoff-Bulman R. Optimism about love relationships：General vs specific lessons from one's personal experiences［J］. Journal of Social and Personal Relationships，1992，9(1)：5－20.

［75］Carpenter C J. Romantic jealousy on Facebook：Causes and outcomes［J］. International Journal of Interactive Communication Systems and Technologies (IJICST)，2016，6(1)：1－16.

［76］Cassidy J，Shaver P R. Handbook of attachment：Theory，research，and clinical applications［M］. Rough Guides，1999.

［77］Catley D，Duda J L. Psychological antecedents of the frequency and intensity of flow in golfers［J］. International Journal of Sport Psychology，1997.

［78］Cermakova L，Moneta G B，Spada M M. Dispositional flow as a mediator of the relationships between attentional control and approaches to studying during academic examination preparation［J］. Educational

Psychology，2010，30(5)：495 – 511.

[79] Chamberlain M A. New technologies in health communication：Progress or panacea? [J]. American Behavioral Scientist，1994，38(2)：271 – 284.

[80] Chan S M. Early adolescent depressive mood：Direct and indirect effects of attributional styles and coping[J]. Child Psychiatry & Human Development，2012，43(3)：455 – 470.

[81] Charmaz K，Belgrave L. Qualitative interviewing and grounded theory analysis[J]. The SAGE handbook of interview research：The complexity of the craft，2012，2：347 – 365.

[82] Chory R M，Banfield S. Media Dependence and Relational Maintenance in Interpersonal Relationships[J]. Communication Reports，2009，22(1)：41 – 53.

[83] Chris Fraley R. Attachment stability from infancy to adulthood：Meta-analysis and dynamic modeling of developmental mechanisms [J]. Personality and social psychology review，2002，6(2)：123 – 151.

[84] Clark M S，Fitness J，Brissette I. Understanding people's perceptions of relationships is crucial to understanding their emotional lives [J]. Blackwell handbook of social psychology：Interpersonal processes，2001，2：253 – 278.

[85] Cohen E L，Bowman N D，Borchert K. Private flirts，public friends：Understanding romantic jealousy responses to an ambiguous social network site message as a function of message access exclusivity[J]. Computers in Human Behavior，2014，35：535 – 541.

[86] Cohen S. Social relationships and health[J]. American psychologist，2004，59(8)：676.

[87] Cole H，Griffiths M D. Social interactions in massively multiplayer online role-playing gamers[J]. Cyberpsychology & behavior，2007，10(4)：575 – 583.

[88] Collins N L. Working models of attachment：Implications for explanation，emotion，and behavior[J]. Journal of personality and social psychology，

1996，71(4)：810.

[89] Collins N L，Allard L M. Cognitive representations of attachment：The content and function of working models[J]. Blackwell handbook of social psychology：Interpersonal processes，2001，2：60 - 85.

[90] Collins N L，Guichard A C，Ford M B，et al. Working models of attachment：New developments and emerging themes[J]，2004.

[91] Collins N L，Feeney B C. Working models of attachment shape perceptions of social support：evidence from experimental and observational studies[J]. Journal of personality and social psychology，2004，87(3)：363.

[92] Collins N L，Ford M B，Guichard A C，et al. Working models of attachment and attribution processes in intimate relationships [J]. Personality and Social Psychology Bulletin，2006，32(2)：201 - 219.

[93] Cook T D，Reichardt C S. Qualitative and quantitative methods in evaluation research[M]. Sage publications Beverly Hills，CA，1979.

[94] Cornelius T J. A search model of marriage and divorce[J]. Review of Economic Dynamics，2003，6(1)：135 - 155.

[95] Coyne S M，Busby D，Bushman B J，et al. Gaming in the Game of Love：Effects of Video Games on Conflict in Couples[J]. Family Relations，2012，61(3)：388 - 396.

[96] Crawford C. The art of computer game design[J]，1984.

[97] Crawford D W，Houts R M，Huston T L，et al. Compatibility，leisure，and satisfaction in marital relationships[J]. Journal of Marriage and Family，2002，64(2)：433 - 449.

[98] Creswell J W，Creswell J D. Research design：Qualitative，quantitative，and mixed methods approaches[M]. Sage publications，2017.

[99] Cruea M，Park S-Y. Gender disparity in video game usage：A third-person perception-based explanation[J]. Media Psychology，2012，15(1)：44 - 67.

[100] Crust L，Swann C. The relationship between mental toughness and dispositional flow[J]. European Journal of Sport Science，2013，13(2)：215 - 220.

[101] Csikszentmihalyi M, Csikzentmihaly M. Flow: The psychology of optimal experience[M]. Harper & Row New York, 1990.

[102] Csikszentmihalyi M. The flow experience and its significance for human psychology[J], 1988.

[103] Csikszentmihalyi M. Beyond boredom and anxiety[M]. Jossey-Bass, 2000.

[104] Csikszentmihalyi M, Nakamura J. Effortless attention in everyday life: A systematic phenomenology[J]. Effortless attention: A new perspective in the cognitive science of attention and action, 2010: 179 – 189.

[105] Dainton M, Aylor B. A relational uncertainty analysis of jealousy, trust, and maintenance in long-distance versus geographically close relationships[J]. Communication Quarterly, 2001, 49(2): 172 – 188.

[106] Dainton M, Berkoski L. Positive and negative maintenance behaviors, jealousy, and Facebook: Impacts on college students' romantic relationships[J]. Pennsylvania Communication Annual, 2013, 69(1): 35 – 50.

[107] Dainton M, Stokes A. College students' romantic relationships on Facebook: Linking the gratification for maintenance to Facebook maintenance activity and the experience of jealousy[J]. Communication Quarterly, 2015, 63(4): 365 – 383.

[108] Davila J, Cobb R J. Predictors of Change in Attachment Security during Adulthood[J]. Guilford Publications, 2004: 133 – 156.

[109] Davis D, Perkowitz W T. Consequences of responsiveness in dyadic interaction: Effects of probability of response and proportion of content-related responses on interpersonal attraction[J]. Journal of Personality and Social Psychology, 1979, 37(4): 534.

[110] Deniz M, Hamarta E, Ari R. An investigation of social skills and loneliness levels of university students with respect to their attachment styles in a sample of Turkish students [J]. Social Behavior and Personality: an international journal, 2005, 33(1): 19 – 32.

[111] Denzin N K. Interpretive biography[M]. 17. Sage, 1989.

[112] Derlega V J. Communication, intimacy, and close relationships[M]. Elsevier, 2013.

[113] Dewsbury D A. Effects of novelty of copulatory behavior: The Coolidge effect and related phenomena[J]. Psychological Bulletin, 1981, 89 (3): 464.

[114] Dicicco-Bloom B, Crabtree B F. The qualitative research interview[J]. Medical education, 2006, 40(4): 314 - 321.

[115] Dobson K, Ogolsky B. The role of social context in the association between leisure activities and romantic relationship quality[J]. Journal of Social and Personal Relationships, 2021: 02654075211036504.

[116] Do Couto G L, Cruz A. Playing life away: Videogames and personality structure[J]. Psychology in Russia: State of the Art, 2014, 7(3): 146 - 160.

[117] Doherty W J. Cognitive processes in intimate conflict: I. Extending attribution theory[J]. American Journal of Family Therapy, 1981, 9(1): 3 - 13.

[118] Dunn M J, Ward K. Infidelity-revealing Snapchat messages arouse different levels of jealousy depending on sex, type of message and identity of the opposite sex rival[J]. Evolutionary Psychological Science, 2020, 6(1): 38 - 46.

[119] Durtschi J A, Fincham F D, Cui M, et al. Dyadic processes in early marriage: Attributions, behavior, and marital quality[J]. Family Relations, 2011, 60(4): 421 - 434.

[120] Eakin L, Minde K, Hechtman L, et al. The marital and family functioning of adults with ADHD and their spouses[J]. Journal of attention disorders, 2004, 8(1): 1 - 10.

[121] Eisenberg D, Schneider H. Perceptions of academic skills of children diagnosed with ADHD[J]. Journal of Attention Disorders, 2007, 10 (4): 390 - 397.

[122] Ellison J K, Kouros C D, Papp L M, et al. Interplay between marital attributions and conflict behavior in predicting depressive symptoms[J].

Journal of Family Psychology，2016，30(2)：286.

[123] Elwert F，Christakis N A. The effect of widowhood on mortality by the causes of death of both spouses[J]. American journal of public health，2008，98(11)：2092 – 2098.

[124] Emde R N. The prerepresentational self and its affective core[J]. The psychoanalytic study of the child，1983，38(1)：165 – 192.

[125] Ennemoser M，Schneider W. Relations of television viewing and reading：Findings from a 4-year longitudinal study[J]. Journal of Educational Psychology，2007，99(2)：349.

[126] Farnsworth B. The Science of Video Games：Immersion，Flow，and Presence[J]. IMotions[online]. København，2018.

[127] F. B R，R. L M. The need to belong：Desire for interpersonal attachments as a fundamental human motivation[J]. Interpersonal development，2017：57 – 89.

[128] Feeney J A，Noller P. Attachment style as a predictor of adult romantic relationships[J]. Journal of personality and Social Psychology，1990，58(2)：281.

[129] Feeney J A. Adult romantic attachment and couple relationships[J]. The Guilford Press，1999：355 – 377.

[130] Fincham F D，Bradbury T N. The impact of attributions in marriage：A longitudinal analysis[J]. Journal of personality and social psychology，1987，53(3)：510.

[131] Fincham F D，Bradbury T N. The impact of attributions in marriage：An experimental analysis[J]. Journal of Social and Clinical Psychology，1988，7(2 – 3)：147 – 162.

[132] Fincham F D，Beach S R，Arias I，et al. Children's attributions in the family：The Children's Relationship Attribution Measure[J]. Journal of Family Psychology，1998，12(4)：481.

[133] Fincham F D. Attributions in close relationships：from Balkanization to integration[J]. Blackwell handbook of social psychology，2001：3 – 31.

[134] Fitness J，Fletcher G，Overall N. Interpersonal attraction and intimate

relationships[J]. The Sage Handbook of Social Psychology，2007：258 - 278.

[135] Fletcher G J，Fitness J，Blampied N. The link between attributions and happiness in close relationships：The roles of depression and explanatory style[J]. Journal of Social and Clinical Psychology，1990，9(2)：243 - 255.

[136] Fletcher G J，Fincham F D，Cramer L，et al. The role of attributions in the development of dating relationships[J]. Journal of personality and social psychology，1987，53(3)：481.

[137] Fletcher G J，Kerr P S. Through the eyes of love：reality and illusion in intimate relationships[J]. Psychological bulletin，2010，136(4)：627.

[138] Fletcher G J，Simpson J A，Thomas G. Ideals，perceptions，and evaluations in early relationship development[J]. Journal of personality and social psychology，2000，79(6)：933.

[139] Fletcher G J. The new science of intimate relationships[M]. John Wiley & Sons，2008.

[140] Fletcher G J，Thomas G. Behavior and on-line cognition in marital interaction[J]. Personal Relationships，2000，7(1)：111 - 130.

[141] Flory K，Molina B S，Pelham J，William E，et al. Childhood ADHD predicts risky sexual behavior in young adulthood[J]. Journal of Clinical Child and Adolescent Psychology，2006，35(4)：571 - 577.

[142] Flueggen F，Doyle S，Veith H. One game-one effect? What playing "World of Warcraft" means for adolescents and their development[J]. Journal For Virtual Worlds Research，2018，11(1) ：1 - 17.

[143] Flueggen F. Investigation of the Association between Video Game Usage，Personality，Psychological Needs，and Wellbeing[D]，Open Access Te Herenga Waka-Victoria University of Wellington，2020

[144] Forsyth D R，Schlenker B R. Attributional egocentrism following performance of a competitive task [J]. The Journal of Social Psychology，1977，102(2)：215 - 222.

[145] Fox J，Anderegg C. Turbulence，turmoil，and termination：The dark

side of social networking sites for romantic relationships[J]. Contexts for dark side communication, 2016, 269: 280.

[146] Fraley R C, Davis K E, Shaver P R. Dismissing-avoidance and the defensive organization of emotion, cognition, and behavior[J]. Guilford Press, 1998: 249 – 279.

[147] Fraley R C, Waller N G, Brennan K A. An item response theory analysis of self-report measures of adult attachment[J]. Journal of personality and social psychology, 2000, 78(2): 350.

[148] Gager C T, Sanchez L. Two as one? Couples' perceptions of time spent together, marital quality, and the risk of divorce[J]. Journal of Family issues, 2003, 24(1): 21 – 50.

[149] Gallo L C, Smith T W. Attachment style in marriage: Adjustment and responses to interaction[J]. Journal of Social and Personal Relationships, 2001, 18(2): 263 – 289.

[150] Gaub M, Carlson C L. Gender differences in ADHD: A meta-analysis and critical review[J]. Journal of the American Academy of Child & Adolescent Psychiatry, 1997, 36(8): 1036 – 1045.

[151] Gentile D A, Lynch P J, Linder J R, et al. The effects of violent video game habits on adolescent hostility, aggressive behaviors, and school performance[J]. Journal of adolescence, 2004, 27(1): 5 – 22.

[152] Giordano P C, Soto D A, Manning W D, et al. The characteristics of romantic relationships associated with teen dating violence[J]. Social science research, 2010, 39(6): 863 – 874.

[153] Glass D C. Behavior patterns, stress, and coronary disease[M]. Lawrence Erlbaum, 1977.

[154] Glick B R, Gross S J. Marital interaction and marital conflict: A critical evaluation of current research strategies[J]. Journal of Marriage and the Family, 1975: 505 – 512.

[155] Goodcase E T, Nalbone D P, Hecker L L, et al. The role of attachment anxiety and avoidance in communication modality and relationship quality of romantic relationships initiated online[J]. The American

Journal of Family Therapy，2018，46(2)：168－183.

[156] Gordon K C，Friedman M A，Miller I W，et al. Marital attributions as moderators of the marital discord-depression link[J]. Journal of Social and Clinical Psychology，2005，24(6)：876－893.

[157] Green C S，Bavelier D. Action video game modifies visual selective attention[J]. Nature，2003，423(6939)：534－537.

[158] Green C S，Bavelier D. Effect of action video games on the spatial distribution of visuospatial attention [J]. Journal of experimental psychology：Human perception and performance，2006a，32(6)：1465.

[159] Green C S，Bavelier D. Enumeration versus multiple object tracking：The case of action video game players[J]. Cognition，2006b，101(1)：217－245.

[160] Green C S，Bavelier D. Action-video-game experience alters the spatial resolution of vision[J]. Psychological science，2007，18(1)：88－94.

[161] Greenwood D N，Long C R. Attachment，belongingness needs，and relationship status predict imagined intimacy with media figures[J]. Communication Research，2011，38(2)：278－297.

[162] Griffiths M. The observational study of adolescent gambling in UK amusement arcades [J]. Journal of Community & Applied Social Psychology，1991，1(4)：309－320.

[163] Griffiths M D. Are computer games bad for children? [J]. The Psychologist：Bulletin of the British Psychological Society，1993，6：401－407.

[164] Gurman A S，Knudson R M，Kniskern D P. Behavioral marriage therapy. IV. Take two aspirin and call us in the morning[J]. Family Process，1978，17(2)：165－180.

[165] Ha L，James E L. Interactivity reexamined：A baseline analysis of early business web sites[J]. Journal of Broadcasting & Electronic Media，1998，42(4).

[166] Han S. The relationship between life satisfaction and flow in elderly Korean immigrants[J]. Optimal experience：Psychological studies of

flow in consciousness, 1988: 138 – 149.

[167] Harasymchuk C, Fehr B. A prototype analysis of relational boredom [J]. Journal of Social and Personal Relationships, 2013, 30(5): 627 – 646.

[168] Harvey J, Pauwels B, Zickmund S. Relationship connection: The role of minding in the enhancement of closeness[J]. Handbook of positive psychology, 2005: 423 – 433.

[169] Hayes A F. PROCESS: A versatile computational tool for observed variable mediation, moderation, and conditional process modeling: University of Kansas, KS, 2012.

[170] Hazan C, Shaver P. Romantic love conceptualized as an attachment process[J]. Journal of personality and social psychology, 1987, 52(3): 511.

[171] Hendrick S S, Dicke A, Hendrick C. The relationship assessment scale [J]. Journal of social and personal relationships, 1998, 15(1): 137 – 142.

[172] Heider F. The naive analysis of action[J], John Wiley & Sons, 1958: 79 – 124.

[173] Heider F. The psychology of interpersonal relations[M]. Psychology Press, 2013.

[174] Hertlein K M, Hawkins B P. Online Gaming Issues in Offline Couple Relationships: A Primer for Marriage and Family Therapists (MFTs) [J]. Qualitative Report, 2012, 17: 15.

[175] Hinshaw S P, Melnick S M. Peer relationships in boys with attention-deficit hyperactivity disorder with and without comorbid aggression[J]. Development and psychopathology, 1995, 7(4): 627 – 647.

[176] Holmes J G. Trust and the appraisal process in close relationships [J], 1991.

[177] Holmes J, Rempel J. Trust and conflict in close relationships[C]. Invited address at the 94th Annual Convention of the American Psychological Association, Washington, DC, 1986.

[178] Holman T B, Epperson A. Family and leisure: A review of the literature with research recommendations [J]. Journal of Leisure Research, 1984, 16(4): 277 - 294.

[179] Holman T B, Jacquart M. Leisure-activity patterns and marital satisfaction: A further test[J]. Journal of Marriage and the Family, 1988: 69 - 77.

[180] Holloway I, Todres L. The status of method: flexibility, consistency and coherence[J]. Qualitative research, 2003, 3(3): 345 - 357.

[181] Holt-Lunstad J, Birmingham W, Jones B Q. Is there something unique about marriage? The relative impact of marital status, relationship quality, and network social support on ambulatory blood pressure and mental health[J]. Annals of behavioral medicine, 2008, 35(2): 239 - 244.

[182] Hoshmand L T. Can lessons of history and logical analysis ensure progress in psychological science? [J]. Theory & Psychology, 2003, 13(1): 39 - 44.

[183] Hotaling G T. Attribution processes in husband-wife violence[J]. The social causes of husband-wife violence, 1980: 136 - 154.

[184] Hoza B, Mrug S, Gerdes A C, et al. What aspects of peer relationships are impaired in children with attention-deficit/hyperactivity disorder? [J]. Journal of consulting and clinical psychology, 2005, 73(3): 411.

[185] Ibrahim T. The pattern of relationship between attachment styles, gaming addiction and empathetic tendency among adolescents [J]. Eurasian Journal of Educational Research, 2019, 19(83): 125 - 144.

[186] Ijsselsteijn W, De Kort Y, Poels K, et al. Characterising and measuring user experiences in digital games[C]. International conference on advances in computer entertainment technology, 2007: 27.

[187] Ijsselsteijn W A, De Kort Y A, Poels K. The game experience questionnaire[J]. Eindhoven: Technische Universiteit Eindhoven, 2013, 46(1): 9.

[188] Iqbal F, Jami H. Effect of Facebook use intensity upon marital

satisfaction among Pakistani married Facebook users: a model testing [J]. Pakistan Journal of Psychological Research, 2019: 191 – 213.

[189] İşgÖr İ Y. An investigation of the predictive effect of attachment styles and academic success on compassion in university students[J]. Erzincan Üniversitesi Eğitim Fakültesi Dergisi, 2017, 19(1): 82 – 99.

[190] Ip B. Narrative structures in computer and video games: Part 1: Context, definitions, and initial findings[J]. Games and Culture, 2011, 6(2): 103 – 134.

[191] Jackson S A, Eklund R C. Assessing flow in physical activity: The flow state scale – 2 and dispositional flow scale – 2[J]. Journal of Sport and Exercise Psychology, 2002, 24(2): 133 – 150.

[192] Jackson S A, Ford S K, Kimiecik J C, et al. Psychological correlates of flow in sport[J]. Journal of Sport and exercise Psychology, 1998, 20(4): 358 – 378.

[193] Jackson S A, Marsh H W. Development and validation of a scale to measure optimal experience: The Flow State Scale[J]. Journal of sport and exercise psychology, 1996, 18(1): 17 – 35.

[194] Jackson S A, Thomas P R, Marsh H W, et al. Relationships between flow, self-concept, psychological skills, and performance[J]. Journal of applied sport psychology, 2001, 13(2): 129 – 153.

[195] Jacobson N S, Moore D. Spouses as observers of the events in their relationship[J]. Journal of Consulting and Clinical Psychology, 1981, 49(2): 269.

[196] Johnson B, Turner L. Data collection strategies[J]. Handbook of mixed methods in social and behavioural research. Thousand Oaks: Sage, 2003: 297 – 315.

[197] Johnson D, Gardner J, Sweetser P. Motivations for videogame play: Predictors of time spent playing[J]. Computers in Human Behavior, 2016, 63: 805 – 812.

[198] Johnson H A, Zabriskie R B, Hill B. The contribution of couple leisure involvement, leisure time, and leisure satisfaction to marital satisfaction

[J]. Marriage & family review, 2006, 40(1): 69 - 91.

[199] Johnson M D, Anderson J R. The longitudinal association of marital confidence, time spent together, and marital satisfaction[J]. Family process, 2013, 52(2): 244 - 256.

[200] Johnson R B, Onwuegbuzie A J. Mixed methods research: A research paradigm whose time has come[J]. Educational researcher, 2004, 33(7): 14 - 26.

[201] Johnston C, Freeman W. Attributions for child behavior in parents of children without behavior disorders and children with attention deficit-hyperactivity disorder [J]. Journal of Consulting and Clinical Psychology, 1997, 65(4): 636.

[202] Jones E E, Davis K E: From acts to dispositions the attribution process in person perception, Advances in experimental social psychology: Elsevier, 1965: 219 - 266.

[203] Kabeer N. The power to choose: Bangladeshi women and labor market decisions in London and Dhaka[M]. Verso, 2002.

[204] Kabeer N. Marriage, motherhood and masculinity in the global economy: reconfigurations of personal and economic life[J], 2007.

[205] Kahn A S, Shen C, Lu L, et al. The Trojan Player Typology: A cross-genre, cross-cultural, behaviorally validated scale of video game play motivations[J]. Computers in Human Behavior, 2015, 49: 354 - 361.

[206] Kallio H, Pietilä A M, Johnson M, et al. Systematic methodological review: developing a framework for a qualitative semi-structured interview guide[J]. Journal of advanced nursing, 2016, 72(12): 2954 - 2965.

[207] Karney B R, Mcnulty J K, Bradbury T N. Cognition and the development of close relationships[J]. Blackwell handbook in social psychology, 2001, 2: 32 - 59.

[208] Kelley H H. Attribution theory in social psychology[C]. Nebraska symposium on motivation, 1967.

[209] Kaiser H F. An index of factorial simplicity[J]. Psychometrika, 1974,

39(1)：31 - 36.

[210] Kallio K P, Mäyrä F, Kaipainen K. At least nine ways to play：Approaching gamer mentalities[J]. Games and Culture, 2011, 6(4)：327 - 353.

[211] Kassin S, Fein S, Markus H R, et al. Social Psychology Australian & New Zealand Edition[M]. Cengage AU, 2019.

[212] Katz E, Foulkes D. On the use of the mass media as "escape"：Clarification of a concept[J]. Public opinion quarterly, 1962, 26(3)：377 - 388.

[213] Katz E, Blumler J G, Gurevitch M. Uses and gratifications research [J]. The public opinion quarterly, 1973, 37(4)：509 - 523.

[214] Kimmes J G, Durtschi J A, Clifford C E, et al. The role of pessimistic attributions in the association between anxious attachment and relationship satisfaction[J]. Family Relations, 2015, 64(4)：547 - 562.

[215] Kimmes J G, Durtschi J A. Forgiveness in romantic relationships：The roles of attachment, empathy, and attributions[J]. Journal of Marital and Family Therapy, 2016, 42(4)：645 - 658.

[216] King D L, Delfabbro P H. The cognitive psychopathology of Internet gaming disorder in adolescence [J]. Journal of abnormal child psychology, 2016, 44(8)：1635 - 1645.

[217] Kirkpatrick L A, Shaver P R. Attachment theory and religion：Childhood attachments, religious beliefs, and conversion[J]. Journal for the scientific study of religion, 1990：315 - 334.

[218] Klusmann D. Sexual motivation and the duration of partnership[J]. Archives of sexual behavior, 2002, 31(3)：275 - 287.

[219] Koball H L, Moiduddin E, Henderson J, et al. What do we know about the link between marriage and health? Sage Publications Sage CA：Los Angeles, CA, 2010.

[220] Kowert R, Domahidi E, Quandt T. The relationship between online video game involvement and gaming-related friendships among emotionally sensitive individuals[J]. Cyberpsychology, Behavior, and

Social Networking，2014，17(7)：447－453．

[221] Kowert R，Oldmeadow J A．Playing for social comfort：Online video game play as a social accommodator for the insecurely attached[J]．Computers in human behavior，2015，53：556－566．

[222] Kraut R，Patterson M，Lundmark V，et al．Internet paradox：A social technology that reduces social involvement and psychological well-being？[J]．American psychologist，1998，53(9)：1017．

[223] Kuss D，Griffiths M．Internet addiction in psychotherapy[M]．Springer，2014．

[224] Lee D，Larose R．A socio-cognitive model of video game usage[J]．Journal of Broadcasting & Electronic Media，2007，51(4)：632－650．

[225] Lenhart A，Kahne J，Middaugh E，et al．Teens，Video Games，and Civics：Teens' Gaming Experiences Are Diverse and Include Significant Social Interaction and Civic Engagement[J]．Pew internet & American life project，2008．

[226] Lenhart A，Smith A，Anderson M，et al．Teens，technology and friendships[J]，2015．Retrieved from http：//www．pewinternet．org/2015/08/06/teens-technology-and-friendships/．

[227] Levy M R，Windahl S．Audience activity and gratifications：A conceptual clarification and exploration[J]．Communication research，1984，11(1)：51－78．

[228] Lianekhammy J，Van De Venne J．World of warcraft widows：Spousal perspectives of online gaming and relationship outcomes[J]．The American Journal of Family Therapy，2015，43(5)：454－466．

[229] Lin C A．Uses and gratifications[J]．Clarifying communication theories：A hands-on approach，Iowa State University Press，1999：199－208．

[230] Li N，Jackson M H，Trees A R．Relating online：Managing dialectical contradictions in massively multiplayer online role-playing game relationships[J]．Games and Culture，2008，3(1)：76－97．

[231] Lo S-K，Wang C-C，Fang W．Physical interpersonal relationships and social anxiety among online game players[J]．Cyberpsychology &

behavior，2005，8(1)：15 - 20.

[232] Louise Barriball K，While A. Collecting Data using a semi-structured interview：a discussion paper[J]. Journal of advanced nursing，1994，19(2)：328 - 335.

[233] Lüders M. Being in mediated spaces. An enquiry into personal media practices[J]. Unpublished dissertation，University of Oslo，2007.

[234] Macbeth J：Ocean cruising：Cambridge University Press，1988.

[235] Maccoon D G，Newman J P. Content meets process：Using attributions and standards to inform cognitive vulnerability in psychopathy，antisocial personality disorder，and depression[J]. Journal of Social and Clinical Psychology，2006，25(7)：802 - 824.

[236] Main M，Kaplan N，Cassidy J. Security in infancy，childhood，and adulthood：A move to the level of representation[J]. Monographs of the society for research in child development，1985：66 - 104.

[237] Marshall A D，Jones D E，Feinberg M E. Enduring vulnerabilities，relationship attributions，and couple conflict：An integrative model of the occurrence and frequency of intimate partner violence[J]. Journal of family psychology，2011，25(5)：709.

[238] Markus H，Zajonc R B. The cognitive perspective in social psychology [J]. Handbook of social psychology，1985，1(1)：137 - 230.

[239] Marty-Dugas J，Ralph B C，Oakman J M，et al. The relation between smartphone use and everyday inattention[J]. Psychology of Consciousness：Theory，Research，and Practice，2018，5(1)：46.

[240] Marty-Dugas J，Smilek D. Deep，effortless concentration：Re-examining the flow concept and exploring relations with inattention，absorption，and personality[J]. Psychological research，2019，83(8)：1760 - 1777.

[241] Maslow A H. Motivation and personality[M]. Prabhat Prakashan，1981.

[242] Meadows M S. Pause & effect：the art of interactive narrative[M]. Pearson Education，2002.

[243] Mendelsohn H. Listening to radio [J]. People, society and mass communication, 1964: 239 - 248.

[244] Mcgloin R, Hull K S, Christensen J L. The social implications of casual online gaming: Examining the effects of competitive setting and performance outcome on player perceptions[J]. Computers in Human Behavior, 2016, 59: 173 - 181.

[245] Mcleod J. Qualitative research in counselling and psychotherapy[M]. Sage, 2011.

[246] Mikulincer M. Adult attachment style and individual differences in functional versus dysfunctional experiences of anger[J]. Journal of personality and social psychology, 1998a, 74(2): 513.

[247] Mikulincer M. Adult attachment style and affect regulation: Strategic variations in self-appraisals [J]. Journal of personality and social psychology, 1998b, 75(2): 420.

[248] Mikulincer M. Attachment style and the mental representation of the self[J]. Journal of personality and social psychology, 1995, 69(6): 1203.

[249] Mikulincer M. Attachment working models and the sense of trust: An exploration of interaction goals and affect regulation[J]. Journal of personality and social psychology, 1998, 74(5): 1209.

[250] Mikulincer M, Orbach I, Iavnieli D. Adult attachment style and affect regulation: Strategic variations in subjective self-other similarity[J]. Journal of Personality and Social Psychology, 1998, 75(2): 436.

[251] Miller L C, Berg J H, Archer R L. Openers: Individuals who elicit intimate self-disclosure[J]. Journal of personality and social psychology, 1983, 44(6): 1234.

[252] Miller L C, Berg J H: Selectivity and urgency in interpersonal exchange, Communication, intimacy, and close relationships: Elsevier, 1984: 161 - 205.

[253] Miller R S, Perlman D, Brehm S S. Intimate relationships[M]. McGraw-Hill Higher Education Boston, 2007.

[254] Minde K, Eakin L, Hechtman L, et al. The psychosocial functioning of children and spouses of adults with ADHD[J]. Journal of Child Psychology and Psychiatry, 2003, 44(4): 637 – 646.

[255] Monacis L, De Palo V, Griffiths M D, et al. Exploring individual differences in online addictions: The role of identity and attachment[J]. International journal of mental health and addiction, 2017, 15(4): 853 – 868.

[256] Moore B A. Propensity for experiencing flow: The roles of cognitive flexibility and mindfulness[J]. The Humanistic Psychologist, 2013, 41(4): 319.

[257] Mora-Cantallops M, Sicilia M-Á. Exploring player experience in ranked league of legends[J]. Behaviour & Information Technology, 2018, 37(12): 1224 – 1236.

[258] Mrug S, Hoza B, Gerdes A C, et al. Discriminating between children with ADHD and classmates using peer variables[J]. Journal of Attention Disorders, 2009, 12(4): 372 – 380.

[259] Muise A, Christofides E, Desmarais S. More information than you ever wanted: Does Facebook bring out the green-eyed monster of jealousy? [J]. Cyber Psychology & behavior, 2009, 12(4): 441 – 444.

[260] Murray S L, Holmes J G, Griffin D W. The self-fulfilling nature of positive illusions in romantic relationships: Love is not blind, but prescient[J]. Journal of personality and social psychology, 1996, 71(6): 1155.

[261] Murray S L, Holmes J G, Collins N L. Optimizing assurance: The risk regulation system in relationships[J]. Psychological bulletin, 2006, 132(5): 641.

[262] Myers D. Computer games genres[J]. Play & Culture, 1990, 3(4): 286 – 301.

[263] Nacke L. Affective ludology: Scientific measurement of user experience in interactive entertainment[D]. Blekinge Institute of Technology, 2009.

[264] Nakamura J, Csikszentmihalyi M. The concept of flow. Flow and the foundations of positive psychology. Springer, 2014: 239 - 263.

[265] Nilforooshan P, Ahmadi A, Fatehizadeh M, et al. How adult attachment and personality traits are related to marital quality: The role of relationship attributions and emotional reactions [J]. Europe's Journal of Psychology, 2013, 9(4): 783 - 797.

[266] Northrup J C. Gamer widow: The phenomenological experience of spouses of online video game addicts[D]. Texas Tech University, 2008.

[267] Northrup J C, Shumway S. Gamer widow: A phenomenological study of spouses of online video game addicts[J]. The American Journal of Family Therapy, 2014, 42(4): 262 - 281.

[268] Nouchi R, Taki Y, Takeuchi H, et al. Brain training game boosts executive functions, working memory and processing speed in the young adults: a randomized controlled trial[J]. PloS one, 2013, 8 (2): e55518.

[269] Ogolsky B G, Surra C A, Monk J K. Pathways of commitment to wed: The development and dissolution of romantic relationships[J]. Journal of Marriage and Family, 2016, 78(2): 293 - 310.

[270] Onwuegbuzie A J, Johnson R B. The validity issue in mixed research [J]. Research in the Schools, 2006, 13(1): 49 - 63.

[271] Orosz G, Szekeres Á, Kiss Z G, et al. Elevated romantic love and jealousy if relationship status is declared on Facebook[J]. Frontiers in psychology, 2015, 6: 214.

[272] Orthner D K. Leisure activity patterns and marital satisfaction over the marital career[J]. Journal of Marriage and the Family, 1975: 91 - 102.

[273] Oshri A, Sutton T E, Clay-Warner J, et al. Child maltreatment types and risk behaviors: Associations with attachment style and emotion regulation dimensions[J]. Personality and Individual differences, 2015, 73: 127 - 133.

[274] Osterhout R E, Frame L E, Johnson M D. Maladaptive attributions and dyadic behavior are associated in engaged couples[J]. Journal of

social and clinical psychology, 2011, 30(8): 788 – 818.

[275] Oswald C A, Prorock C, Murphy S M. The perceived meaning of the video game experience: An exploratory study [J]. Psychology of Popular Media Culture, 2014, 3(2): 110.

[276] Palmgreen P, Rayburn J D. Uses and gratifications and exposure to public television: A discrepancy approach [J]. Communication Research, 1979, 6(2): 155 – 179.

[277] Patton M Q. Qualitative evaluation and research methods[M]. SAGE Publications, inc, 1990.

[278] Pearce Z J, Halford W K. Do attributions mediate the association between attachment and negative couple communication? [J]. Personal Relationships, 2008, 15(2): 155 – 170.

[279] Perles F, San Martín J, Canto J M. Gender and conflict resolution strategies in Spanish teen couples: Their relationship with jealousy and emotional dependency[J]. Journal of interpersonal violence, 2019, 34(7): 1461 – 1486.

[280] Perlman D. The best of times, the worst of times: The place of close relationships in psychology and our daily lives [J]. Canadian Psychology/Psychologie canadienne, 2007, 48(1): 7.

[281] Petersen J, Le B. Psychological distress, attachment, and conflict resolution in romantic relationships[J]. Modern Psychological Studies, 2017, 23(1): 3.

[282] Peterson C, Seligman M E. Causal explanations as a risk factor for depression: theory and evidence [J]. Psychological review, 1984, 91(3): 347.

[283] Phan M H, Jardina J R, Hoyle S, et al. Examining the role of gender in video game usage, preference, and behavior[C]. Proceedings of the human factors and ergonomics society annual meeting, 2012: 1497 – 1500.

[284] Phillips C A, Rolls S, Rouse A, et al. Home video game playing in schoolchildren: A study of incidence and patterns of play[J]. Journal of

adolescence, 1995, 18(6): 687 - 691.

[285] Pietromonaco P R, Carnelley K B. Gender and working models of attachment: Consequences for perceptions of self and romantic relationships[J]. Personal Relationships, 1994, 1(1): 63 - 82.

[286] Polit D F, Beck C T. Generalization in quantitative and qualitative research: Myths and strategies[J]. International journal of nursing studies, 2010, 47(11): 1451 - 1458.

[287] Reichardt C S, Rallis S F. The Qualitative-Quantitative Debate: New Perspectives[J]. New directions for program evaluation, 1994, 61: 1 - 98.

[288] Reis H, Shaver P. Intimacy as an interpersonal process. In: Duck, SW (Eds.) Handbook of personal relationships[J]. Theory, Research and Interventions John Wiley: Chichester UK, 1988.

[289] Rempel J K, Ross M, Holmes J G. Trust and communicated attributions in close relationships[J]. Journal of personality and social psychology, 2001, 81(1): 57.

[290] Rodin J, Langer E J. Long-term effects of a control-relevant intervention with the institutionalized aged[J]. Journal of personality and social psychology, 1977, 35(12): 897.

[291] Ross S R, Keiser H N. Autotelic personality through a five-factor lens: Individual differences in flow-propensity[J]. Personality and individual differences, 2014, 59: 3 - 8.

[292] Rubenstein C, Shaver P. In search of intimacy: Surprising conclusions from a nationwide survey on loneliness & what to do about it[M]. Delacorte Press, 1982.

[293] Rubin A M. Ritualized and instrumental television viewing[J]. Journal of communication, 1984.

[294] Rubin A M. Media uses and effects: A uses-and-gratifications perspective [J], 1994.

[295] Rueda H A, Lindsay M, Williams L R. "She posted It on facebook" Mexican American adolescents' experiences with technology and

romantic relationship conflict[J]. Journal of Adolescent Research, 2015, 30(4): 419 – 445.

[296] Rueda M R, Rothbart M K, Mccandliss B D, et al. Training, maturation, and genetic influences on the development of executive attention[J]. Proceedings of the National Academy of Sciences, 2005, 102(41): 14931 – 14936.

[297] Ryan R M, Rigby C S, Przybylski A. The motivational pull of video games: A self-determination theory approach[J]. Motivation and emotion, 2006, 30(4): 344 – 360.

[298] Savcı M, Aysan F. The role of attachment styles, peer relations, and affections in predicting Internet addiction[J]. Addicta: The Turkish Journal on Addictions, 2016, 3(3): 401 – 432.

[299] Seidman G, Langlais M, Havens A. Romantic relationship-oriented Facebook activities and the satisfaction of belonging needs[J]. Psychology of Popular Media Culture, 2019, 8(1): 52.

[300] Selnow G W. Playing videogames: The electronic friend[J]. Journal of Communication, 1984, 34(2): 148 – 156.

[301] Scharfe E, Cole V. Stability and change of attachment representations during emerging adulthood: An examination of mediators and moderators of change[J]. Personal Relationships, 2006, 13(3): 363 – 374.

[302] Schneider B, Ainbinder A M, Csikszentmihalyi M. Stress and working parents[J]. Work and leisure, 2004: 145 – 167.

[303] Schramm W. How communication works[J]. 1954, 1954: 3 – 26.

[304] Schramm W. Television in the lives of our children[J], 1965.

[305] Sharaievska I, Kim J, Stodolska M. Leisure and marital satisfaction in intercultural marriages[J]. Journal of Leisure Research, 2013, 45(4): 446 – 465.

[306] Shaver P, Hazan C. Being lonely, falling in love[J]. Journal of Social Behavior and Personality, 1987, 2(2): 105.

[307] Sheese B E, Graziano W G. Deciding to defect: The effects of video-game violence on cooperative behavior[J]. Psychological science, 2005,

16(5)：355 - 357.

[308] Shen C，Williams D. Unpacking time online：Connecting internet and massively multiplayer online game use with psychosocial well-being[J]. Communication Research，2011，38(1)：123 - 149.

[309] Sherry J L，Lucas K，Greenberg B S，et al. Video game uses and gratifications as predictors of use and game preference[J]. Playing video games：Motives，responses，and consequences，2006，24(1)：213 - 224.

[310] Simpson J A. Influence of attachment styles on romantic relationships [J]. Journal of personality and social psychology，1990，59(5)：971.

[311] Simpson J A. Foundations of interpersonal trust[J]，2007.

[312] Skalski P，Whitbred R. Image versus sound：A comparison of formal feature effects on presence and video game enjoyment[J]. Psych Nology Journal，2010，8(1).

[313] Skow J. Games that play people：Those beeping video invaders are dazzling，fun-and even addictive[J]. Time，1982：50 - 58.

[314] Shoshani A，Braverman S，Meirow G. Video games and close relations：Attachment and empathy as predictors of children's and adolescents' video game social play and socio-emotional functioning[J]. Computers in Human Behavior，2021，114：106578.

[315] Siemer M，Mauss I，Gross J J. Same situation — different emotions：how appraisals shape our emotions[J]. Emotion，2007，7(3)：592.

[316] Smith J A，Jarman M，Osborn M. Doing interpretative phenomenological analysis[J]. Qualitative health psychology：Theories and methods，1999：218 - 240.

[317] Smith J A，Shinebourne P. Interpretative phenomenological analysis [M]. American Psychological Association，2012.

[318] Stavrou N A，Jackson S A，Zervas Y，et al. Flow experience and athletes' performance with reference to the orthogonal model of flow [J]. The Sport Psychologist，2007，21(4)：438 - 457.

[319] Steele C M：The psychology of self-affirmation：Sustaining the integrity

of the self, Advances in experimental social psychology: Elsevier, 1988: 261 - 302.

[320] Stephanou G, Kyridis A. University students' partner ideals and attributions in romantic relationships [C]. 6th international SELF conference: The centrality of SELF theory and research for enabling human potential, 2011.

[321] Strang R. Why Children Read the Comics [J]. Ruth Strang, 1943, 43(6).

[322] Strong G, Aron A. The effect of shared participation in novel and challenging activities on experienced relationship quality: is it mediated by high positive affect? [J], Guilford Press, 2006: 342 - 359.

[323] Suárez L, Thio C, Singh S. Attachment styles, motivations, and problematic use of massively multiplayer online games[J]. International Proceedings of Economics Development and Research, 2012, 53: 45 - 49.

[324] Sublette V A, Mullan B. Consequences of play: A systematic review of the effects of online gaming[J]. International journal of mental health and addiction, 2012, 10(1): 3 - 23.

[325] Sümer N, Cozzarelli C. The impact of adult attachment on partner and self-attributions and relationship quality[J]. Personal relationships, 2004, 11(3): 355 - 371.

[326] Swann C, Keegan R J, Piggott D, et al. A systematic review of the experience, occurrence, and controllability of flow states in elite sport [J]. Psychology of Sport and Exercise, 2012, 13(6): 807 - 819.

[327] Sweeney P D, Anderson K, Bailey S. Attributional style in depression: A meta-analytic review[J]. Journal of personality and social psychology, 1986, 50(5): 974.

[328] Starks, D. Digital Divorce: A Guide for Social Media and Digital Communications, McKinley Irvin, Family Law, available at: https://www.mckinleyirvin.com/resources/digital-divorce-a-guide-for-social-media-digital/stats-on-social-media-divorce/(accessed 15 July 2020). 2019.

[329] Tashakkori A, Teddlie C. Integrating qualitative and quantitative approaches to research[J]. The SAGE handbook of applied social research methods, 2009, 2: 283 - 317.

[330] Taylor S E. Positive illusions: Creative self-deception and the healthy mind[M]. Basic Books/Hachette Book Group, 1989.

[331] Taylor S E. THE SOCIAL BEING IN[J]. The handbook of social psychology, 1998, 1: 58.

[332] Teng C-I. Customization, immersion satisfaction, and online gamer loyalty[J]. Computers in Human Behavior, 2010, 26(6): 1547 - 1554.

[333] Terzİ Ş, Çankaya Z C. The predictive power of attachment styles on subjective well being and coping with stress of university students[J]. Türk Psikolojik Danışma ve Rehberlik Dergisi, 2009, 4(31): 1 - 11.

[334] Thompson J S, Snyder D K. Attribution theory in intimate relationships: A methodological review[J]. American Journal of Family Therapy, 1986, 14(2): 123 - 138.

[335] Tran S, Simpson J A, Fletcher G J. The role of ideal standards in relationship initiation processes[J]. Handbook of relationship initiation, Taylor & Francis, 2008: 487 - 498.

[336] Tychsen A, Hitchens M, Brolund T. Motivations for play in computer role-playing games[C]. Proceedings of the 2008 conference on future play: Research, play, share, 2008: 57 - 64.

[337] Ullén F, De Manzano Ö, Almeida R, et al. Proneness for psychological flow in everyday life: Associations with personality and intelligence[J]. Personality and Individual Differences, 2012, 52(2): 167 - 172.

[338] Ullén F, De Manzano Ö, Theorell T, et al. 10 The Physiology of Effortless Attention: Correlates of State Flow and Flow Proneness[M]. The MIT Press, 2010: 205 - 218.

[339] Utz S, Muscanell N, Khalid C. Snapchat elicits more jealousy than Facebook: A comparison of Snapchat and Facebook use[J]. Cyberpsychology, Behavior, and Social Networking, 2015, 18(3): 141 - 146.

[340] Vandewater E A, Park S-E, Huang X, et al. "No — you can't watch

that" Parental rules and young children's media use[J]. American behavioral scientist, 2005, 48(5): 608 - 623.

[341] Vangelisti A L, Perlman D. The Cambridge handbook of personal relationships[M]. Cambridge University Press, 2018.

[342] Van Ouytsel J, Walrave M, Ponnet K, et al. Adolescents' perceptions of digital media's potential to elicit jealousy, conflict and monitoring behaviors within romantic relationships[J]. Cyberpsychology-Journal of Psychosocial Research on Cyberspace, 2019, 13(3): 3.

[343] Van Rooij A J, Schoenmakers T M, Van De Eijnden R J, et al. Compulsive internet use: the role of online gaming and other internet applications[J]. Journal of Adolescent Health, 2010, 47(1): 51 - 57.

[344] Vorderer P, Hartmann T, Klimmt C. Explaining the enjoyment of playing video games: the role of competition[C]. Proceedings of the second international conference on Entertainment computing, 2003: 1 - 9.

[345] Walster E, Walster G W, Traupmann J. Equity and premarital sex[J]. Journal of Personality and Social Psychology, 1978, 36(1): 82.

[346] Wang J, Huffaker D A, Treem J W, et al. Focused on the prize: Characteristics of experts in massive multiplayer online games[J]. First Monday, 2011, 16(8): 15.

[347] Ward P J, Barney K W, Lundberg N R, et al. A critical examination of couple leisure and the application of the core and balance model[J]. Journal of Leisure Research, 2014, 46(5): 593 - 611.

[348] Weiner B. A theory of motivation for some classroom experiences[J]. Journal of educational psychology, 1979, 71(1): 3.

[349] Weiner B. Intrapersonal and interpersonal theories of motivation from an attribution perspective[J]. Educational psychology review, 2000, 12: 1 - 14.

[350] Weiner B, Nierenberg R, Goldstein M. Social learning (locus of control) versus attributional (causal stability) interpretations of expectancy of success[J]. Journal of Personality, 1976.

[351] Weiner B, Russell D, Lerman D. Affective consequences of causal ascriptions, New directions in attribution research. Psychology Press, 2018: 59 - 90.

[352] Weiner B, Russell D, Lerman D. The cognition-emotion process in achievement-related contexts [J]. Journal of Personality and Social psychology, 1979, 37(7): 1211.

[353] Wei M, Russell D W, Mallinckrodt B, et al. The Experiences in Close Relationship Scale (ECR)-short form: Reliability, validity, and factor structure[J]. Journal of personality assessment, 2007, 88(2): 187 - 204.

[354] Wekerle C, Wolfe D A. The role of child maltreatment and attachment style in adolescent relationship violence [J]. Development and psychopathology, 1998, 10(3): 571 - 586.

[355] Westwood D, Griffiths M D. The role of structural characteristics in video-game play motivation: A Q-methodology study[J]. Cyberpsychology, Behavior, and Social Networking, 2010, 13(5): 581 - 585.

[356] Whisman M A, Allan L E. Attachment and social cognition theories of romantic relationships: Convergent or complementary perspectives? [J]. Journal of Social and Personal Relationships, 1996, 13(2): 263 - 278.

[357] Wigand R T, Borstelmann S E, Boster F J. Electronic leisure: Video game usage and the communication climate of video arcades[J]. Annals of the International Communication Association, 1986, 9(1): 275 - 293.

[358] Williams D, Yee N, Caplan S E. Who plays, how much, and why? Debunking the stereotypical gamer profile[J]. Journal of computer-mediated communication, 2008, 13(4): 994 - 1018.

[359] Williams F, Rice R E, Rogers E M. Research methods and the new media[M]. Simon and Schuster, 1988.

[360] Williams R B, Clippinger C A. Aggression, competition and computer games: computer and human opponents [J]. Computers in human

behavior，2002，18(5)：495 - 506.

[361] Wingrove J，Bond A J. Angry reactions to failure on a cooperative computer game：The effect of trait hostility，behavioural inhibition，and behavioural activation[J]. Aggressive Behavior：Official Journal of the International Society for Research on Aggression，1998，24(1)：27 - 36.

[362] Wimmer R D，Dominick J R. Mass media research[M]. Cengage learning，2013.

[363] Windahl S. Uses and gratifications at the crossroads[J]. Mass communication review yearbook，1981，2(2)：174 - 185.

[364] Worth N C，Book A S. Personality and behavior in a massively multiplayer online role-playing game[J]. Computers in Human Behavior，2014，38：322 - 330.

[365] Yee N. The demographics，motivations，and derived experiences of users of massively multi-user online graphical environments[J]. Presence：Teleoperators and virtual environments，2006a，15(3)：309 - 329.

[366] Yee N. Motivations for play in online games[J]. Cyber Psychology & behavior，2006b，9(6)：772 - 775.

[367] Yee N，Ducheneaut N. The gamer motivation profile：model and findings[C]. Lecture presented at 2016 Game Developers Conference (nd)，2016.

[368] Zabriskie R B，Mccormick B P. The influences of family leisure patterns on perceptions of family functioning[J]. Family relations，2001，50(3)：283 - 289.

[369] Zuo J. The reciprocal relationship between marital interaction and marital happiness：a three-wave study[J]. Journal of Marriage and the Family，1992，54(4)：870 - 878.

索引

✈ 后记

　　本书的起稿源于我自己在生活中的困惑,以及好奇于新兴媒介对人际关系产生的微妙影响。在这个信息爆炸的时代,科技飞速发展,电子游戏作为一种娱乐形式不仅逐渐成为人们生活的一部分,也渗透到了我们的社交、婚恋和家庭关系中。然而,我发现很少有人深入研究它对亲密关系的具体影响,于是便有了撰写这本书的初衷。

　　我查阅了大量资料,最终确定从心理、认知和行为三个维度入手,建立电子游戏对亲密关系的影响模型,剖析电子游戏对亲密关系的潜在影响。我希望本书能从侧面解答新兴媒体对传统人际关系的潜在影响,也希望本书能够引发更多人对于电子游戏与亲密关系的思考,并促使我们更加珍视人与人之间的情感纽带。

　　本书投入了我大量的精力和心血,然而终究因为学识有限,难免有所局限。在这个探讨电子游戏对亲密关系影响的过程中,我尽力去汲取各方面的信息和观点,但仍然难以穷尽所有维度。然而,正是这种局限性驱使我更加渴望读者的批评和建议,以便在未来的研究和写作中不断完善和拓展。

　　此书得以出版,感谢我所在的学校(上海工艺美术职业学院)以及院系科研部对学术出版的重视与支持;感谢交大出版社提供的专业意见和帮助;感谢我的导师上海交通大学张国良教授和李钢教授,在我多年求学路上给予的帮助;感谢可爱与进取的学生们给我教学相长的机会;最后,感谢我的家人与朋友的关怀;正是得益于这些力量,此书得以与读者见面。

丁梦　上海工艺美术职业学院

2024 年 1 月 15 日